LabVIEW 컬러판

LabVIEW의 정석 구조편

LabVIEW

컬러판

LabVIEW의 정석

구조편

손혜영 지음

- 본서는 LabVIEW 버전 2015로 작성되었으나 버전에 상관없이 학습 가능
- 저자 직강 유료 교육 진행
- 각 과정마다 개념을 익힐 수 있도록 만들어진 실습과 정답은 블로그에서 다운로드

https://blog.naver.com/wowlabview

INFINITYBOOKS
인피니티북스

국립중앙도서관 출판시도서목록(CIP)

이 도서의 국립중앙도서관 출판예정도서목록(CIP)은
서지정보유통지원시스템 홈페이지(http://seoji.nl.go.kr)와
국가자료종합목록 구축시스템(http://kolis-net.nl.go.kr)에서 이용하실 수 있습니다.

CIP제어번호 | CIP2019039611

안녕하세요. LabVIEW의 정석 시리즈 저자 손혜영입니다. 다양한 주제를 고민하다 새로운 책 'LabVIEW의 정석 구조편'으로 인사를 드립니다.

제가 예전부터 쓰고 싶었던 주제였으나 오랜 기간 고민하다 이제야 완성하게 되었습니다.

LabVIEW뿐만 아니라 다른 프로그램 언어도 프로젝트를 시작할 때 가장 많이 고민하고 또 가장 어려운 것이 프로젝트에 적합한 전체적인 구조를 만드는 것입니다. 제 기준에서는 LabVIEW 구조에 대해 참고할만한 서적이 시중에는 없었습니다. 따라서 초보자들도 쉽게 따라할 수 있는 구조에서부터 시중에 나와 있는 서적에서는 접하기 힘들지만 아주 유용하게 쓰일 수 있는 고급 구조들까지 포함하여 구성하였습니다. 그리고 'LabVIEW의 정석 구조편'을 포함한 기존 책들에 대해 저자 직강으로 교육을 제공하고 있으니 많은 관심 부탁드립니다. 저자 직강 교육의 자세한 정보는 제 블로그(https://blog.naver.com/wowlabview)를 방문해주시면 감사하겠습니다.

'LabVIEW의 정석 기본편'으로 기초를 다지고 'LabVIEW의 정석 구조편'으로 프로그램 전체를 구성할 수 있는 실력을 키워서 'LabVIEW의 정석 응용편'으로 프로그램을 완성할 수 있습니다.

LabVIEW 유저들이라면 모두 이 책에 만족하실 수 있으리라 생각하며 자신있게 출간하게 되었습니다. 부디 'LabVIEW의 정석 구조편'이 독자 여러분의 LabVIEW 실력을 한 단계 더 업그레이드 하는데 도움이 되길 바라며 인사를 마치도록 하겠습니다.

이 책을 출판하는데 도움을 주신 유엔아이솔루션즈(www.unisolutions.co.kr)와 인피니티북스 관계자 여러분께 감사드립니다.

감사합니다

저자 손혜영

CHAPTER

01 디자인 패턴 정의 및 필요성

01 · 02 · 03 · 04 · 05 · 06 · 07 · 08 · 09 · 10 · 11 · 12 · 13

여러분이 집을 짓기 위해 설계도를 만든다고 가정해 보겠습니다. 가장 중요한 집의 구조, 즉 부엌, 거실, 안방 등의 위치를 우선 정하고 그 다음 어느 위치에 창과 문을 몇 개 만들 것이며 내부 인테리어 등은 어떻게 꾸밀지 결정하게 됩니다. 설계도를 변경할 때 창문이나 문, 벽지 등은 비교적 쉽게 변경이 가능하지만 집의 구조 변경은 비용과 시간의 손실이 크기 때문에 여러 가지 상황과 변수들을 고려하여 설계할 때 아주 신중하게 결정해야 합니다. 이쯤에서 여러분은 좀 더 쉽게 설계도를 만들 수 있는 방법도 함께 고민하게 될 것입니다. 일반적으로 선호도가 높은 판상형을 참조할 수 있습니다. 설계도를 그릴 때 정형화되어 있는 구조를 기반으로 하면 사람들의 일상적인 생활 패턴을 크게 벗어나지 않고 불편함이 없는 기본 설계에 나만의 개성 있는 인테리어를 적용한다면 소요되는 시간과 노력 대비 만족스런 결과물을 만들어 낼 수 있습니다.

이제 여러분은 전압을 측정하여 원할 때만 이 데이터를 저장하고, 측정한 데이터를 다양하게 분석하고 저장된 데이터는 원하는 재생 속도로 볼 수 있는 프로그램을 해야 한다고 가정해 보겠습니다. 참고로 이 프로젝트는 'LabVIEW의 정석 응용편'에서 다뤄집니다. 이 때 제일 먼저 고민해 봐야할 것이 프로그램의 전체적인 구조를 결정하는 것입니다. 설계도에 있어 집의 구조에 비유할 수 있는 것이 바로 프로그램의 전체적인 구조입니다. 여러분께서 프로그램을 할 때 세부 코드에 문제가 있다면 비교적 쉽게 수정이 가능하지만 전체적인 구조가 잘못되었다면 프로그램을 다시 작성해야 합니다. 그래서 구조를 잡는 것은 매우 중요하고 또 어려운 작업입니다. 여러분은 좀 더 쉽게 프로그램의 전체적인 구조를 만들 수 있는 방법을 고민해봐야 할 것입니다. 이것 역시 전형화된 것들이 있습니다. 이를 디자인 패턴이라고 합니다. 디자인 패턴은 오랫동안 많은 개발자들이 협력하여 단순 명료하고 관리하기 편하며 이해하기 쉽도록 만들어 정형화시켜 놓은 프로그램 구조들을 말합니다.

디자인 패턴을 사용하면 어떤 장점이 있을까요? 소프트웨어 전체 구조를 쉽게 파악할 수 있고 이미 만들어놓은 디자인 패턴을 사용하므로 처음부터 만들어야 하는 수고를 덜기 때문에 그만큼의 개발 시간을 줄일 수 있습니다. 또한 프로그램을 사용하다 보면 반드시 유지보수가 필요합니다. 디자인 패턴을 사용하여 설계하면 설계 변경 요청에 대해 쉽고 빠르게 대처할 수 있습니다.

이러한 장점들로 인해 여러분은 다양한 디자인 패턴을 숙지하고 내 프로젝트에 적합한 디자인 패턴을 선택할 수 있어야 합니다.

지금부터 LabVIEW의 다양한 디자인 패턴에 대해 알아보겠습니다.

CHAPTER

02

01 · 02 · 03 · 04 · 05 · 06 · 07 · 08 · 09 · 10 · 11 · 12 · 13

디자인 패턴 종류

LabVIEW에서 디자인 패턴의 분류는 다음 그림과 같이 VI에 While 루프 개수에 따라 분류해 볼 수 있습니다. While 루프가 하나 이하이면 단일 루프 디자인 패턴(Single Loop Design Pattern), While 루프가 두 개 이상이면 멀티 루프 디자인 패턴(Multi Loop Design Pattern)이라고 합니다. 다음 그림에 나열한 디자인 패턴 이외에도 좀 더 다양한 디자인 패턴들이 있습니다. 여기서는 많이 사용하는 디자인 패턴을 나열한 것입니다. 각 디자인 패턴의 특징은 'LabVIEW의 정석 기본편'의 8장 디자인 패턴을 참조하길 바랍니다.

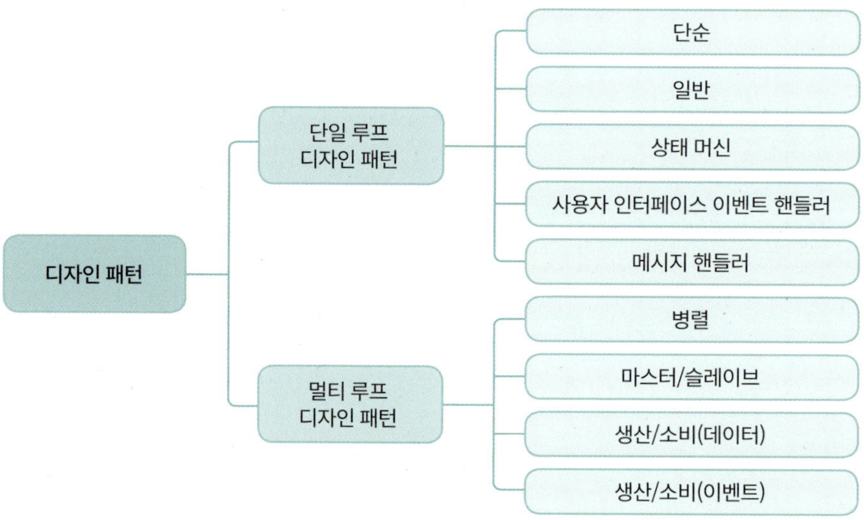

그림 2-1

디자인 패턴 선정 기준

디자인 패턴을 선택할 때 참고할 수 있는 질문 항목들을 정리한 것입니다. 이것을 이용하면 좀 더 쉽게 디자인 패턴을 선택할 수 있도록 도움이 될 것입니다.

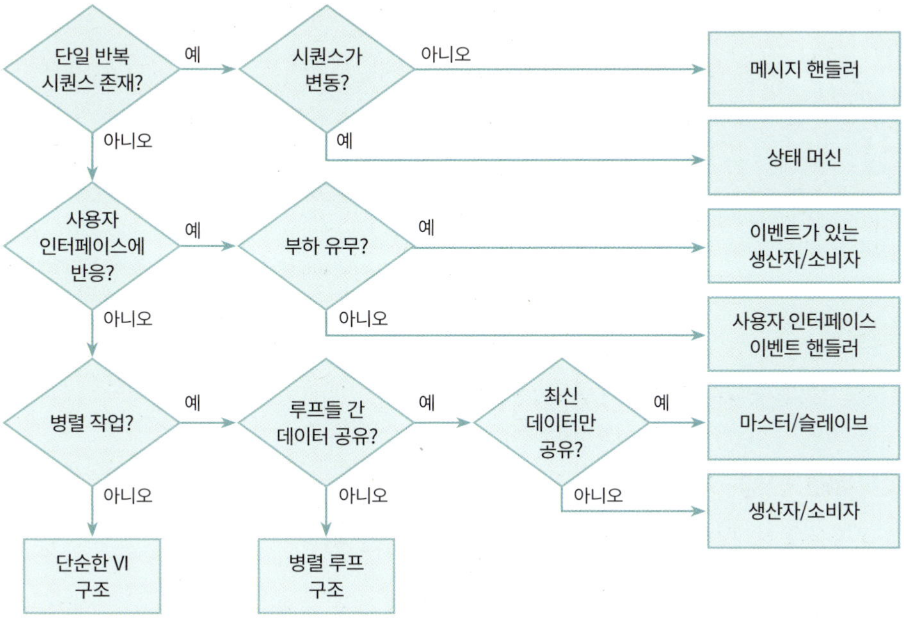

그림 2-2

그림 2-2의 질문들의 의미를 살펴보도록 하겠습니다.

- **단일 반복 시퀀스 존재?** 한 개의 반복 구조에서 A→B→C를 순서대로 처리하고 다시 A로 돌아가 반복한다 등과 같은 정해진 과정을 반복하느냐를 의미
- **시퀀스가 변동?** A→B→C가 될 수도 있고 A→C→B가 될 수도 있다는 의미. 즉 시퀀스가 정해져 있지 않고 실행 중에 변경될 수 있는지를 의미
- **사용자 인터페이스에 반응?** 사용자가 A 버튼을 클릭하면 A 기능을 수행하고, B의 값을 변경하면 B 기능을 수행하는 것처럼 사용자의 입력에 의해 실행 코드가 결정되는 것을 의미
- **부하 유무?** 반복 구조 하나에서 처리해야 할 코드 분량이 많은가를 의미
- **병렬 작업?** 동시에 다양한 코드를 병렬로 처리해야 할 상황이 있는가 있는가를 의미
- **루프들 간 데이터 공유?** While 루프들 사이에 실행 중 실시간으로 서로 주고 받을 데이터가 존재하는지를 의미
- **최신 데이터만 전송?** 데이터 누락 없이 모든 데이터를 전송해야 하는지 최신 데이터만 전송 하는지를 의미

지금부터는 프로젝트가 주어졌을 때 그림 2-2 질문 차트를 이용해서 어떤 디자인 패턴을 적용하면 좋을지 살펴보겠습니다.

CHAPTER

01 02 03 04 05 06 07 08 09 10 11 12 13

03 단순(Simple) VI 디자인 패턴

시나리오

설정을 하고 전압 측정을 한 번하고 종료합니다.

디자인 패턴 선정

그림 2-2 질문을 통해 디자인 패턴을 선정해보도록 하겠습니다.

- 단일 반복 시퀀스 존재? 아니요. 한 번 측정하고 종료하는 프로그램이니 반복이 필요 없습니다.
- 사용자 인터페이스에 반응? 아니요. 사용자의 입력을 받아 동작하는 프로그램이 아닙니다.
- 병렬 작업? 아니요. 병렬로 처리할 코드가 없습니다.

따라서 단순 VI 디자인 패턴이 적합합니다.

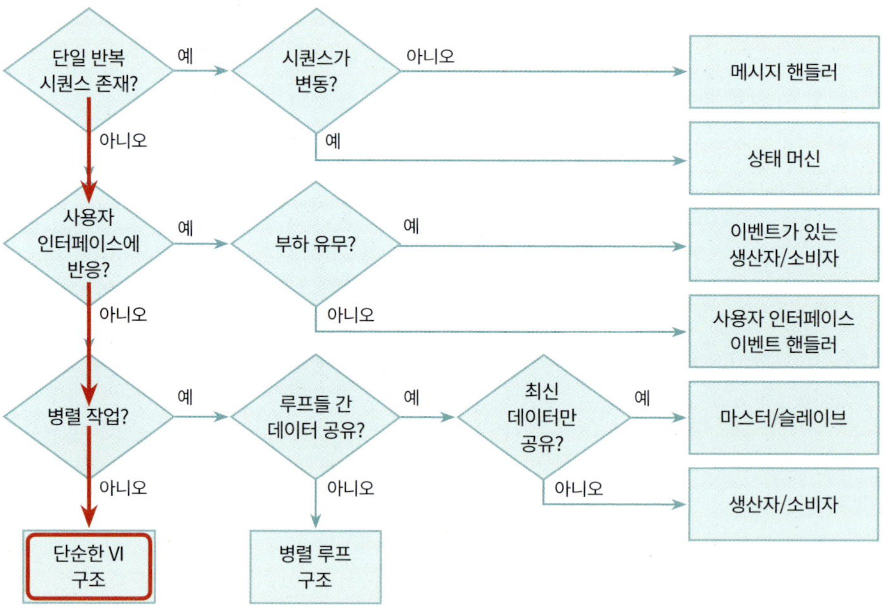

그림 3-1

그림 3-2

실습 3-1 그림 3-2 프로그램을 만들어 봅니다.

01. https://blog.naver.com/wowlabview 자료실에서 'LabVIEW의 정석 구조편'을 다운로드합니다.

02. 새 VI를 열고 블록다이어그램에 다운받은 '실습' 폴더에서 설정.vi, 측정.vi, 종료.vi와 함수 팔레트에서 단순 에러 핸들러.vi를 가지고 옵니다.

03. 그림 3-2와 같이 에러 클러스터 라인을 연결합니다.

04. 실행 하이라이트를 켜고 실행합니다. 데이터 흐름을 살펴봅니다.

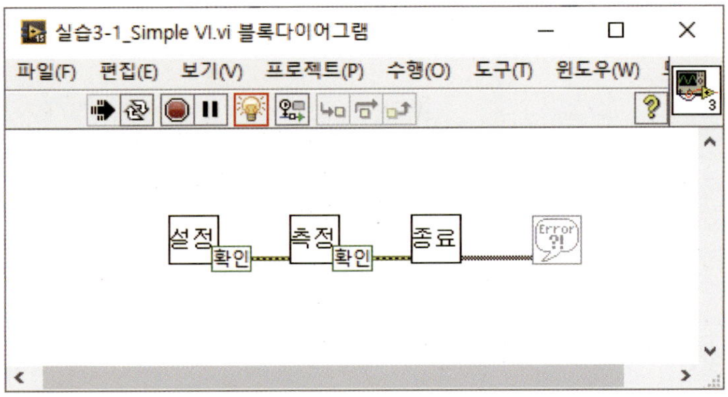

05. 저장하고 닫습니다.

04 일반(General) VI 디자인 패턴

시나리오

설정 후 0.5초마다 전압을 반복 측정하고 사용자가 정지 버튼을 누르면 종료합니다.

디자인 패턴 선정

그림 3-2에서 측정만 반복하면 됩니다. 측정에 반복 구조를 씌워줍니다. 따라서 일반 VI 디자인 패턴이 적합합니다.

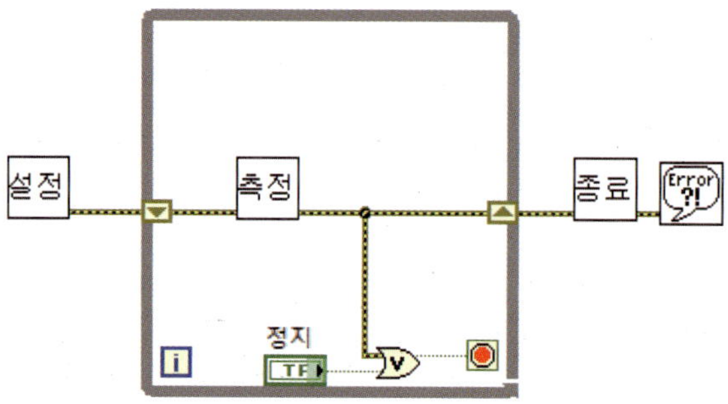

그림 4-1

실습 4-1 그림 4-1 프로그램을 만들어 봅니다.

01. 새 VI를 열고 블록다이어그램에 다운받은 '실습' 폴더에서 설정.vi, 측정.vi, 종료.vi와 함수 팔레트에서 단순 에러 핸들러.vi와 While 루프, OR.vi를 가지고 옵니다.

02. While 루프의 **바로가기메뉴 > 시프트 레지스터 추가**를 선택합니다. 그리고 다음과 같이 연결합니다.

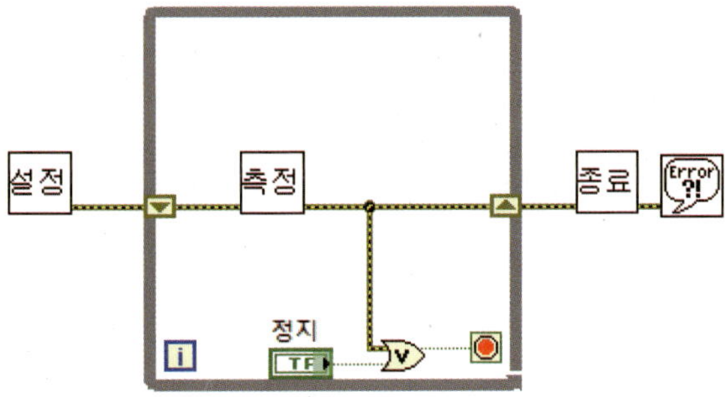

03. 실행 하이라이트를 켜고 실행합니다. 데이터 흐름을 살펴봅니다.

04. 저장하고 닫습니다.

05 상태 머신(State Machine) 디자인 패턴

시나리오

설정하고 0.5초마다 측정을 합니다. 측정 결과에 따라 분석 또는 다시 측정을 합니다. 분석이 끝나도 측정을 다시합니다. 분석 단계에서는 정지 버튼의 값에 따라 종료를 합니다.

디자인 패턴 선정

- 단일 반복 시퀀스 존재? 네. 측정과 측정 결과에 따라 분석을 반복합니다.
- 시퀀스가 변동? 네. 측정 결과에 따라 다음 상태가 결정됩니다.

따라서 상태 머신 디자인 패턴이 적합합니다.

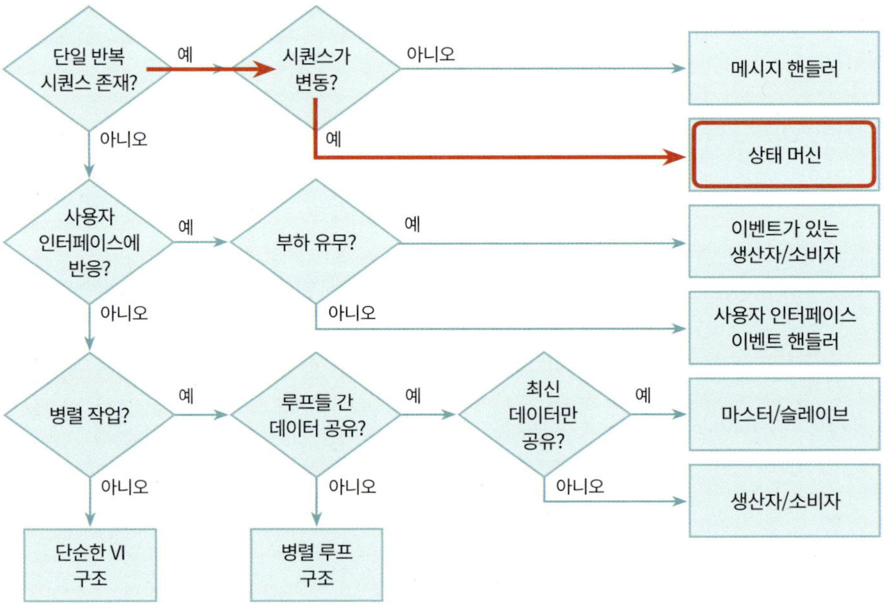

그림 5-1

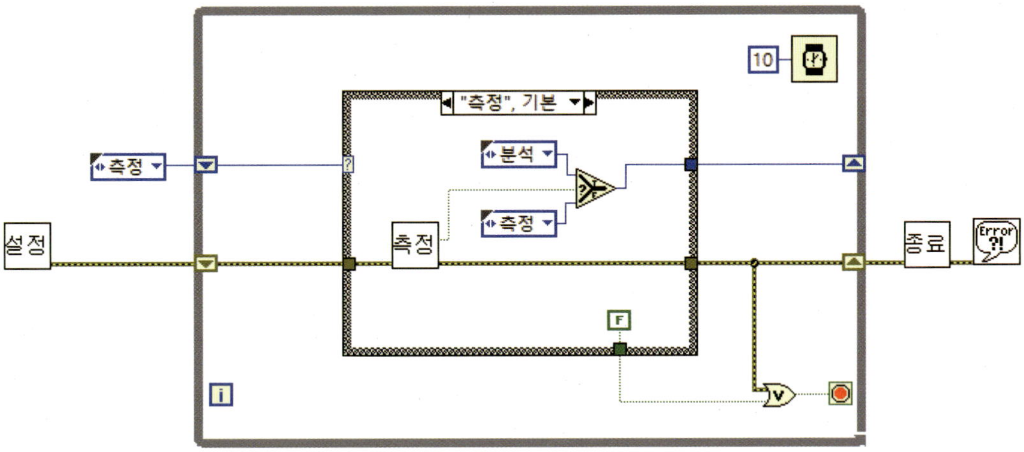

그림 5-2

실습 5-1 그림 5-2 프로그램을 만들어 봅니다.

01. 새 VI를 열고 블록다이어그램에 While 루프, 케이스 구조, 기다림.vi를 가지고와서 다음과 같이 구현합니다. While 루프의 **바로가기메뉴 > 시프트 레지스터 추가**를 선택합니다.

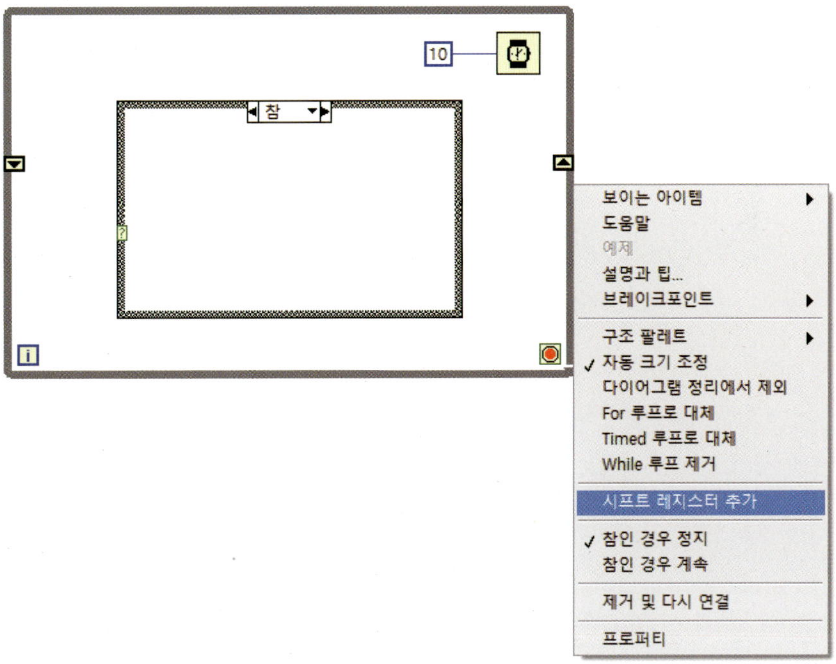

02. 함수 팔레트에서 열거형 상수를 가지고 옵니다. 그리고 열거형 상수의 **바로가기메뉴 > 아이템 편집...**을 선택해 다음과 같이 아이템을 추가합니다. 그리고 다시 **바로가기메뉴 > 고급 > 사용자 정의...**를 선택합니다. 다음과 같이 타입 정의를 선택해서 저장합니다. 상태.ctl 파일로 원하는 위치에 저장합니다. 이렇게 타입 정의를 해두면 필요할 때마다 불러와 사용이 가능합니다. 타입 정의는 'LabVIEW의 정석 기본편' 3.10장을 참고하세요.

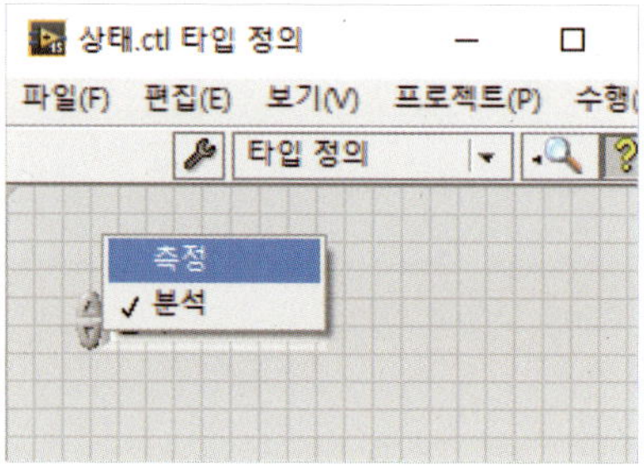

03. 열거형을 측정으로 설정하고 왼쪽 시프트 레지스터에 연결하고 시프트 레지스터를 케이스 선택자 터미널에 연결합니다.

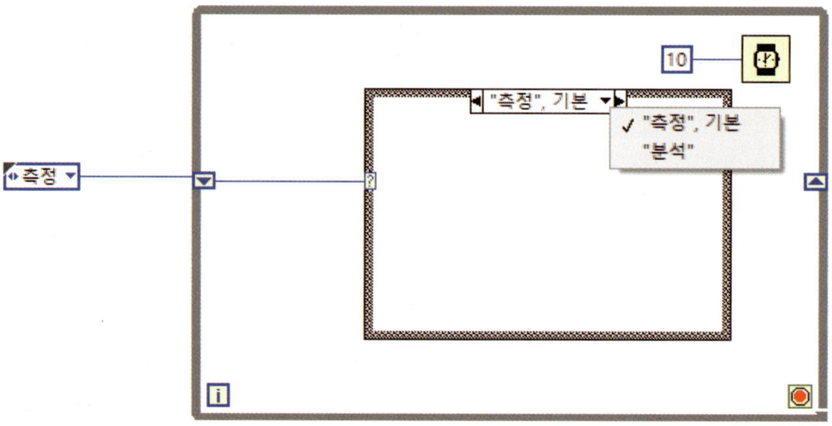

04. 다운받은 '실습' 폴더에서 설정.vi, 측정.vi, 종료.vi를 가지고 오고, 함수 팔레트에서 선택.vi, OR.vi, 단순 에러 핸들러.vi, 거짓 상수를 가지고 와 다음과 같이 수정합니다. 여기서는 측정.vi에는 분석? 출력 파라미터에서 랜덤으로 참/거짓이 출력됩니다.

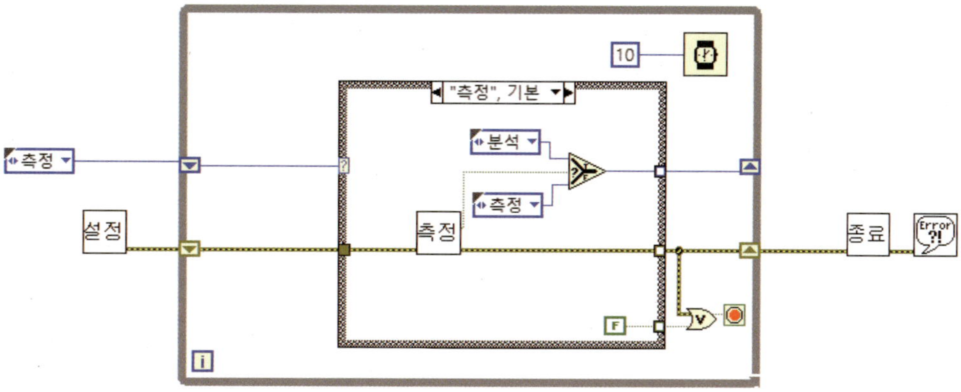

05. 분석 케이스에 '실습' 폴더에서 분석.vi를 가져다 놓고 프런트패널에 정지 버튼을 추가해 다음과 같이 구현합니다.

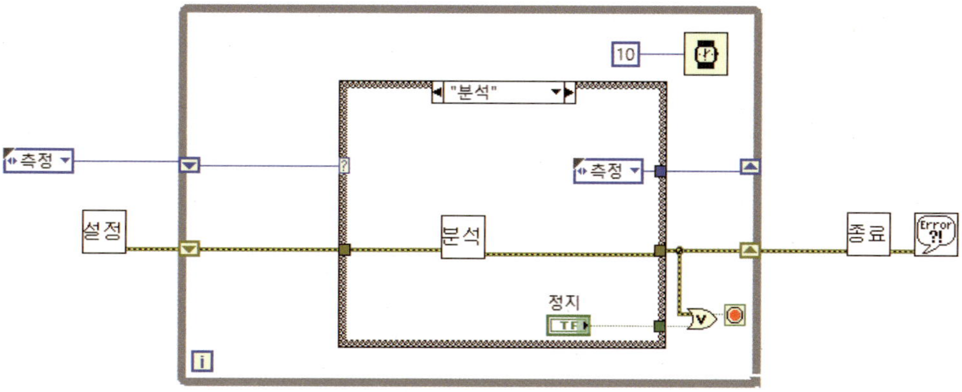

06. 실행 하이라이트를 켜서 실행해 봅니다. 데이터 흐름을 살펴보고 정지 버튼을 눌러 프로그램을 정지시킵니다.

07. 저장하고 닫습니다.

1장에서 언급한 것처럼 디자인 패턴을 사용하는 이유는 이해하기 좋으며 기능 확장이나 유지 보수하기 좋다는 장점을 가지고 있습니다. 이를 다음 실습을 통해 기존 코드에 새로운 기능을 추가함으로써 디자인 패턴의 장점을 확인해 보겠습니다.

실습 5-2 실습 5-1에서 완성한 VI를 분석한 다음 통신을 하고 통신 이후 다시 측정을 할 수 있도록 수정합니다.

01. 실습 5-1에서 완성한 프로그램을 열고 블록다이어그램에서 상태.ctl 상수의 바로가기메뉴 > 타입 정의 열기를 선택합니다. 그리고 다음 그림처럼 열거형의 바로가기메뉴 > 다음 또는 이전 아이템 추가를 선택하여 '통신'을 추가합니다. 그리고 상태2.ctl 이름으로 저장하고 닫습니다.

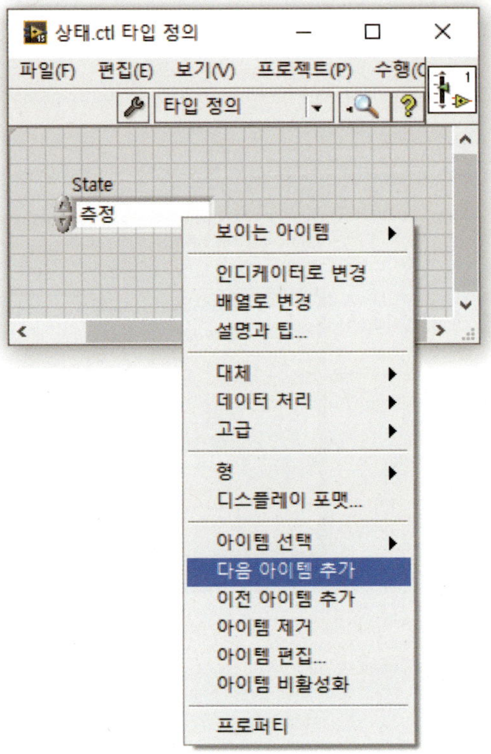

02. 케이스 구조의 **바로가기메뉴 > 모든 값에 대한 케이스 추가**를 선택한 뒤 통신 케이스가 추가되어 있는지 확인합니다.

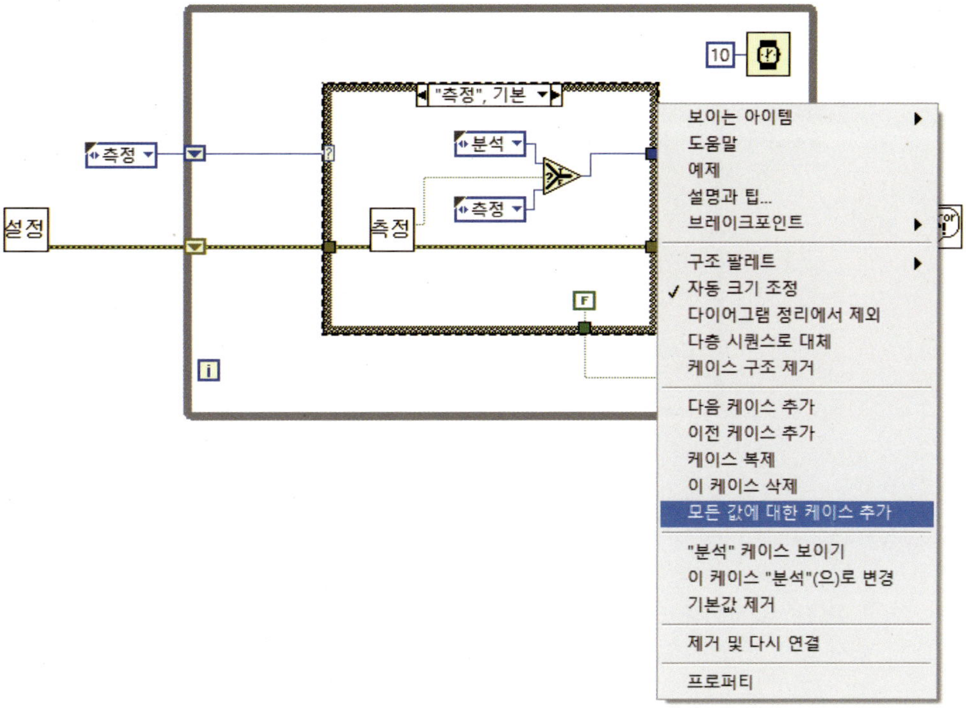

03. 분석 케이스에서 다음 상태를 '통신'으로 변경합니다.

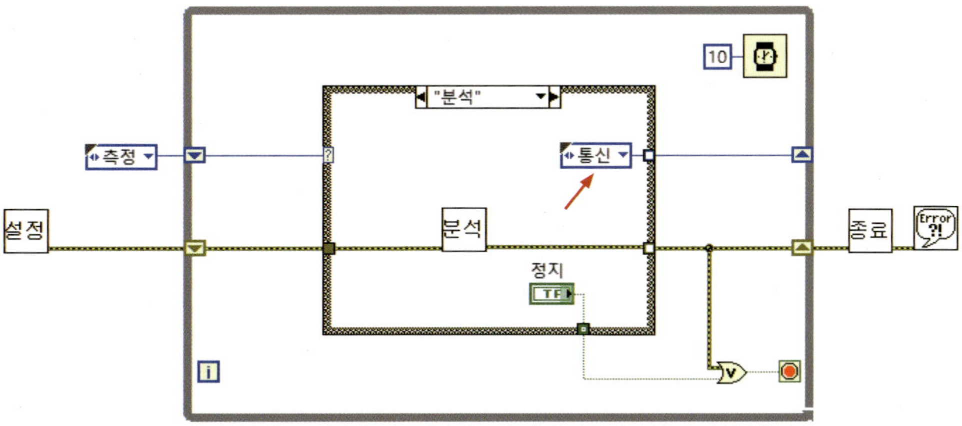

04. 다운받은 '실습' 폴더에서 통신.vi를 가지고와 다음처럼 구현합니다. 다음 상태는 '측정'으로 설정하여 전달합니다.

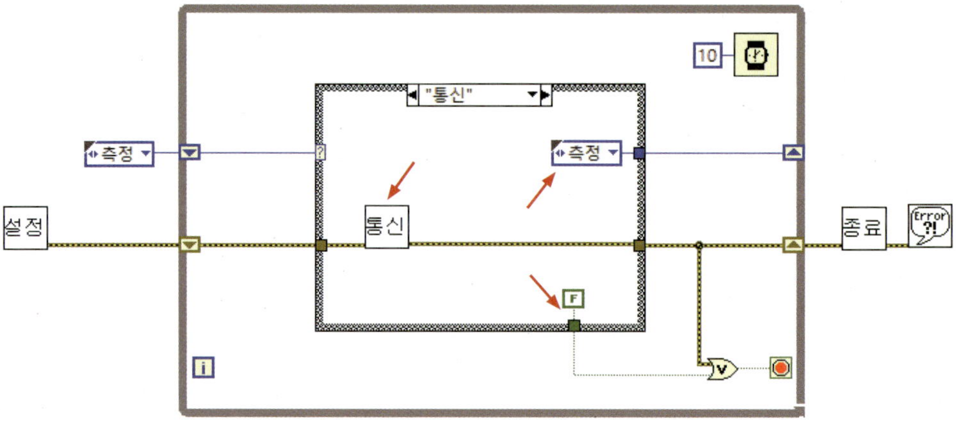

05. 실행 하이라이트를 켜서 실행합니다. 분석 이후 통신으로 가는지 확인하고 통신 이후에 다시 측정으로 가는지 데이터 흐름을 살펴보고 정지 버튼을 눌러 프로그램을 정지시킵니다.

06. 다른 이름으로 저장하고 닫습니다.

06 사용자 인터페이스 이벤트 핸들러

프런트패널에서 사용자가 UI에 마우스나 키보드로 특정 동작(예: 마우스 다운, 키 다운 등)을 하면 특정 코드를 실행하도록 할 때 적합합니다. 이는 'LabVIEW의 정석 응용편'에서 Main.vi가 사용한 디자인 패턴이기도 합니다.

시나리오

프런트패널에서 사용자가 측정 버튼을 클릭하면 측정하고, 분석 버튼을 클릭하면 분석하고, 저장 버튼을 클릭하면 저장하고, 정지 버튼을 클릭하면 정지하도록 합니다.

디자인 패턴 선정

그림 2-2 질문을 통해 디자인 패턴을 선정해보도록 하겠습니다.

- 단일 반복 시퀀스 존재? 아니요.
- 사용자 인터페이스에 반응? 예. 사용자가 어떤 버튼을 클릭하느냐에 따라 실행할 코드가 결정됩니다.
- 부하 유무? 아니요. 처리할 코드가 단순하여 부하가 많지 않습니다.

따라서 사용자 인터페이스 이벤트 핸들러 디자인 패턴이 적합합니다.

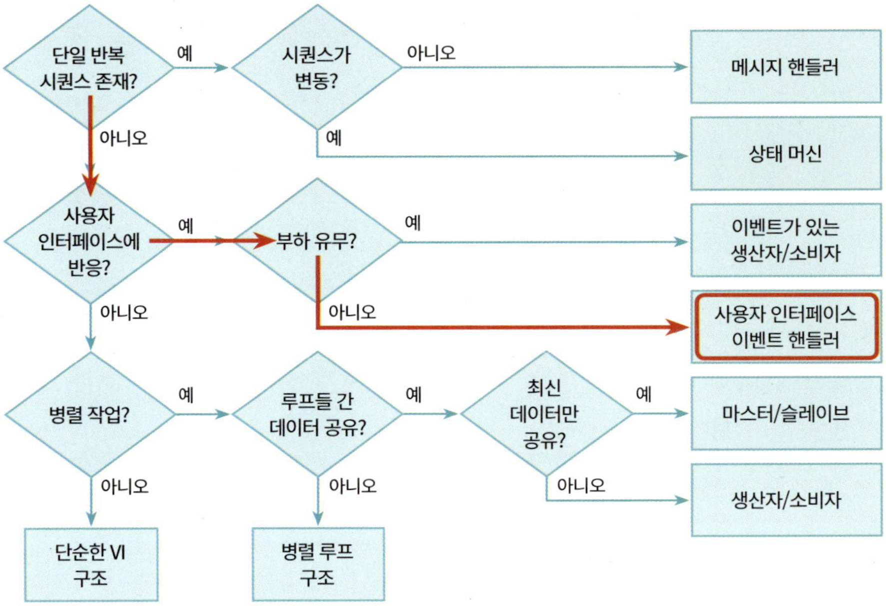
단일 반복 시퀀스 존재?
예
시퀀스가 변동?
아니오
메시지 핸들러
예
상태 머신
아니오
사용자 인터페이스에 반응?
예
부하 유무?
예
이벤트가 있는 생산자/소비자
아니오
사용자 인터페이스 이벤트 핸들러
아니오
병렬 작업?
예
루프들 간 데이터 공유?
예
최신 데이터만 공유?
예
마스터/슬레이브
아니오
생산자/소비자
아니오
단순한 VI 구조
아니오
병렬 루프 구조

그림 6-1

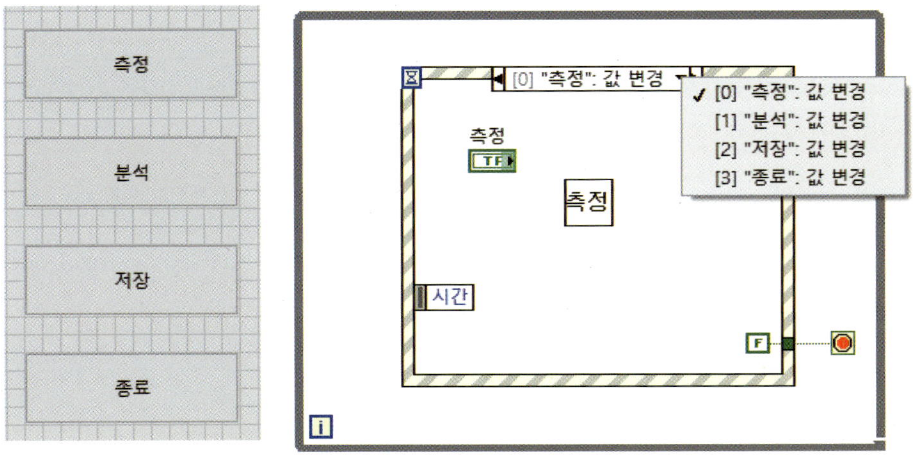
측정
분석
저장
종료
[0] "측정": 값 변경
[0] "측정": 값 변경
[1] "분석": 값 변경
[2] "저장": 값 변경
[3] "종료": 값 변경
측정
측정
시간

그림 6-2

실습 6-1 그림 6-2 프로그램을 만들어 봅니다.

01. 새 VI를 열고 프런트패널에 불리언 확인 버튼 4개를 가지고와서 라벨과 불리언 텍스트를 다음과 같이 수정합니다.

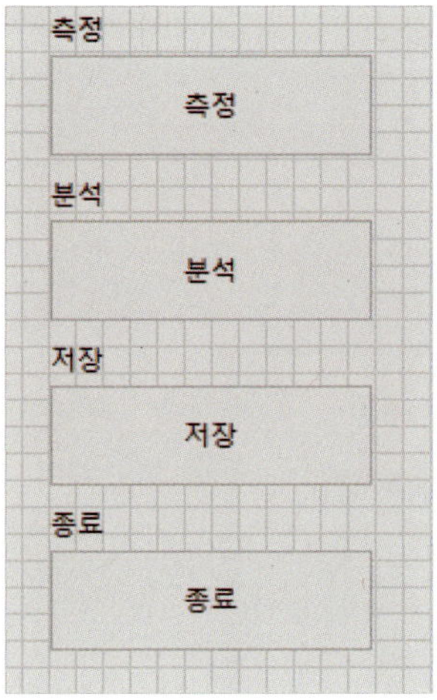

02. 블록다이어그램에 다운받은 '실습' 폴더에서 측정.vi, 분석.vi, 저장.vi와 함수 팔레트에서 While 루프와 이벤트 구조, 불리언 상수를 가져다 놓고 다음과 같이 이벤트 구조를 완성합니다. 참고로 다음 그림은 여러분의 이해를 돕기 위해 이벤트 구조를 펼쳐놓은 것입니다.

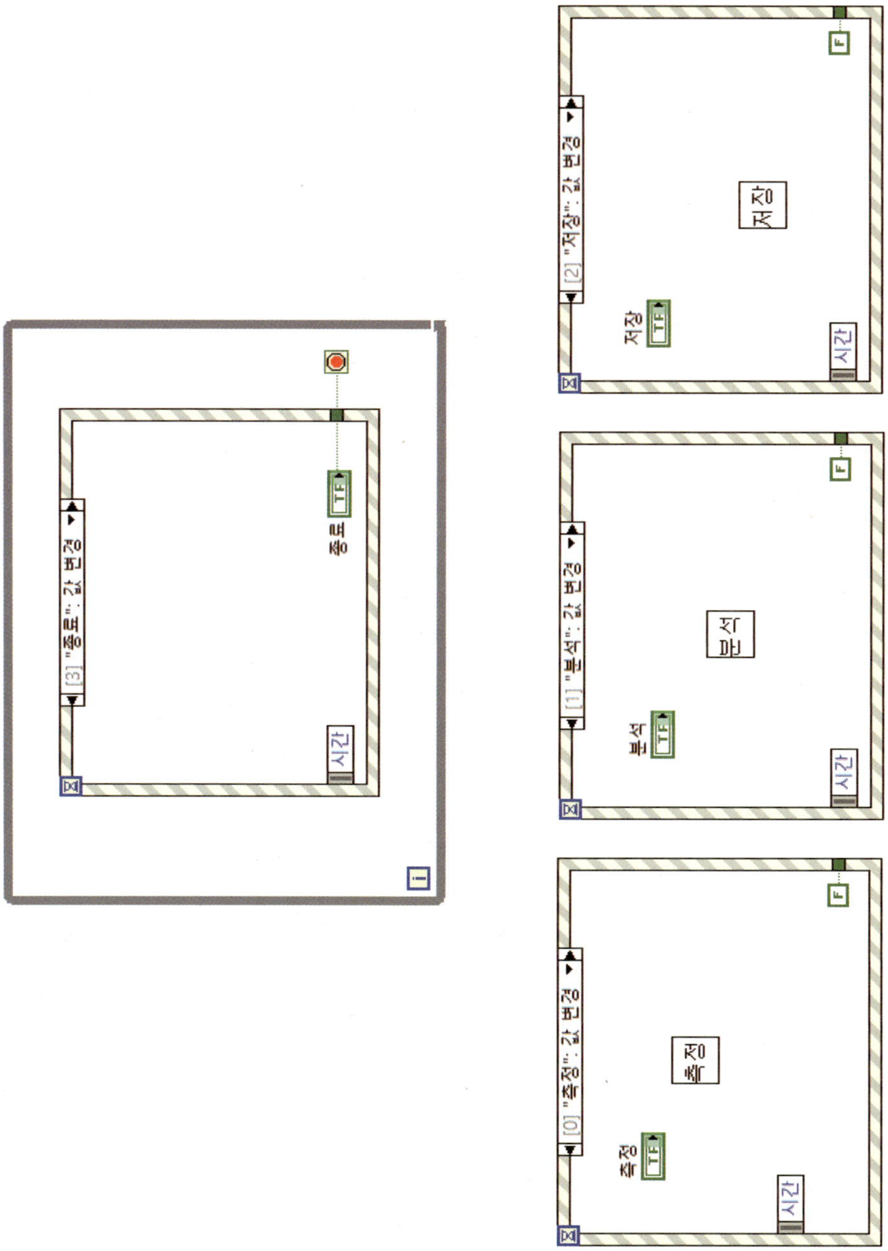
[3] "종료": 값 변경
종료
시간
[0] "측정": 값 변경
측정
시간
[1] "분석": 값 변경
분석
시간
[2] "저장": 값 변경
저장
시간

03. 실행 하이라이트를 활성화해서 데이터 흐름을 관찰해봅니다. 그리고 While 루프의 반복 터미널에 인디케이터를 만들어서 While 루프의 반복 횟수를 모니터링 해보길 바랍니다.

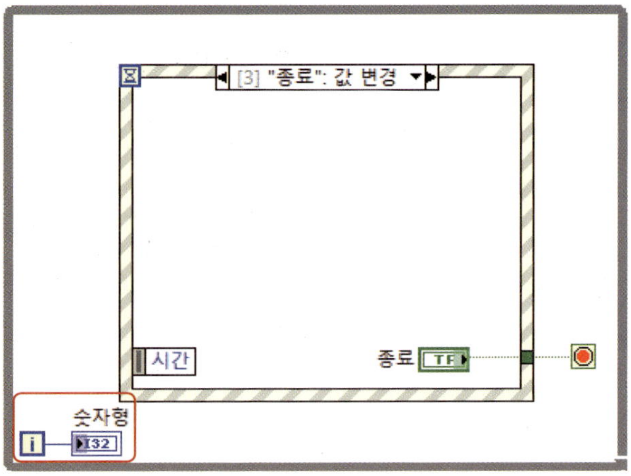

04. 저장하고 닫습니다.

실습 6-1에서 만든 프로그램을 일반 VI 디자인 패턴이나 상태 머신 디자인 패턴을 이용해서도 구현 가능합니다. 다음 실습에서 구현해 봅니다.

실습 6-2 실습 6-1을 일반 VI 디자인 패턴으로 구현합니다.

01. 새 VI를 열고 실습 6-1과 동일한 프런트패널을 디자인합니다.

02. 블록다이어그램에 다운받은 '실습' 폴더에서 측정.vi, 분석.vi, 저장.vi와 함수 팔레트에서 While 루프, 케이스 구조 3개를 가지고와서 다음과 같이 구현합니다. 거짓 케이스는 비워둡니다.

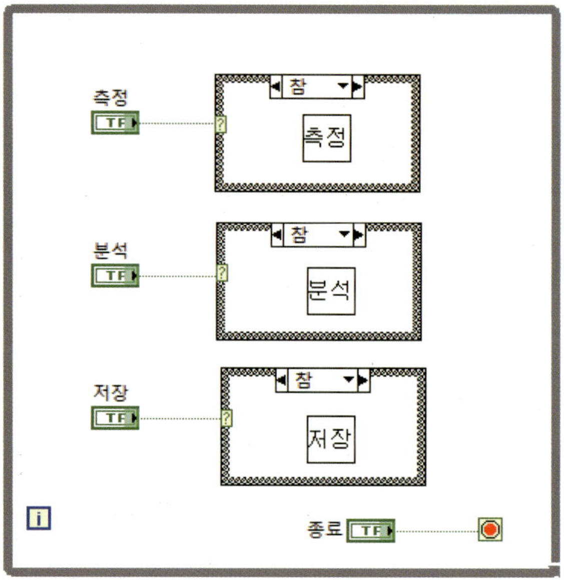

03. 실행 하이라이트를 활성화해서 데이터 흐름을 관찰합니다. 그리고 While 루프의 반복 터미널에 인디케이터를 만들어서 While 루프의 반복 횟수를 모니터링합니다.

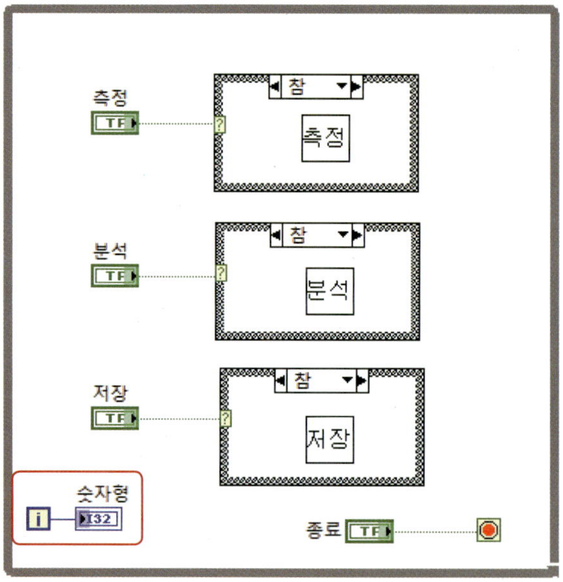

04. 실습 6-1에서 구현한 프로그램과 동작은 동일하지만 While 루프 반복 횟수가 차이 나는 것을 확인해 볼 수 있습니다.

05. 저장하고 닫습니다.

실습 6-3 마지막으로 상태 머신 디자인 패턴으로 구현해 봅니다.

01. 새 VI를 열고 클러스터를 가지고와서 불리언 버튼 4개를 클러스터 쉘 안에 정렬하여 배치 시킵니다.

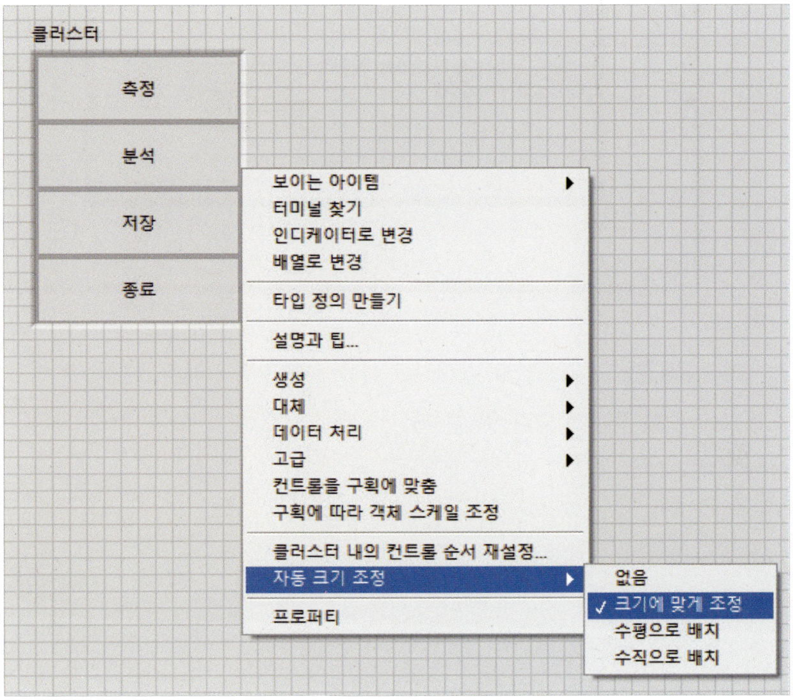

02. 블록다이어그램에 상태 머신의 기본 구조를 다음과 같이 구현합니다.

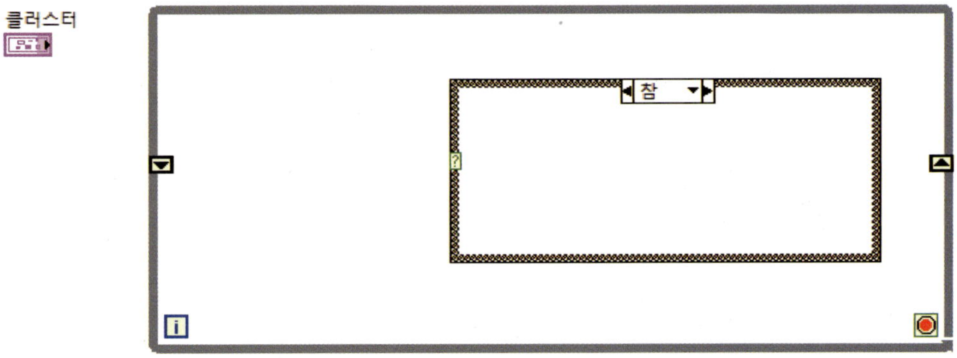

03. 클러스터를 배열로.vi, 1D 배열 검색.vi, 참 상수를 가지고와서 거짓 케이스에 다음과 같이 구현합니다.

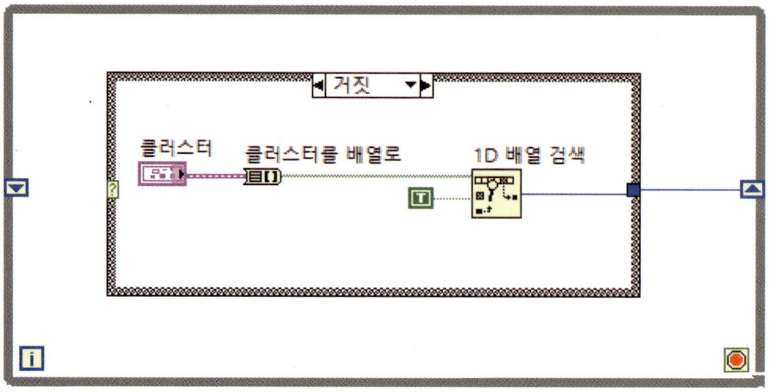

여기서 클러스터를 다시 배열로 변경하는 이유는 처음부터 배열로 메뉴를 만들게 되면 불리언 텍스트를 다르게 작성할 수가 없습니다. 즉 배열은 같은 데이터 타입들의 묶음이므로 원소로 사용된 불리언에서 불리언 텍스트까지 동일해야 합니다. 또한 함수 팔레트에서 제공하는 여러 가지 배열 노드들을 사용할 수 있어 훨씬 편리합니다. 상기 두 가지 이유로 메뉴를 클러스터로 생성한 후 다시 배열로 변경해서 처리합니다.

04. 왼쪽 시프트 레지스터를 케이스 구조의 선택자 터미널에 연결하고 거짓 상수를 While 루프의 조건 터미널에 연결합니다. 그리고 다음과 같이 케이스를 추가하여 케이스 선택자 라벨도 다음과 같이 수정합니다.

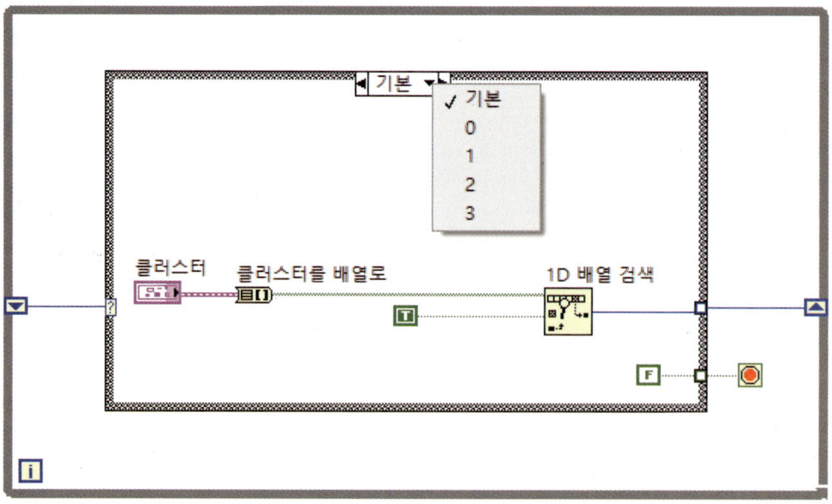

기본 케이스를 앞에서와 같이 구현하는 이유는 1D 배열 검색.vi의 도움말을 참조하면 이 노드는 입력 배열에서 찾고자 하는 원소(여기서는 참)를 발견하면 그 원소의 인덱스 값을 출력합니다. 만약 찾고자 하는 원소가 없다면 −1을 출력합니다. 따라서 사용자가 프런트패널에서 불리언 버튼들을 누르지 않는다면 −1이 출력되고 해당 케이스가 없기 때문에 기본 케이스가 실행됩니다. 즉 사용자가 어떤 메뉴를 선택하는지를 계속 모니터링하게 됩니다. 그리고 사용자가 프런트패널에서 불리언 버튼들을 누르게 되면 해당 버튼의 인덱스 값들이 나오게 되어 해당 케이스를 실행하게 됩니다.

05. 다운받은 '실습' 폴더에서 측정.vi, 분석.vi, 저장.vi를 가지고와서 다음과 같이 각각의 케이스를 구성합니다. 참고로 다음 그림은 여러분의 이해를 돕기 위해 케이스 구조를 펼쳐놓은 것입니다. 그리고 왼쪽 시프트 레지스터는 −1로 초기화합니다.

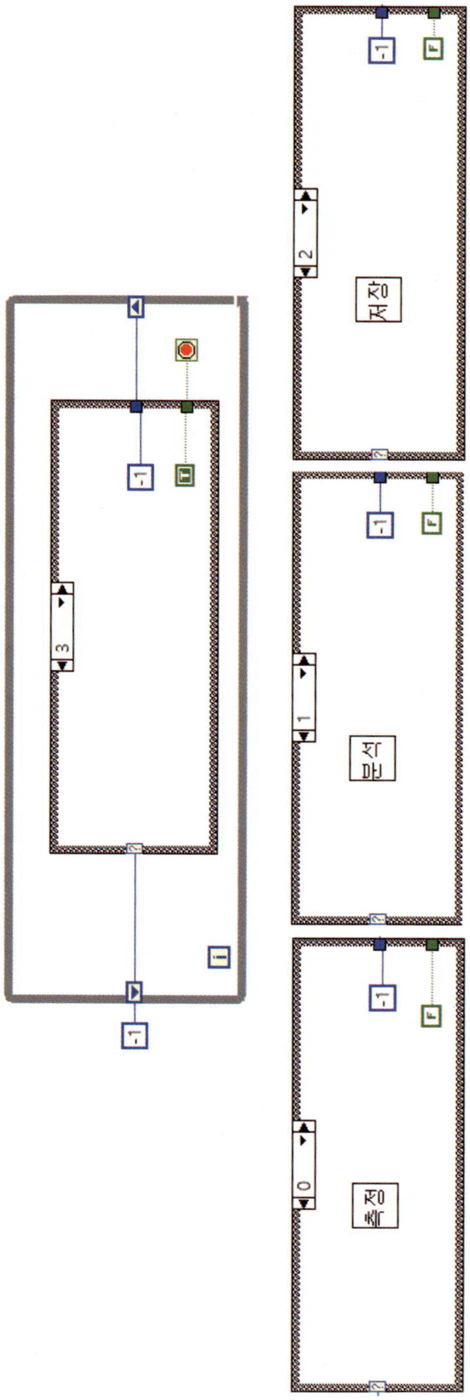
측정
분석
저장

06. 실행 하이라이트를 활성화해서 데이터의 흐름을 관찰합니다. 그리고 While 루프의 반복 터미널에 인디케이터를 만들어서 While 루프의 반복 횟수를 모니터링 해보길 바랍니다.

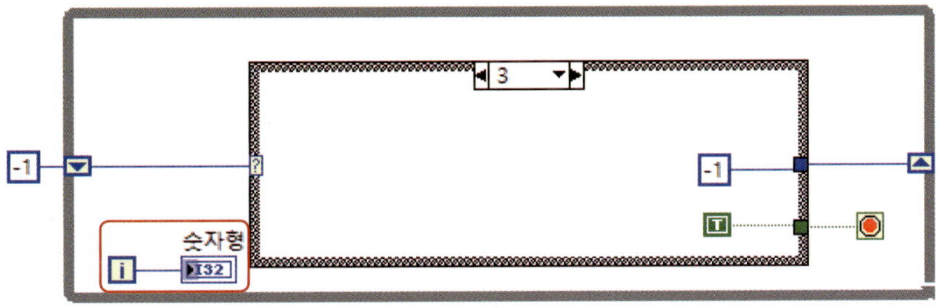

07. 실습 6-1에서 구현한 프로그램과 동작은 동일하지만 While 루프 반복 횟수가 차이 나는 것을 확인해 볼 수 있습니다.

08. 저장하고 닫습니다.

실습 6-1, 6-2, 6-3에서 살펴본 것처럼 같은 프로그램을 다양한 디자인 패턴으로 구현 가능하다는 것을 알 수 있습니다. 실습 6-2번과 6-3번은 폴링(Polling) 방식입니다. 폴링 방식이란 루프를 계속 돌면서 사용자가 어떤 버튼의 값을 변경했는지 모니터링하는 방식입니다. 하지만 다양한 방법 중에 가장 효율적인 방법으로 구현하는 것이 바람직합니다. 6장의 실습과 유사한 애플리케이션을 구현하는데 있어서 가장 효율적인 방법은 While 루프의 반복 횟수가 가장 적은 사용자 인터페이스 이벤트 핸들러 디자인 패턴을 사용하는 것이 좋습니다. 11장에서 6장 실습들에서 구현한 프로그램을 멀티 루프를 이용해 구현해보도록 하겠습니다.

다음으로 실습 6-1에 새로운 기능을 추가해보도록 하겠습니다.

실습 6-4 실습 6-1에 통신 버튼을 추가해봅니다.

01. 실습 6-1에서 완성한 프로그램을 열고 프런트패널에 다음처럼 통신 버튼을 추가합니다. 라벨과 불리언 텍스트를 모두 '통신'으로 입력하고 라벨은 보이지 않도록 설정합니다.

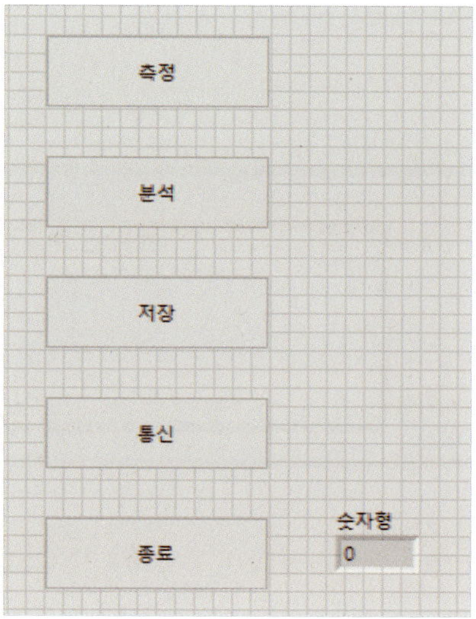

02. 이벤트 구조의 **바로가기메뉴 > 이벤트 케이스 추가...**를 선택하여 '통신 : 값 변경' 이벤트를 추가합니다. 그리고 다운받은 '실습' 폴더에서 통신.vi를 가지고와서 다음과 같이 구현합니다.

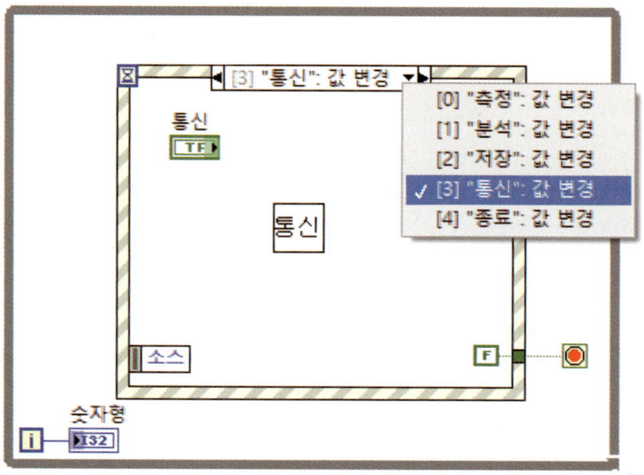

03. 실행 하이라이트를 활성화해서 데이터 흐름을 관찰합니다.

04. 다른 이름으로 저장하고 닫습니다.

실습 6-4는 디자인 패턴을 사용한 프로그램은 추후 새로운 기능을 추가하는 것도 쉽다는 것을 알 수 있습니다.

01 · 02 · 03 · 04 · 05 · 06 · 07 · 08 · 09 · 10 · 11 · 12 · 13

CHAPTER

07 멀티 루프 간의 실시간 데이터 공유

멀티 루프 구조를 다루기 전에 멀티 루프 간의 실시간 데이터 공유에 대해 살펴보겠습니다. 이 주제는 이미 'LabVIEW의 정석 기본편' 8.8장에서 다뤘던 주제로 기본편에서는 구현 방법 위주로 설명했지만 여기서는 특징 위주로 설명하겠습니다.

7.1 변수

'LabVIEW의 정석 기본편' 8.8장에서 로컬 변수나 글로벌 변수는 데이터 흐름을 따르지 않아 실행 속도가 느려지고 변수를 만들 때마다 새로운 메모리 공간을 사용하므로 메모리 효율성이 떨어지고 경합 조건이 발생하여 실행 순서에 따라 결과 값이 달라질 수 있다고 배웠습니다. 따라서 꼭 필요할 때만 사용하라고 권장합니다. 이 외에도 아주 중요한 문제가 있습니다. 데이터를 중복해서 가지고 올 수도 있고 데이터를 잃어버릴 수도 있습니다. 이 같은 현상을 실습 7-1에서 살펴보도록 하겠습니다.

실습 7-1 두 개의 While 루프 간에 실시간으로 사인파형을 로컬 변수를 통해 전달해보도록 합니다.

01. '실습' 폴더에 있는 데이터 공유.vi를 실행합니다. 사인파형이 50msec에 한 포인트씩 시뮬레이션 되는 것을 확인할 수 있습니다.

02. 프런트패널에서 데이터 웨이브폼 차트를 복사합니다. 블록다이어그램에서 While 루프를 하나 추가하고 데이터와 정지 터미널에서 **바로가기메뉴 > 생성 > 변수**를 각각 만들어 각 변수의 **바로가기메뉴 > 읽기로 변경**을 선택하여 다음과 같이 구현합니다.

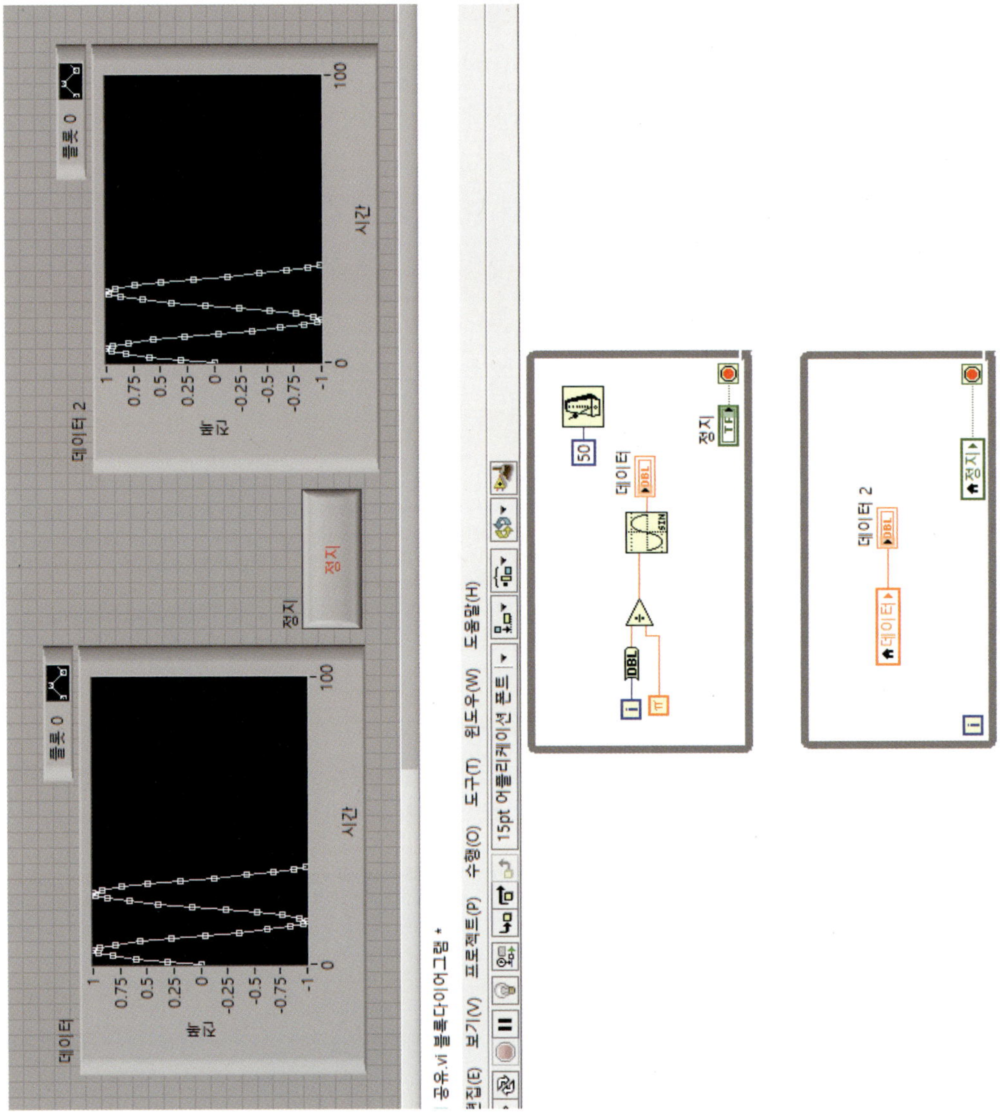

데이터
플롯 0
진폭
시간
정지
데이터 2
공유.vi 블록다이어그램 *
편집(E) 보기(V) 프로젝트(P) 수행(O) 도구(T) 윈도우(W) 도움말(H)
15pt 어플리케이션 폰트

03. 프런트패널의 컨트롤 팔레트에서 링을 가지고와서 **바로가기메뉴 > 아이템 편집...** 에서 다음과 같이 편집합니다.

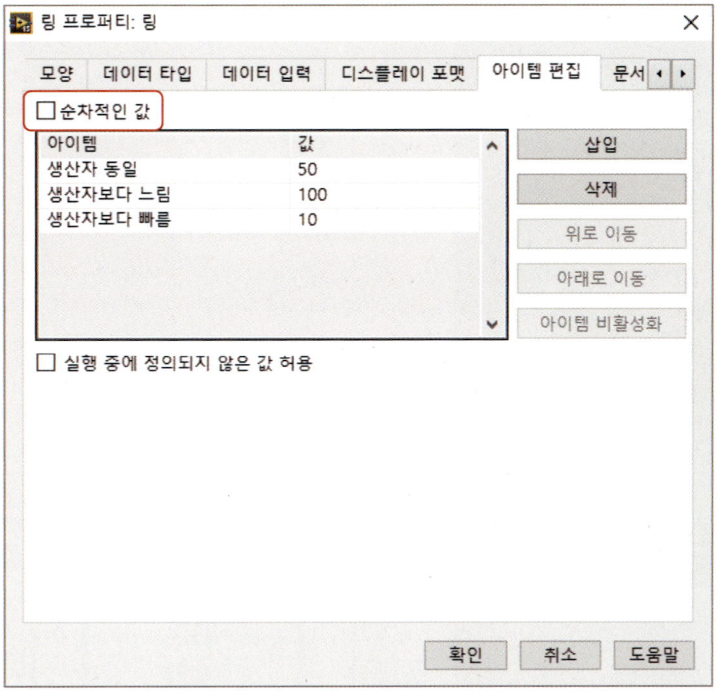

04. 블록다이어그램에 다음 ms 배수까지 기다림.vi를 가지고와서 3번에서 만든 링을 다음과 같이 연결합니다.

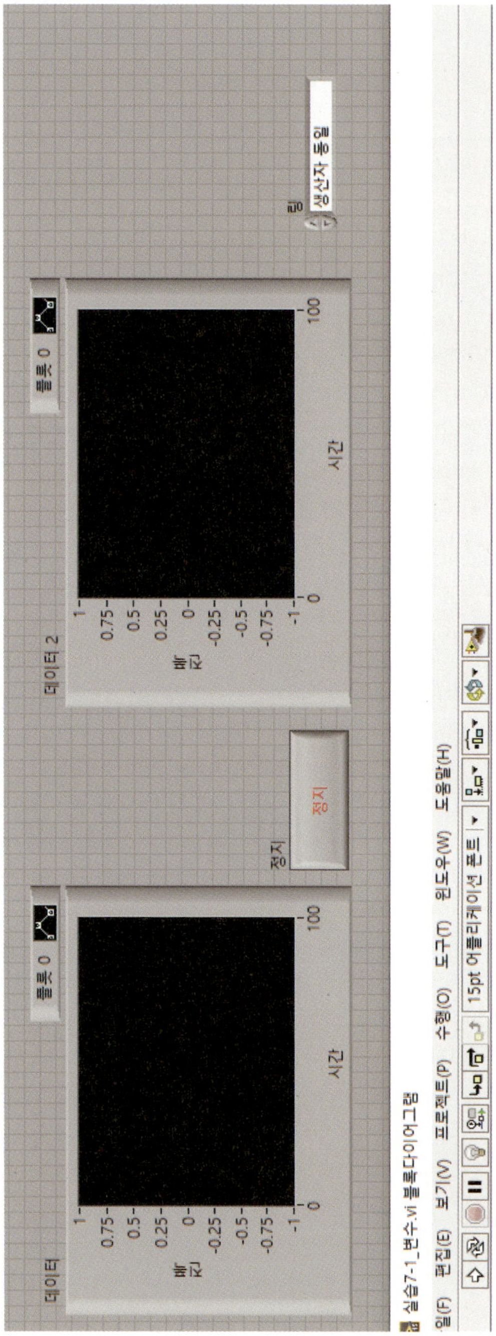

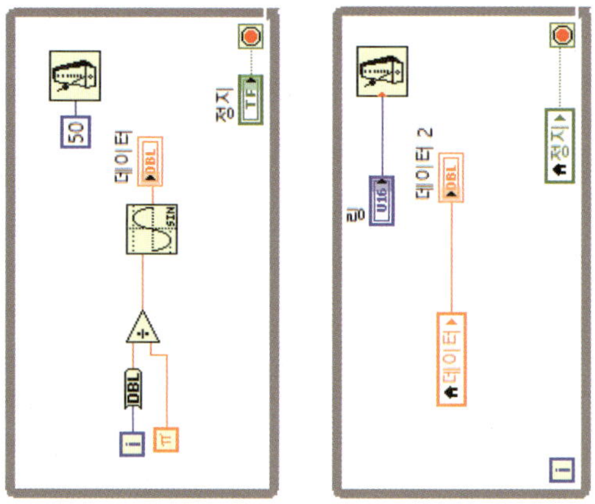

05. 링의 값을 '생산자 동일'로 설정하고 실행합니다. 데이터 2에 로컬 변수를 통해 전달된 사인파 포인트들이 빠지거나 중복되는 것을 확인합니다. 루프 타이밍이 동일함에도 불구하고 데이터가 빠지거나 또는 중복되는 것을 확인할 수 있습니다. 그리고 링의 값을 '생산자보다 느림' 또는 '생산자보다 빠름'을 설정해서 전달받은 사인파의 주파수가 달라지는 것을 확인합니다.

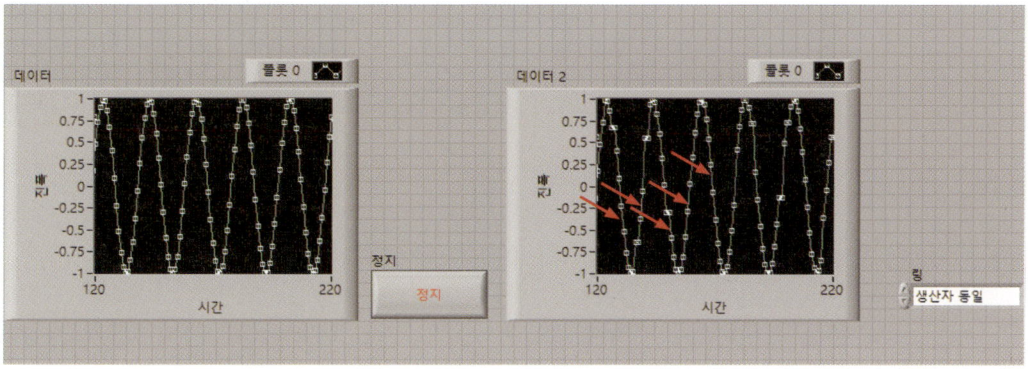

06. 다른 이름으로 VI를 저장하고 닫습니다.

변수의 특징을 다음과 같이 정리해 보면 변수는 반드시 필요할 때만 사용하고 특징을 잘 이해하고 사용해야 합니다. 그리고 변수를 통해 한 개라도 놓치면 안 되는 중요한 데이터 전달은 지양하길 바랍니다.

- 데이터 놓침 또는 중복의 가능성
- 생성할 때마다 메모리 사용이 늘어나고 실행 속도가 떨어짐
- 경합 조건
- 초기화해서 사용해야 함

7.2 동기화

큐와 알림자에 대해 살펴보도록 하겠습니다. 'LabVIEW의 정석 기본편' 8.8장에서 살펴봤듯이 큐와 알림자는 코딩하는 스타일이 유사합니다. 두 개의 차이는 큐는 선입선출(FIFO) 방식의 버퍼로 되어 있고, N대1 통신이 가능한 반면, 알림자는 버퍼 구조가 아니며 1대N 통신이 가능합니다. 큐를 사용하는 구조에서 원소를 큐에 추가.vi가 있는 While 루프를 생산자 루프, 원소를 큐에서 제거.vi가 있는 While 루프를 소비자 루프라고 하고, 알림자를 사용하는 구조에서는 알림 보내기.vi가 있는 While 루프를 마스터 루프, 알림 기다림.vi가 있는 While 루프를 슬레이브 루프라고 부릅니다.

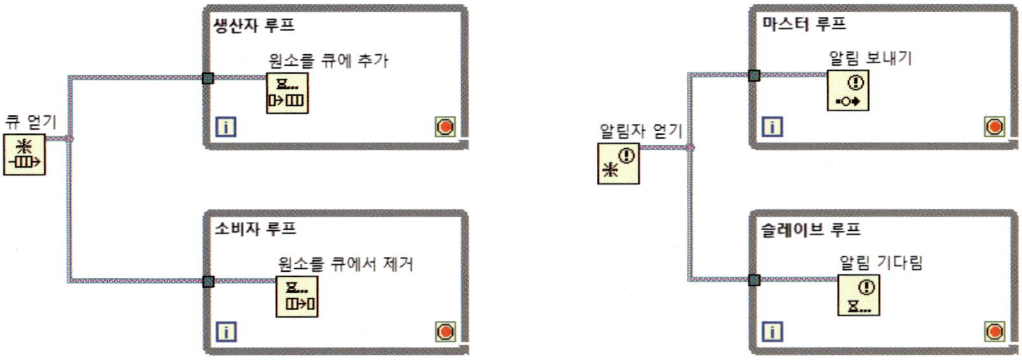

먼저 큐를 살펴봅니다.

큐를 이용하여 실습 7-1처럼 사인파형을 공유해 보겠습니다.

실습 7-2 **두 개의 While 루프 간에 실시간으로 사인파형을 큐를 통해 전달해보도록 합니다.**

01. '실습' 폴더에 있는 데이터 공유.vi를 실행합니다. 사인파형이 50msec에 한 포인트씩 시뮬레이션 되는 것을 확인합니다.

02. 블록다이어그램에 DBL 숫자형 상수, 큐 얻기.vi, 원소를 큐에 추가.vi, 큐 해제.vi, 단순 에러 핸들러.vi, OR.vi를 추가해 다음과 같이 와이어링합니다. 이는 큐를 만들어 DBL 데이터를 버퍼에 넣는(인큐) 과정입니다.

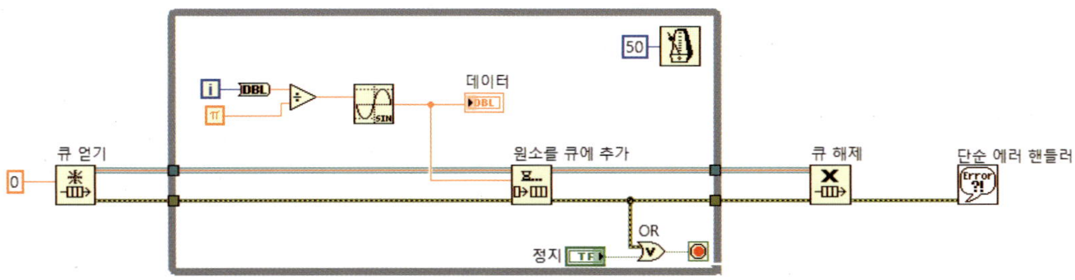

03. 프런트패널에서 데이터 웨이브폼 차트를 복사하여 추가하고 라벨을 '데이터 2'로 설정합니다.

04. 블록다이어그램에 While 루프, 원소를 큐에서 제거.vi, 큐 상태 얻기.vi, 다음 ms 배수까지 기다림.vi를 추가해 다음과 같이 와이어링합니다. 이는 버퍼에 있는 데이터를 가지고 오는 (디큐) 과정입니다.

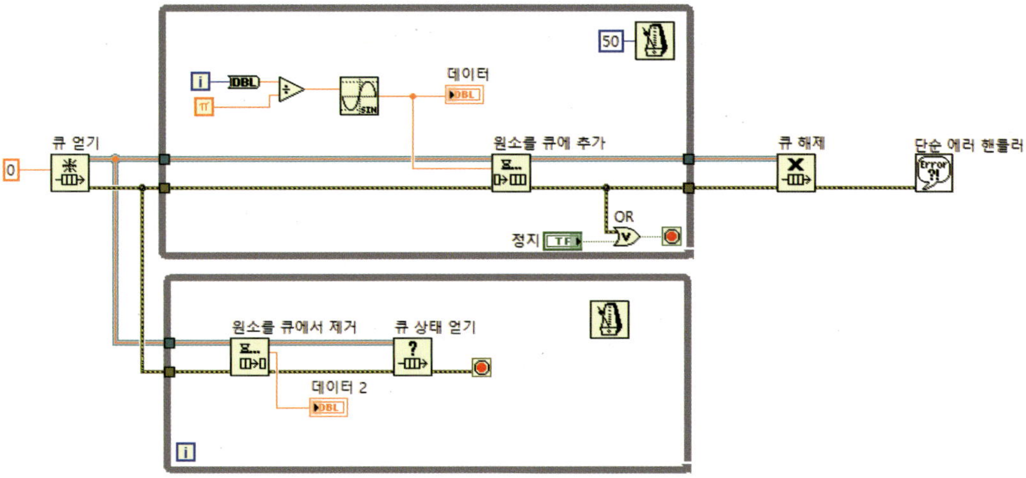

05. 프런트패널의 컨트롤 팔레트에서 링을 가지고와서 **바로가기메뉴 > 아이템 편집...**에서 다음과 같이 편집합니다.

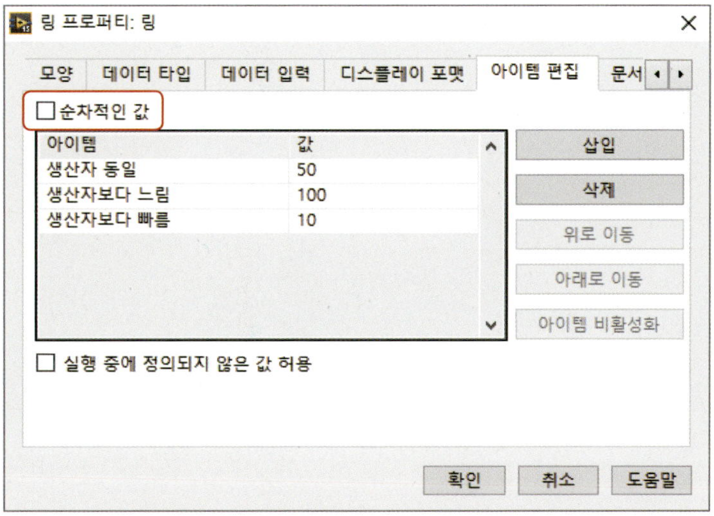

06. 5번에서 만든 링을 두 번째 While 루프에 위치한 다음 ms 배수까지 기다림.vi에 연결합니다.

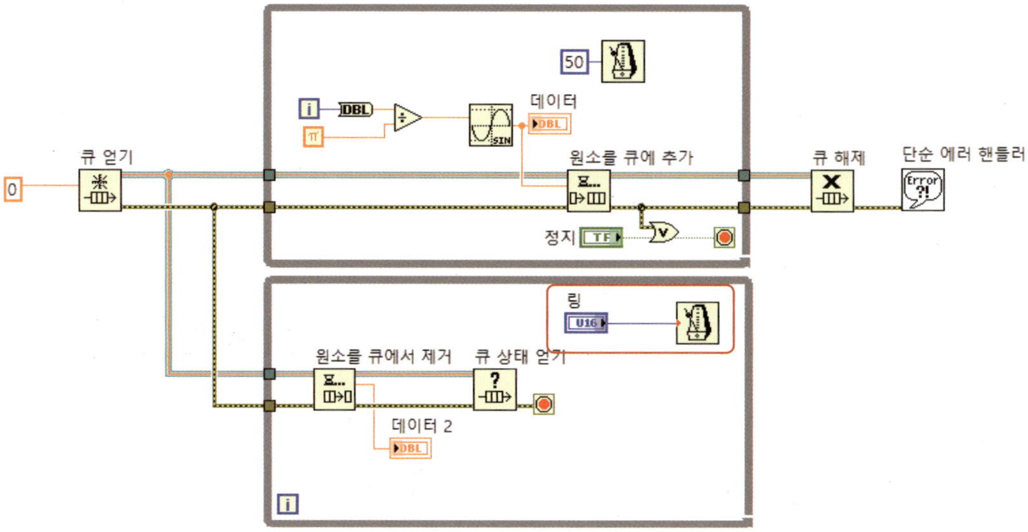

07. 큐 상태 얻기.vi의 큐의 원소 개수 파라미터에서 **바로가기메뉴 > 생성 > 인디케이터**를 한 뒤 인디케이터의 라벨을 '버퍼에 남아 있는 원소 개수'로 변경합니다. 큐 상태 얻기.vi의 큐의 원소 개수 파라미터는 FIFO 버퍼에 남아 있는 원소 개수를 의미합니다.

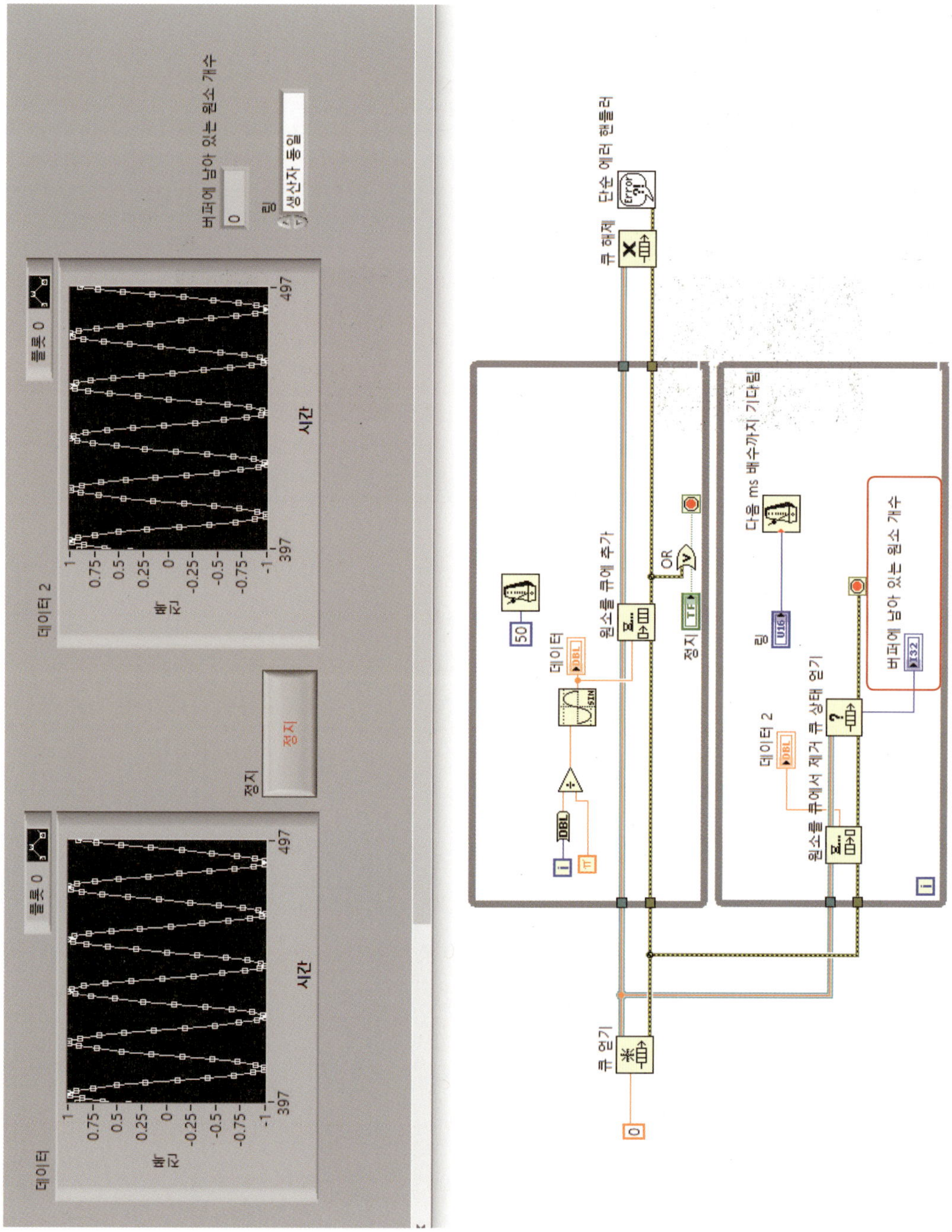
데이터
데이터 2
플롯 0
진폭
시간
정지
버퍼에 남아 있는 원소 개수
팁
생산자 동일
큐 얻기
원소를 큐에 추가
큐 해제
단순 에러 핸들러
OR
다음 ms 배수까지 기다림
원소를 큐에서 제거
큐 상태 얻기

08. 링의 값을 '생산자 동일'로 설정하고 실행합니다. 데이터 2에 큐를 통해 전달된 사인파 포인트들이 빠지거나 중복되는 것 없이 잘 전달되는 것을 확인합니다.

09. 링의 값을 '생산자보다 느림'로 설정하고 실행합니다. 소비자가 생산자보다 느리게 동작함으로써 '버퍼에 남아 있는 원소 개수'가 늘어가는 것을 확인할 수 있습니다. 하지만 생산자와 동일한 사인파가 시간차는 있지만 소비자에게 전달되는 것을 확인할 수 있습니다.

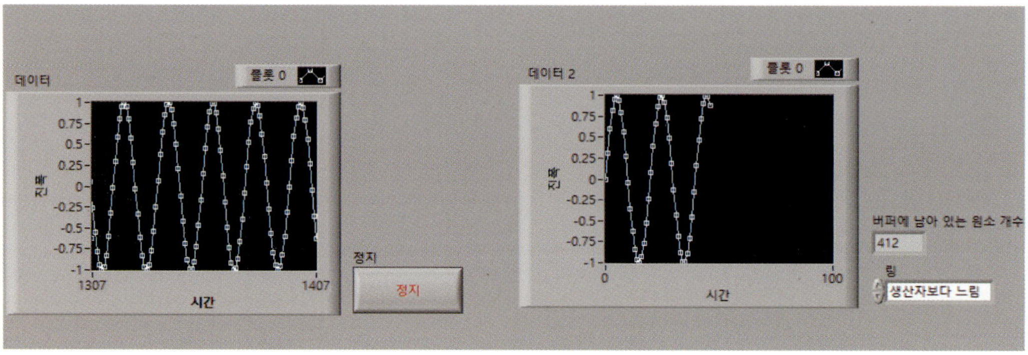

10. 링의 값을 '생산자보다 빠름'으로 설정하고 실행합니다. 소비자가 생산자보다 빠르게 동작하도록 해도 버퍼에 데이터가 없으면 원소를 큐에서 제거.vi가 실행될 수 없으므로 생산자와 동일한 사인파가 소비자에게 전달되는 것을 확인해 볼 수 있습니다. 원소를 큐에서 제거.vi는 버퍼에서 데이터를 가지고 오는 역할을 수행합니다. 만약 버퍼에 데이터가 없으면 데이터가 들어올 때까지 기다리게 됩니다.

11. 큐는 FIFO 버퍼를 가지고 있는데 버퍼 사이즈를 지정해서 그 버퍼가 꽉 차게 되면 어떻게 되는지 알아보겠습니다. 블록다이어그램에서 큐 얻기.vi의 최대 큐 크기 파라미터에 상수 10을 생성합니다. 이것은 FIFO 버퍼의 크기가 선언한 데이터(다음 그림에서는 DBL 데이터) 10개를 저장할 수 있도록 FIFO 버퍼를 생성하겠다는 의미입니다.

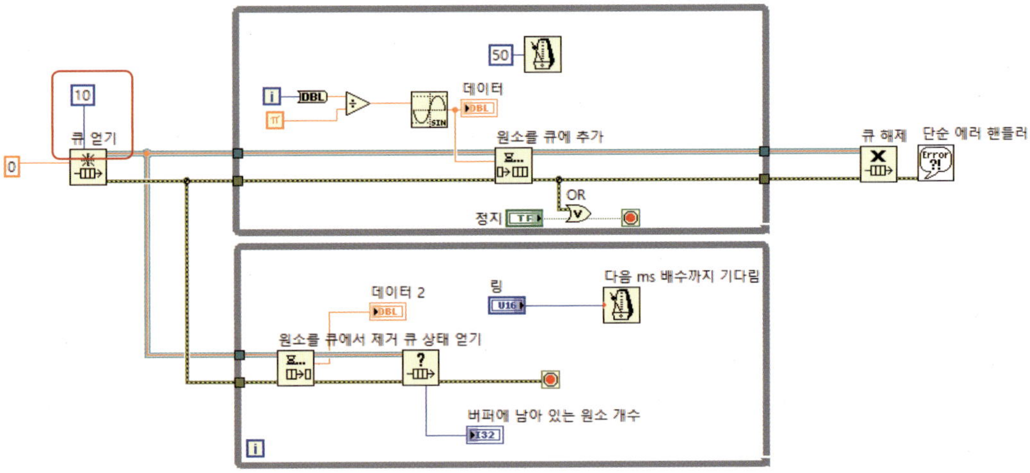

12. 링의 값을 '생산자보다 느림'으로 설정하고 실행합니다. '버퍼에 남아 있는 원소 개수'가 9~10을 표시하게 됩니다. 그리고 생산자가 50ms보다 느리게 데이터가 디스플레이 되는 것을 확인해 볼 수 있습니다. 즉 원소를 큐에 추가.vi는 버퍼에 데이터를 넣어주는 역할을 하게 되는데 버퍼의 공간이 없으면 버퍼에 공간이 생길 때까지 대기를 하게 됩니다.

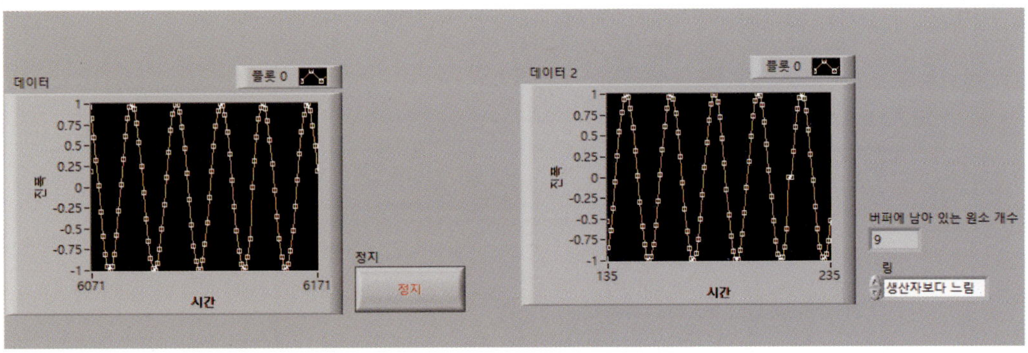

13. 다른 이름으로 저장하고 파일을 닫습니다.

실습을 통해 파악할 수 있는 내용은 일반적으로 큐는 데이터 손실이 있다고 하기도 하고 없다고 하기도 합니다. 둘 다 맞는 표현인데 어느 관점에서 봤느냐에 따라 달라집니다. 실습 7-2의 12번을 실행해보면 생산자는 반드시 50ms마다 실행하도록 하고 싶은데 버퍼에 공간이 없어서 50ms마다 실행을 못하게 되는 현상이 발생했는데 이는 데이터 손실이 있다고 표현할 수 있습니다. 따라서 큐를 사용할 때는 주로 버퍼 크기를 지정하지 않은 상태로 사용하게 됩니다. 버퍼의 크기를 지정하지 않으면 사용하는 컴퓨터 메모리가 허용하는 한 무한정 사용할 수 있다는 의미입니다. 즉 버퍼 크기의 제약으로 데이터 손실을 방지하려는 목적입니다. 반면에 데이터가 버퍼에 들어온 이상은 한 개도 빠트리지 않고 원소를 큐에서 제거.vi에 전달되는 것을 확인할 수 있습니다. 이는 데이터 손실이 없다고 표현할 수 있습니다.

큐의 특징을 정리해보면 버퍼 크기의 제약을 두지 않고 사용하면 데이터 손실 없이 모든 데이터를 다른 루프에 전달할 때 사용하기 좋습니다. 그리고 여러 곳에서 데이터를 넣고 한 곳에서 데이터를 가져오는 N:1 통신을 할 때도 사용하게 됩니다. 큐를 하나 만들면(큐 얻기.vi) 반드시 디큐(원소를 큐에서 제거.vi)는 한 곳에서 밖에 할 수 없는데 반해 인큐(원소를 큐에 추가.vi)는 여러 곳에서 할 수 있습니다. 지금부터 N:1 통신 예제를 만들어 보겠습니다.

실습 7-3 큐를 하나 생성해서 사인파와 코사인파를 각각 다른 루프에서 생성하고 인큐를 통해 하나의 버퍼에 집어 넣고 또 다른 루프에서 디큐를 통해 사인파와 코사인파를 동시에 받아봅니다.

01. 7-2번에서 만든 실습 파일을 열어 링과 다음 ms 배수까지 기다림.vi를 지웁니다.

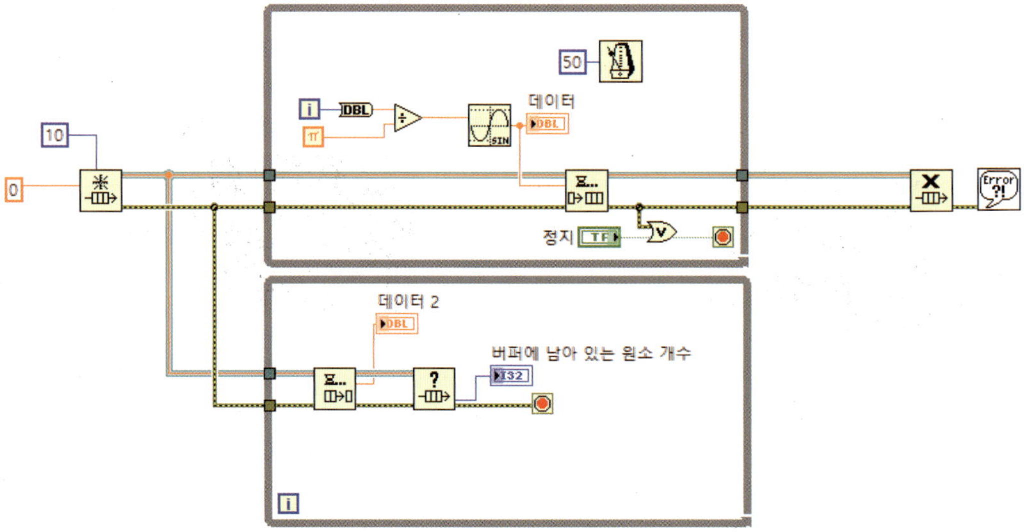

02. 첫 번째 While 루프를 선택한 다음 ctl키를 누른 상태에서 두 번째 While 루프 아래쪽으로 드래그하여 복사하고 다음 그림에 화살표와 같이 와이어를 연결합니다. 그리고 정지 터미널도 다음 타원처럼 수정합니다.

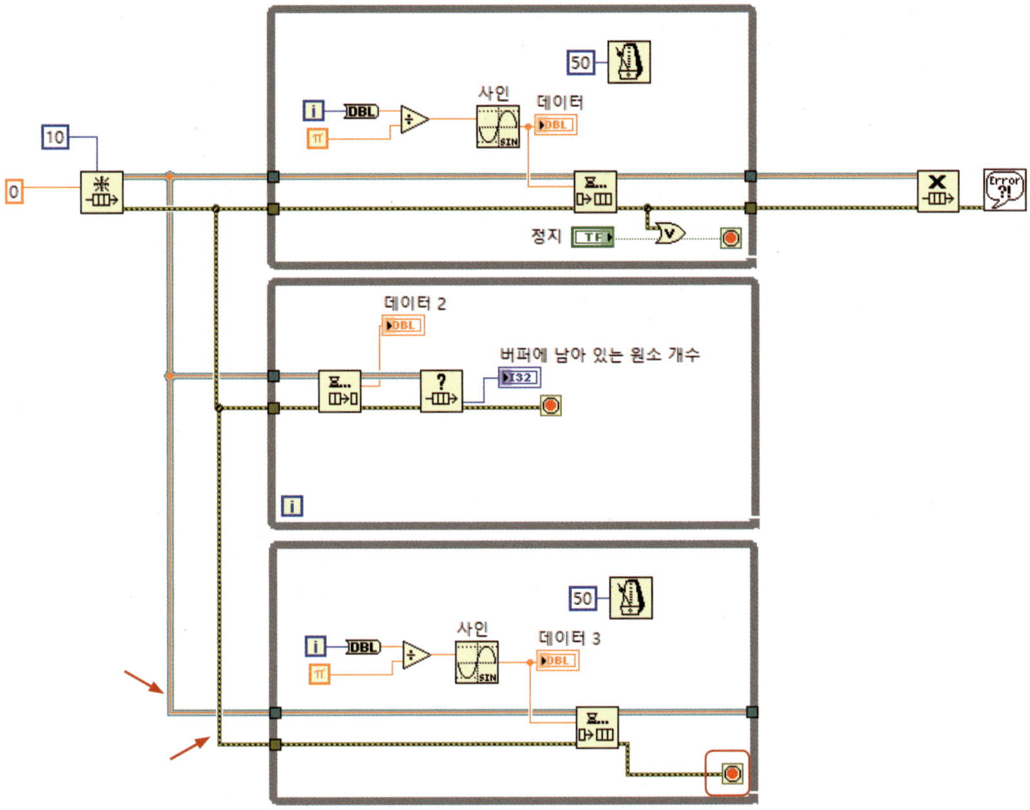

03. 세 번째 While 루프의 사인vi를 코사인.vi로 변경합니다. 첫 번째 While 루프가 사인파형을, 세 번째 While 루프가 코사인파형을 생산해서 두 번째 While 루프에 전달하게 됩니다.

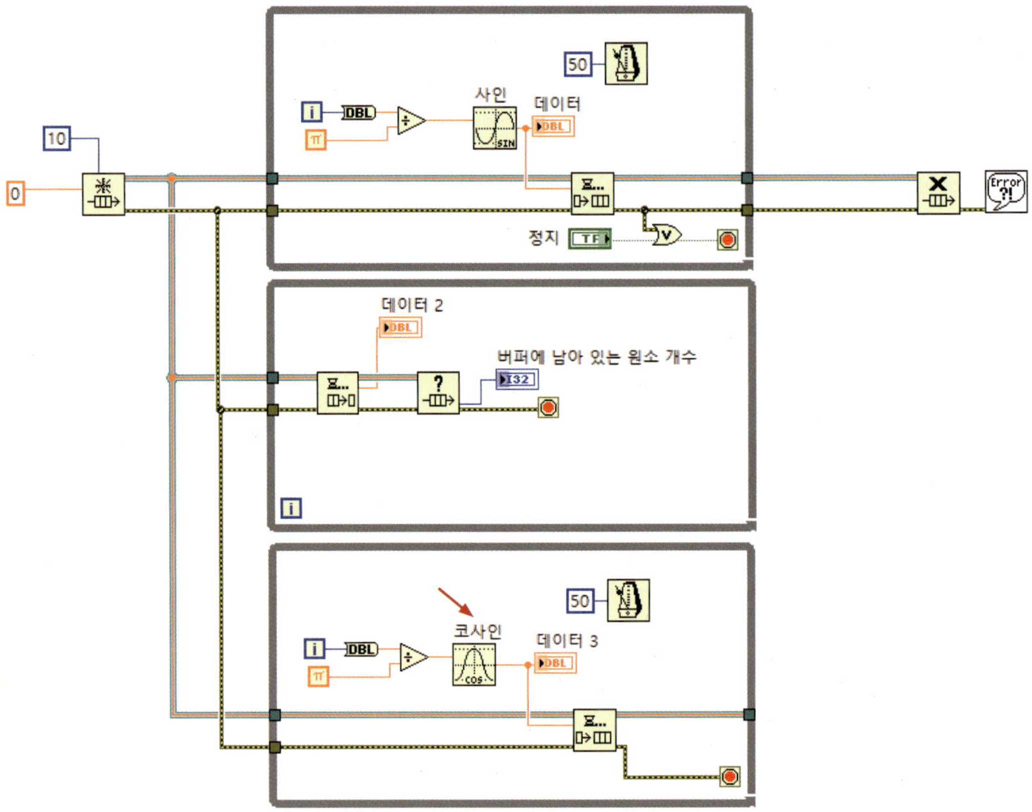

04. 데이터 2 차트에서 플롯 범례에서 다음 그림과 같이 **바로가기메뉴 > 일반 플롯 > 두 번째 항목**을 선택합니다.

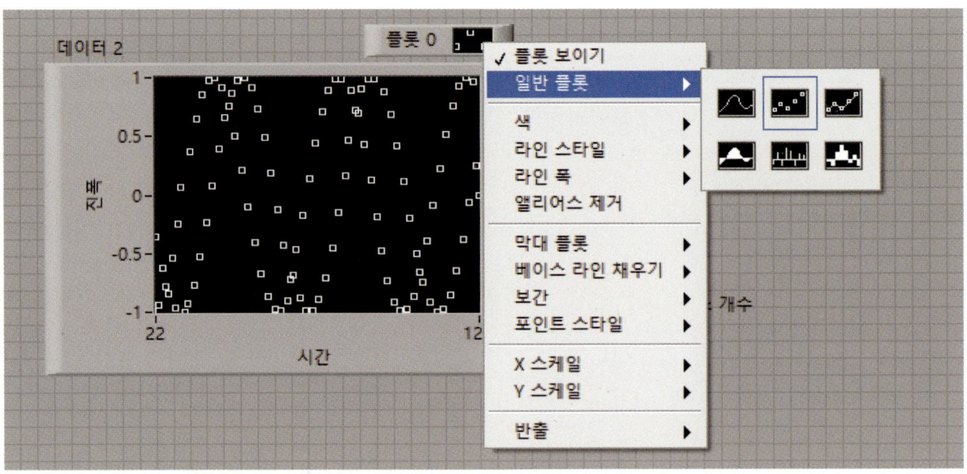

05. 프로그램을 실행하면 데이터 2에 사인과 코사인 파형를 확인해 볼 수 있습니다.

06. 다른 이름으로 저장하고 파일을 닫습니다.

알림자를 살펴보도록 하겠습니다. 알림자는 큐와 달리 버퍼가 없기 때문에 현재 데이터만 전송 가능합니다. 실습을 통해 이 현상을 확인해 보겠습니다.

실습 7-4 알림자를 이용해 현재 데이터만 전송되는 현상을 확인해 봅니다.

01. '실습' 폴더에서 데이터 공유.vi를 열어서 블록다이어그램에 알림자 얻기.vi, 알림 보내기.vi, 알림자 해제.vi, 알림 기다림.vi, 단순 에러 핸들러.vi, While 루프를 추가하고 다음과 같이 코딩합니다.

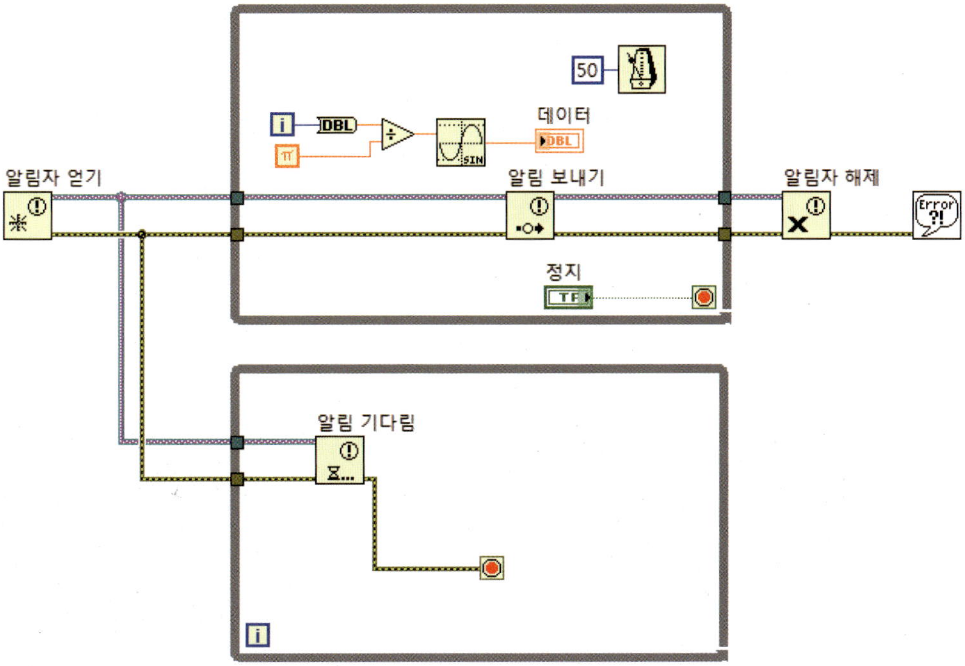

02. 프런트패널에서 링을 추가하고 **바로가기메뉴 > 아이템 편집…**을 선택해서 다음과 같이 편집합니다.

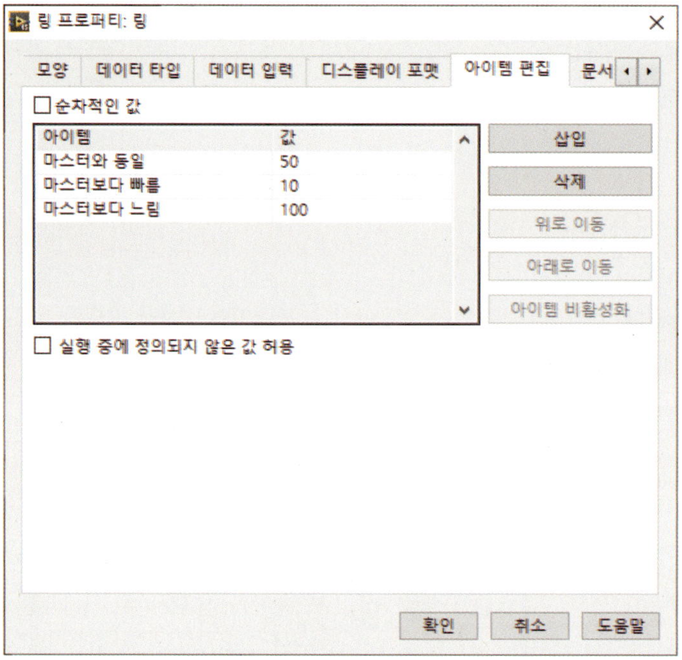

03. 프런트패널에 웨이브폼 차트를 추가하여 라벨을 '데이터 2'라고 설정합니다.

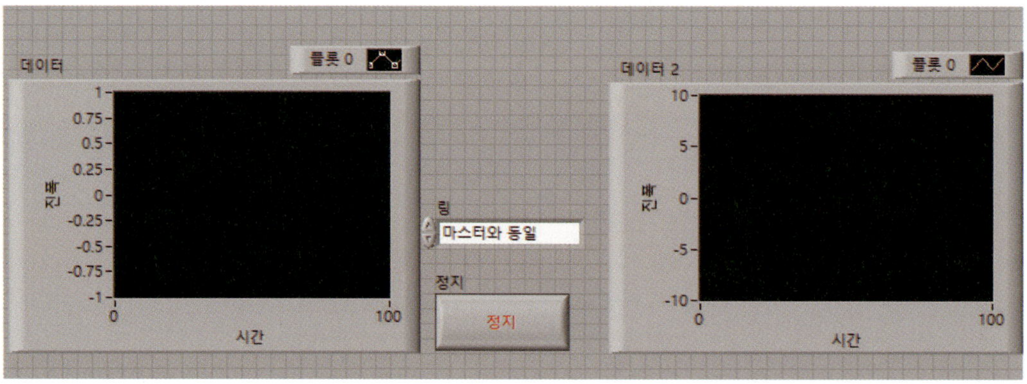

04. 블록다이어그램에서 DBL 숫자형 상수, 다음 ms 배수까지 기다림.vi를 추가하여 다음 화살표를 참조하여 코딩합니다.

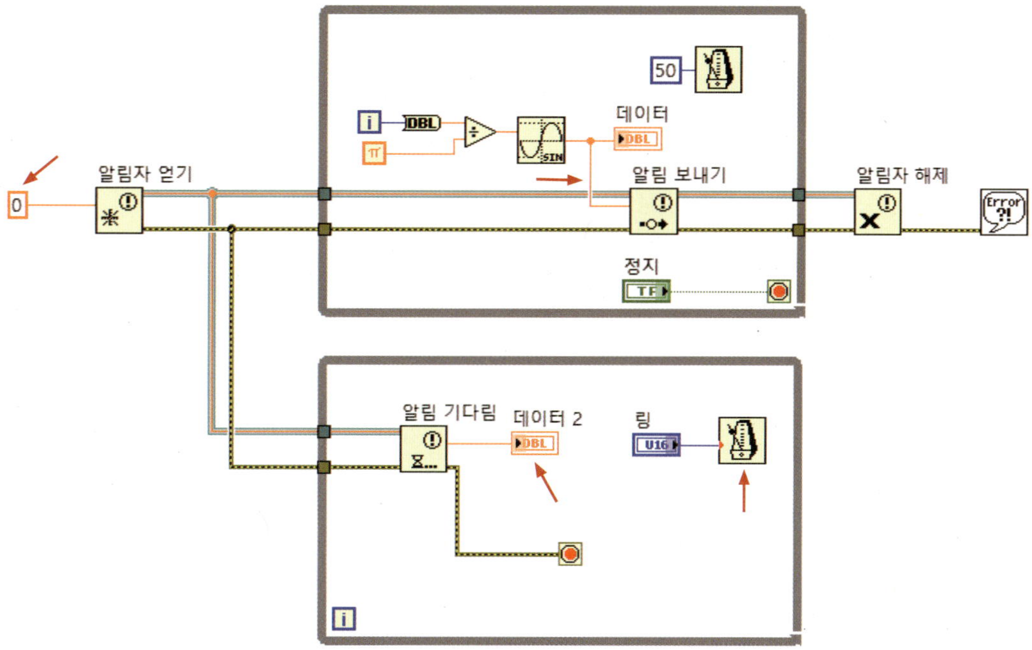

05. 마스터 루프에 다음 타원과 같이 OR.vi를 추가하여 정지 조건을 업데이트합니다.

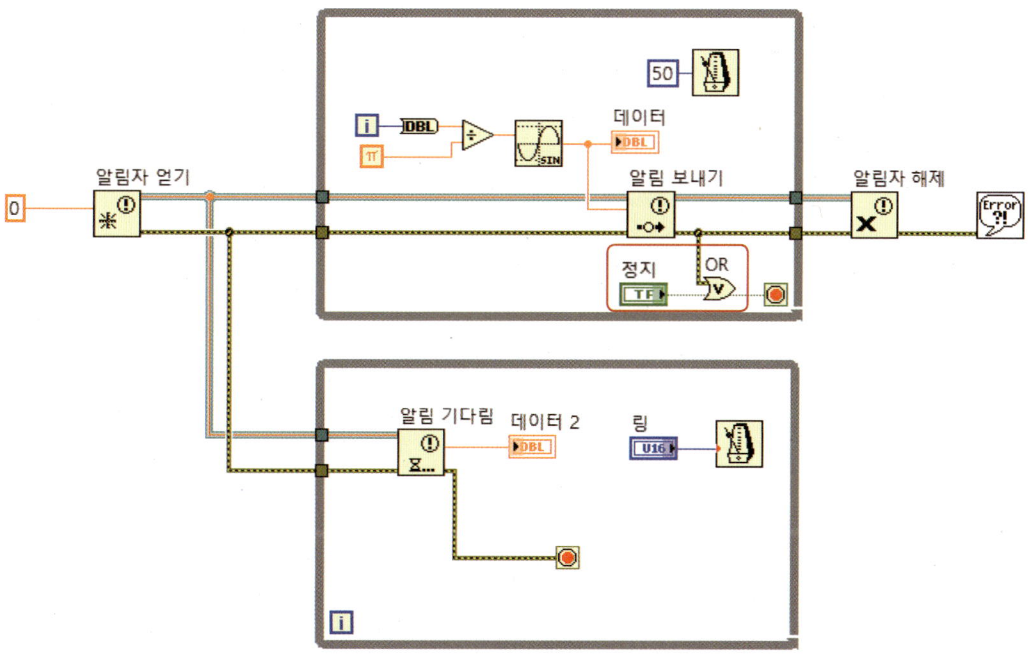

06. 링을 '마스터와 동일', '마스터보다 빠름'으로 설정하고 실행했을 때는 같은 데이터를 전달받지만 '마스터보다 느림'으로 설정하고 실행하면 버퍼가 없기 때문에 데이터를 빠트리고 가지고 옴으로써 '데이터 2'에 플롯되는 사인파의 주파수가 '데이터'와 다르다는 것을 확인할 수 있습니다. 실습 7-2에서는 '생산자보다 느림'으로 설정하고 실행해도 '데이터 2'에 플롯되는 사인파형이 '데이터'에 플롯되는 사인파형보다 느리게 그려지지만 같은 주파수의 사인파가 플롯되는 것을 비교해보세요.

07. 다른 이름으로 저장하고 파일을 닫습니다.

알림자는 큐와 달리 1:N 통신이 가능합니다. 즉 한 곳에서 보내고 여러 곳에서 받을 수 있습니다.

실습 7-5 알림자를 이용해 1:N 통신을 구현합니다.

01. 실습 7-4에서 완성한 프로그램을 열어 블록다이어그램에서 두 번째 While 루프의 다음 ms 배수까지 기다림.vi와 링을 제거합니다.

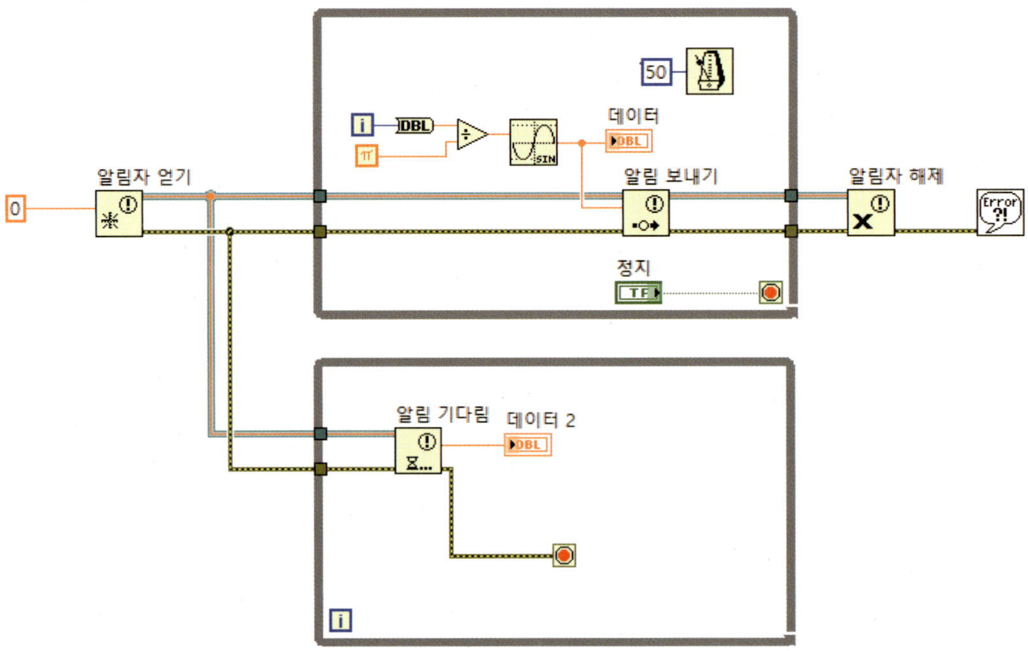

02. 두 번째 슬레이브 루프를 카피합니다.

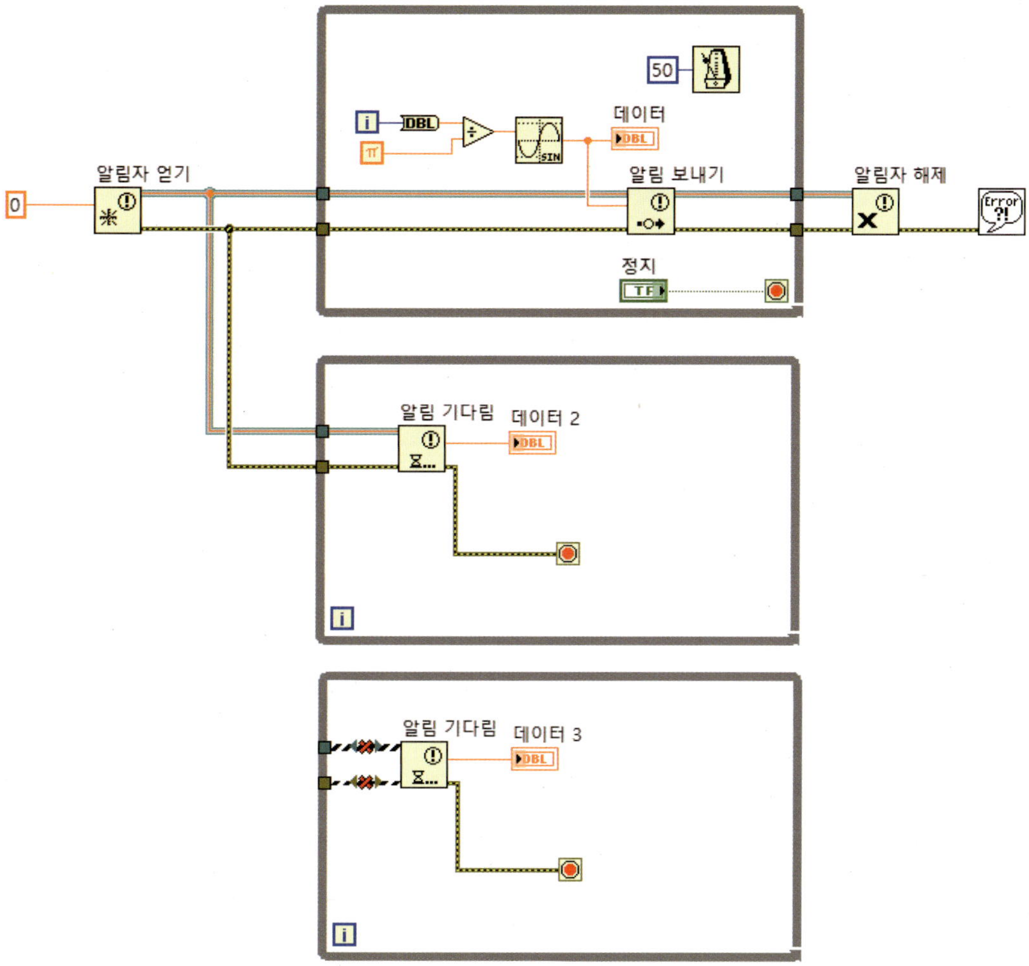

03. 다음 그림처럼 와이어링합니다.

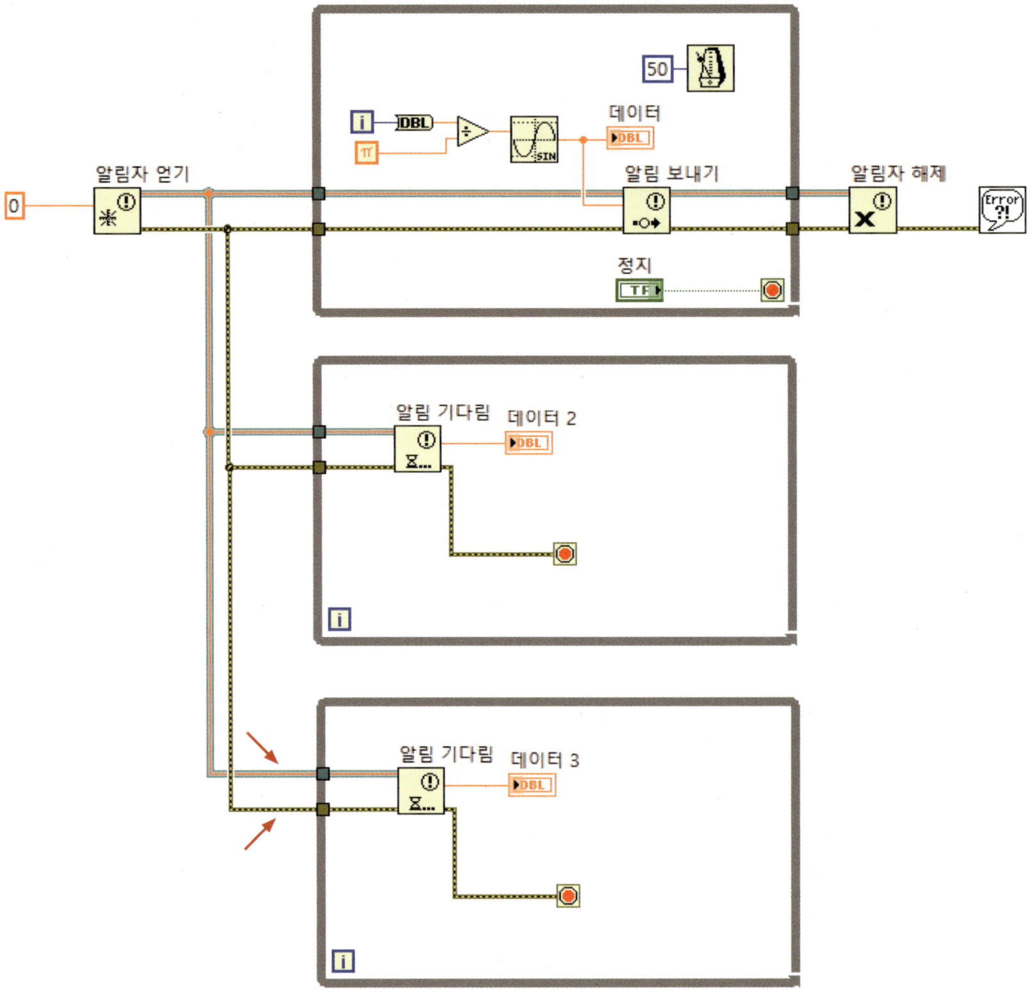

04. 마스터 루프에 다음 타원과 같이 OR.vi를 추가하여 정지 조건을 업데이트합니다.

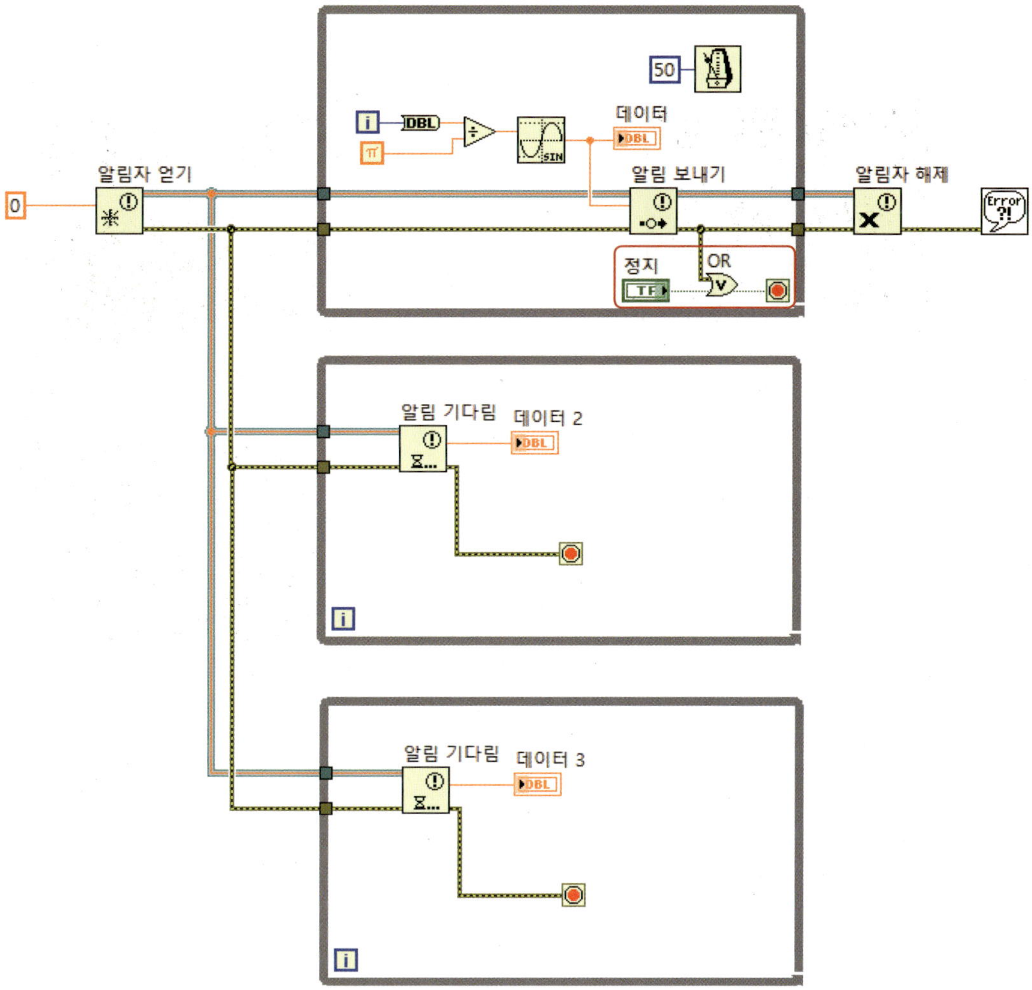

05. 실행하면 알림자를 통해 '데이터'가 '데이터 2'와 '데이터 3'에 데이터가 동시에 전달되는 것을 확인합니다.

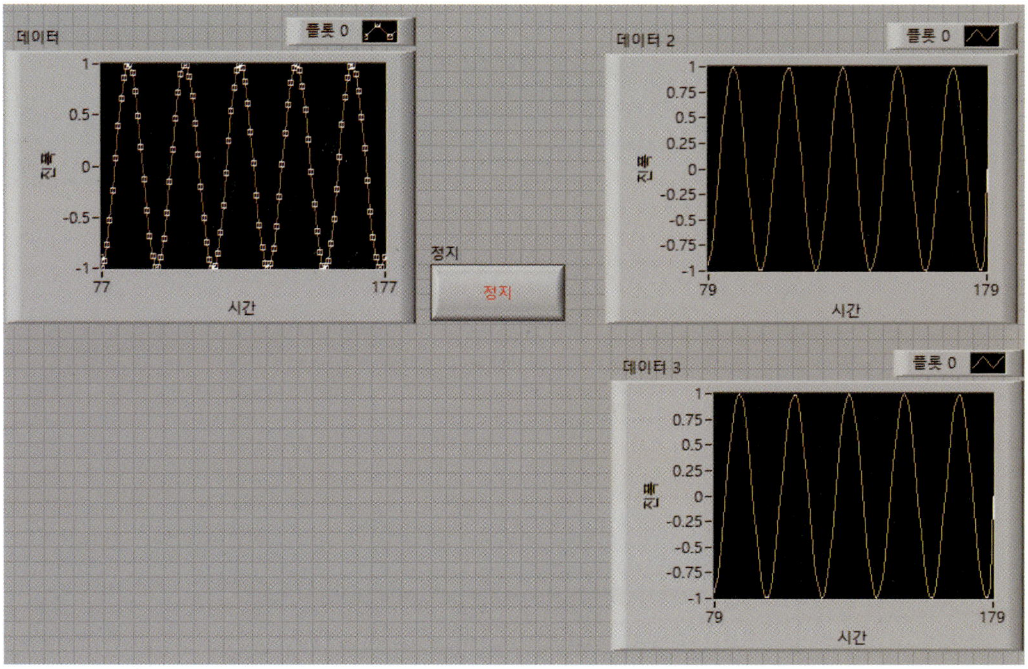

06. 다른 이름으로 저장하고 닫습니다.

변수와 동기화(큐, 알림자)의 특징들을 다양한 실습들을 통해 살펴보았습니다. 이들을 사용할 때 특징들을 잘 알고 사용하기 바랍니다.

7.3 다이나믹 이벤트(사용자 이벤트)

멀티 루프 디자인 패턴에서 꼭 고민해야 하는 것이 있습니다. 예를 들어 한 VI에 세 개의 While 루프 A, B, C가 존재한다고 가정합니다. 만약 While 루프 A에 심각한 에러가 발생하면 프로그램은 종료되도록 해야합니다. 그러기 위해서는 While 루프 A에서 심각한 에러 발생 사실을 While 루프 B와 C에도 실시간으로 알려줘야합니다. 이는 심각한 에러가 While 루프 B에서 발생하던 While 루프 C에서 발생을 하던 에러 발생 사실을 나머지 다른 두 While 루프에도 전달해서 나머지 While 루프들도 정지할 수 있도록 만들어야 합니다. 이 때 자주 사용하는 방법 중 하나가 다이나믹 이벤트를 이용하게 됩니다. 이에 관한 실습은 11장 실습 11-3에서 살펴보도록 하겠습니다. 다이나믹 이벤트 코딩법이 기억 나지 않는 독자는 'LabVIEW의 정석 기본편'의 8.8장 다이나믹 이벤트 부분를 참고하시기 바랍니다.

08 병렬 루프 디자인 패턴

병렬 루프 디자인 패턴은 정지 신호를 제외하고 루프들 간에 실시간으로 데이터를 주고 받지 않는 관계를 말합니다. 즉 루프들이 각각 독립적인 작업을 하게 됩니다. 정지 신호는 주로 로컬 변수를 사용하여 공유합니다.

시나리오

0.5초에 한 번씩 온도 측정을 하고 0.1초에 한 번씩 통신을 통해 데이터를 받아옵니다. 정지 버튼을 클릭하면 모든 작업은 종료됩니다.

디자인 패턴 선정

온도 측정과 통신이 서로 다른 주기를 가지고 작업을 합니다. 따라서 측정과 통신을 위한 루프를 각각 따로 만들어야 하므로 멀티 루프 디자인 패턴을 사용합니다. 그리고 정지를 제외하고는 실시간으로 서로 데이터를 주고 받지 않으니 루프들 간에 데이터를 공유할 필요가 없습니다.

그림 2-2 질문을 통해 디자인 패턴을 선정해 보겠습니다.

- 단일 반복 시퀀스 존재? 아니요. 멀티 루프가 필요합니다.
- 사용자 인터페이스에 반응? 아니요.
- 병렬 작업? 네. 병렬로 처리해야 할 코드가 있습니다.
- 루프들 간 데이터 공유? 정지를 제외하고는 없습니다.

따라서 병렬 루프 구조가 선정되었습니다.

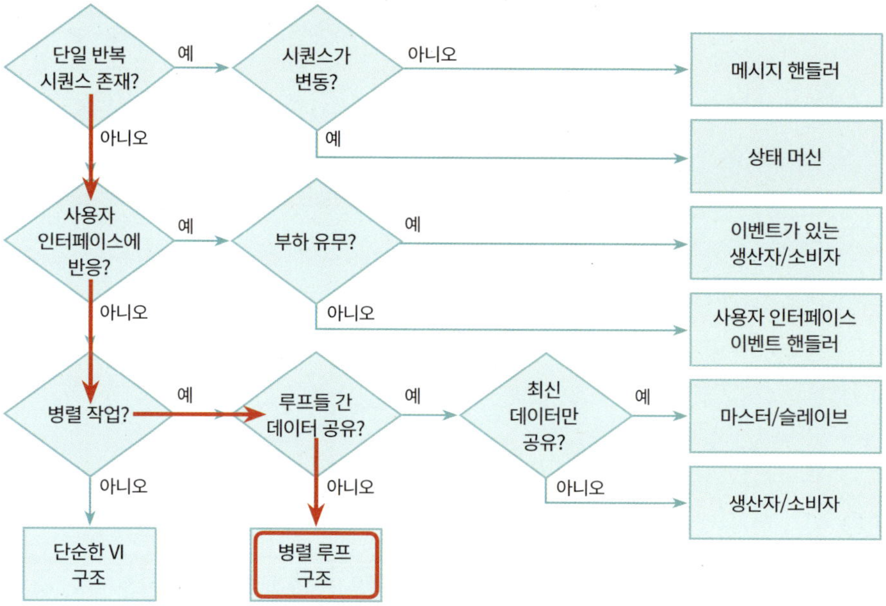

그림 8-1

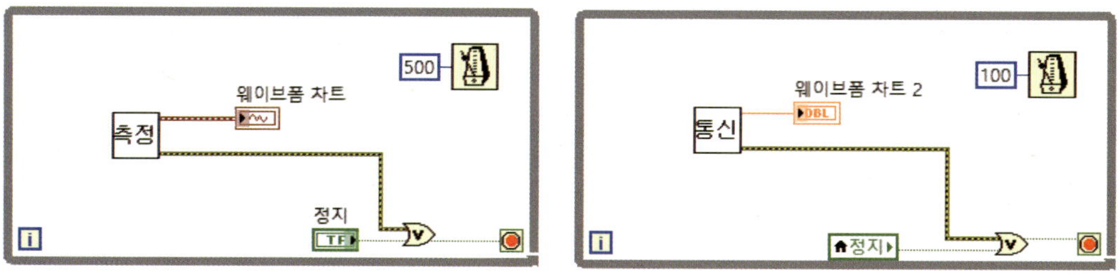

그림 8-2

실습 8-1 그림 8-2 프로그램을 만들어 봅니다.

01. 새 VI를 열고 블록다이어그램에서 두 개의 While 루프, 다음 ms 배수까지 기다림.vi, OR.vi와 '실습' 폴더에서 측정.vi와 통신.vi를 가지고와 다음과 같이 구현합니다.

02. 프런트패널에 웨이브폼 차트 두 개와 정지 버튼 하나를 가져다 놓습니다. 그리고 정지 버튼에서 **바로가기메뉴 > 기계적 동작 > 누를 때 스위치**를 선택합니다. 기계적 동작을 스위치로 변경하는 이유는 로컬 변수는 래치 기능은 사용할 수 없기 때문입니다.

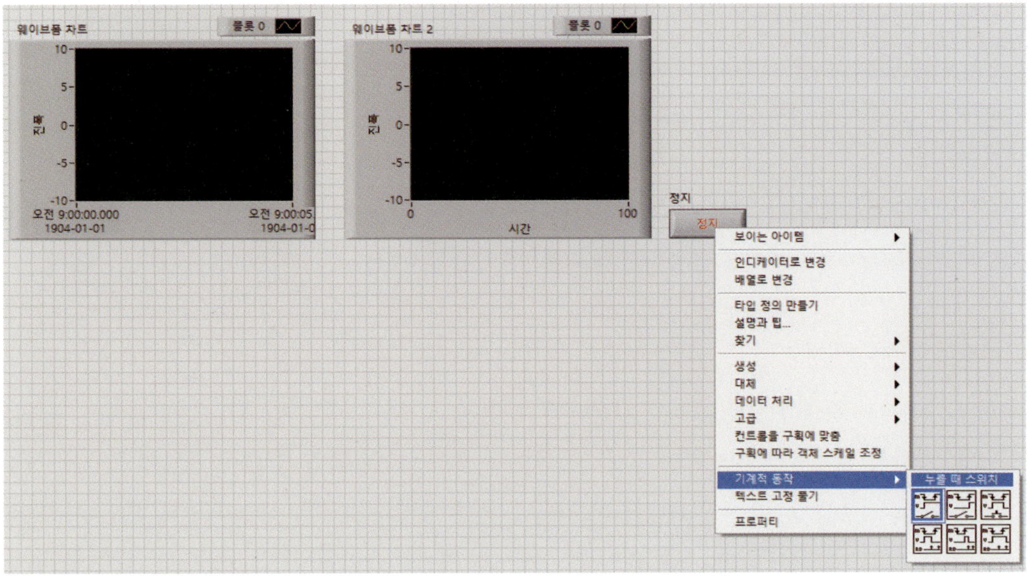

03. 블록다이어그램에서 정지 터미널에서 **바로가기메뉴 > 생성 > 로컬 변수**를 만들고, 생성된 로컬 변수에서 **바로가기메뉴 > 읽기로 변경**하고 다음과 같이 완성합니다.

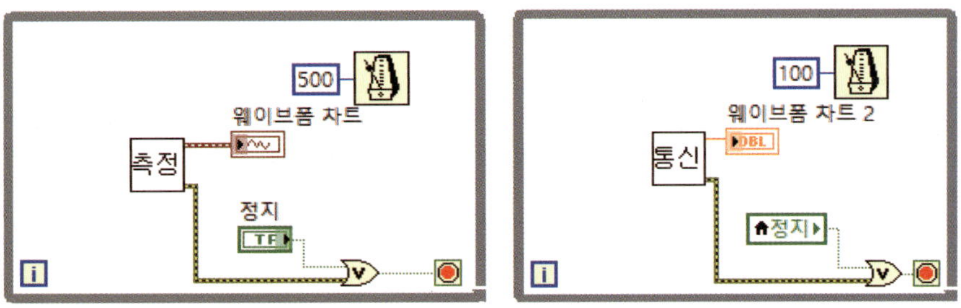

04. 프로그램을 실행해 서로 독립적으로 잘 동작하는지 확인하고 정지 버튼 눌렀을 때 동시에 멈추는지도 확인합니다.

05. 저장하고 닫습니다.

CHAPTER

09

01 02 03 04 05 06 07 08 09 10 11 12 13

생산자/소비자 디자인 패턴

시나리오

0.1초마다 측정을 합니다. 측정한 데이터는 복잡한 분석이라 분석만 하는데 0.2초가 걸린다고 가정합니다. 사용자가 정지 버튼을 클릭하면 프로젝트를 종료합니다.

디자인 패턴 선정

측정한 데이터를 분석하는데 0.2초가 걸린다면 측정하고 0.1초 내에 다음 측정을 하는 것은 불가능합니다. 따라서 단일 루프로는 구현이 불가능합니다. 측정, 분석 작업 중 가장 시간이 잘 지켜져야 하는 작업은 0.1초마다 이뤄져야 하는 측정입니다. 따라서 측정을 위한 루프를 따로 만들고 나머지 작업을 위한 루프를 추가합니다. 즉 멀티 루프 디자인 패턴을 사용합니다. 그리고 측정한 데이터를 하나도 빠짐없이 실행 중에 분석 루프에 전달해야 합니다. 즉 큐를 통해 데이터를 전송합니다. 따라서 생산자/소비자 디자인 패턴이 적합합니다.

그림 2-2 질문을 통해 디자인 패턴을 선정해 보겠습니다.

- 단일 반복 시퀀스 존재? 아니요. 멀티 루프가 필요합니다.
- 사용자 인터페이스에 반응? 아니요.
- 병렬 작업? 네. 병렬로 처리해야 할 코드가 있습니다.
- 루프들 간 데이터 공유? 네. 반복 루프들 사이에 실행 중 측정한 데이터를 다른 루프로 전달해야 합니다.
- 최신 데이터만 전송? 아니요. 측정한 데이터를 누락 없이 모두 전송해야 합니다.

따라서 생산자/소비자 디자인 패턴이 선정되었습니다.

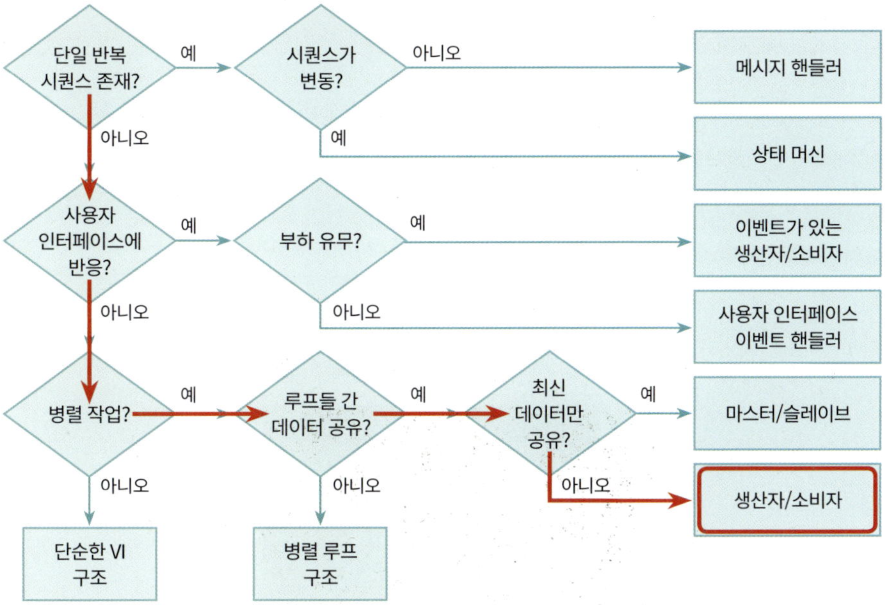
단일 반복 시퀀스 존재?
예
시퀀스가 변동?
아니오
메시지 핸들러
아니오
예
상태 머신
사용자 인터페이스에 반응?
예
부하 유무?
예
이벤트가 있는 생산자/소비자
아니오
아니오
사용자 인터페이스 이벤트 핸들러
병렬 작업?
예
루프들 간 데이터 공유?
예
최신 데이터만 공유?
예
마스터/슬레이브
아니오
아니오
아니오
생산자/소비자
단순한 VI 구조
병렬 루프 구조

그림 9-1

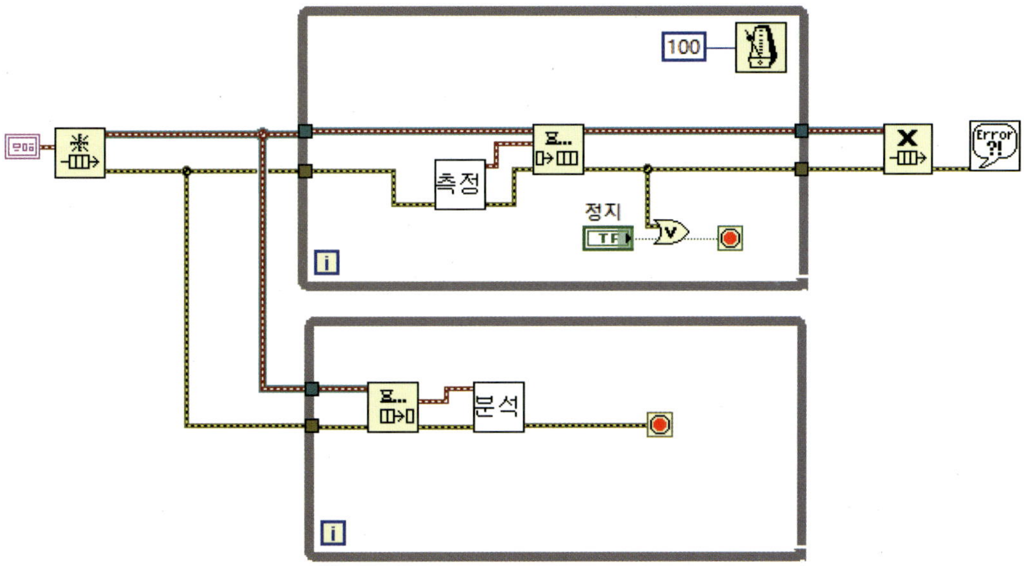
100
측정
정지
분석

그림 9-2

실습 9-1 **그림 9-2 프로그램을 만들어 봅니다.**

01. 새 VI를 열고 프런트패널에 웨이브폼 그래프와 정지 불리언 버튼으로 다음처럼 구성하고, 블록다이어그램에서 While 루프, 다음 ms 배수까지 기다림.vi, OR.vi와 '실습' 폴더에서 측정.vi를 가지고와서 다음과 같이 구현합니다. 실행해 보면 0.1초에 한 번씩 시뮬레이션한 데이터가 웨이브폼 그래프에 표시됩니다.

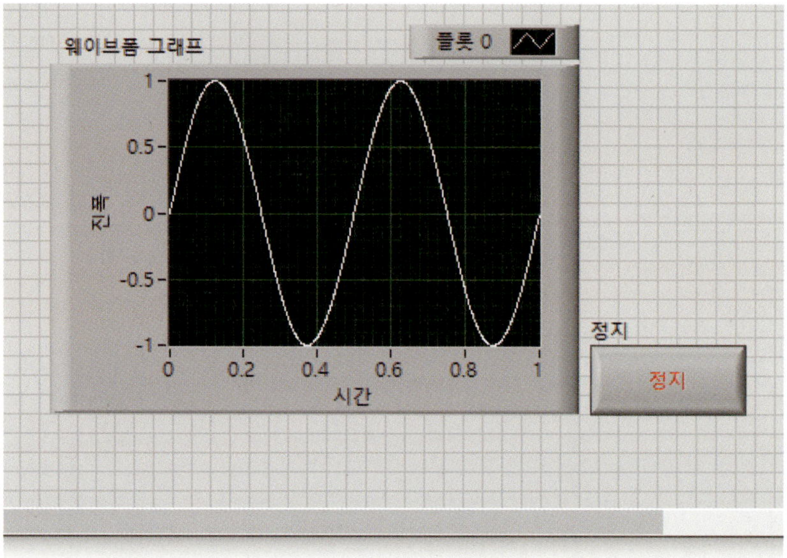

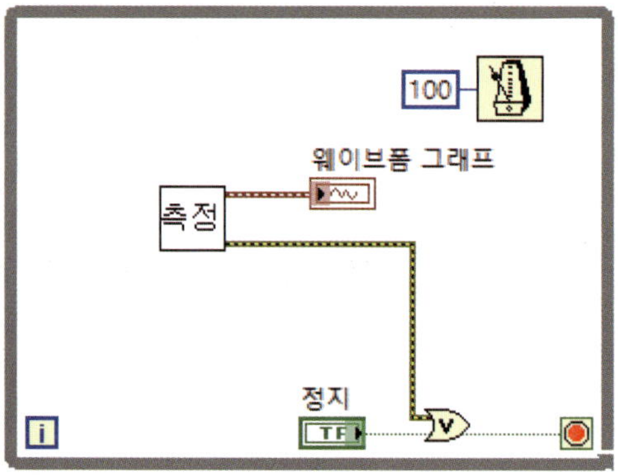

02. 측정한 데이터를 큐를 생성하여 FIFO 버퍼에 인큐(EnQueue)합니다. 큐 얻기.vi, 원소를 큐에 추가.vi, 큐 해제.vi, 단순 에러 핸들러.vi를 추가하여 다음과 같이 와이어링합니다. 그리고 큐 얻기.vi의 원소 데이터 타입 파라이터에는 웨이브폼 그래프 터미널의 **바로가기메뉴 > 생성 > 상수**를 만들어서 연결합니다. 이는 생성한 큐를 통해 웨이브폼 데이터 타입을 전달하겠다는 선언입니다. 그리고 생성된 상수의 **바로가기메뉴 > 클러스터를 아이콘으로 보기**를 선택해 작게 보이게 하여 공간을 절약합니다.

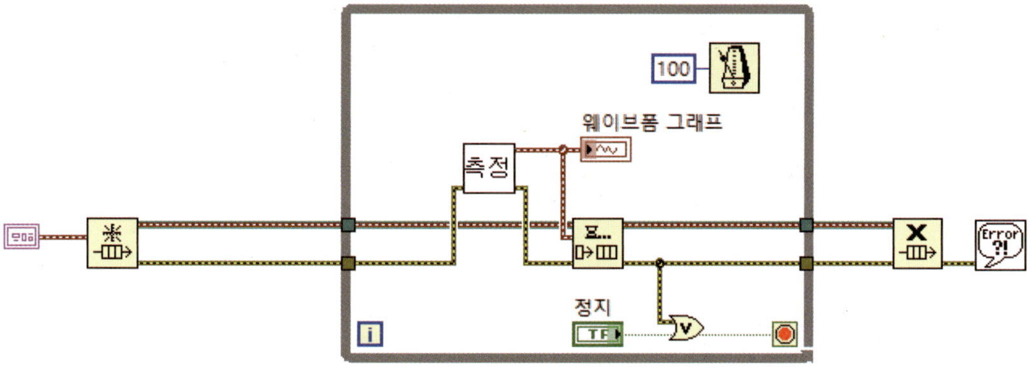

03. While 루프를 추가하여 큐로부터 데이터를 받아와서 분석합니다. While 루프, 원소를 큐에서 제거.vi와 '실습' 폴더에서 분석.vi를 가지고와서 다음과 같이 구현합니다. 프런트패널에 웨이브폼 그래프를 추가해서 분석한 데이터도 모니터링합니다. 프런트패널에 있는 두 개의 웨이브폼 그래프의 라벨을 다음과 같이 각각 '측정 데이터', 'FFT 분석'으로 수정합니다. 추가한 While 루프의 정지 조건은 일단은 큐가 삭제되어 에러가 발생하면 정지하도록 만듭니다. 이는 실습 11-3에서 개선할 것입니다.

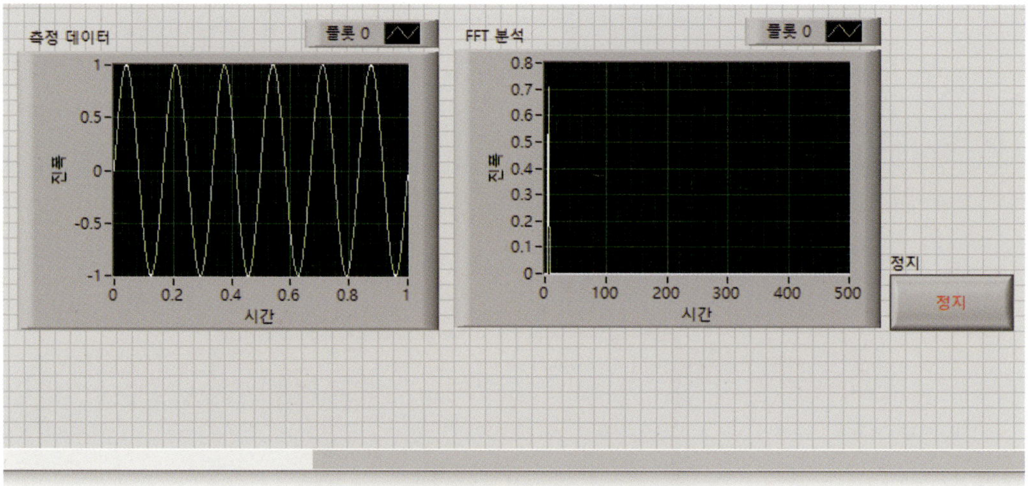

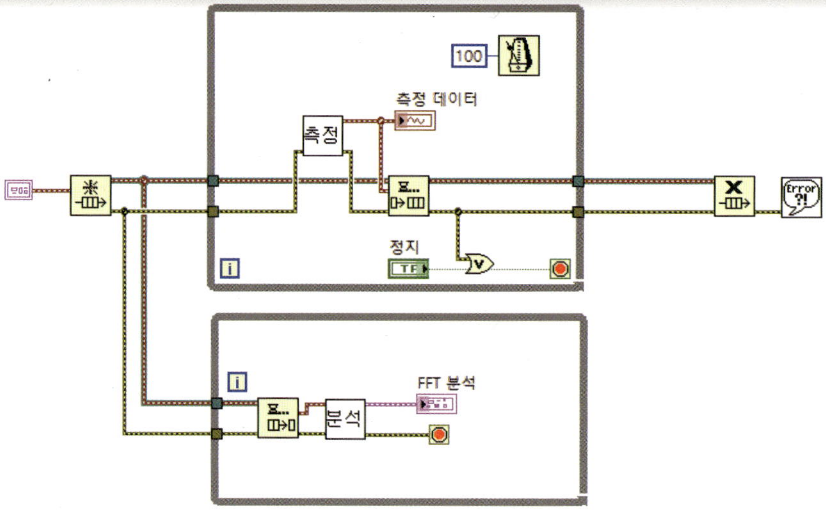

04. 실행시킨 다음 동작을 살펴보고 정지합니다.

05. 저장하고 닫습니다.

CHAPTER 10 생산자/소비자 + 상태 머신 디자인 패턴

시나리오

0.1초마다 측정을 합니다. 측정한 데이터는 복잡한 분석이라 분석만 하는데 0.2초가 걸린다고 가정합니다. 분석한 데이터는 분석 결과에 따라 측정 데이터 저장 유무가 결정됩니다. 사용자가 정지 버튼을 클릭하면 프로젝트를 종료합니다.

디자인 패턴 선정

측정한 데이터를 분석하는데 0.2초가 걸리면 측정하고 0.1초 내에 다음 측정을 하는 것은 불가능합니다. 따라서 단일 루프로 구현이 불가능합니다. 이 작업들 중 가장 시간이 잘 지켜져야 하는 작업은 0.1초마다 이뤄져야 하는 측정입니다. 따라서 측정을 위한 루프를 따로 만들고 나머지 작업을 위한 루프를 추가합니다. 즉 멀티 루프 디자인 패턴을 사용합니다. 그리고 측정한 데이터를 하나도 빠짐없이 실행 중에 분석 루프에 전달해야 합니다. 즉 큐를 통해 데이터를 전송합니다. 따라서 생산자/소비자 디자인 패턴이 적합합니다. 여기까지는 9장에서 소개된 시나리오와 동일합니다. 하지만 지금부터는 차이가 있습니다. 분석 결과에 따라 측정 데이터 저장 유무를 결정하게 해야 합니다. 이를 위해서 소비자 루프에 상태 머신 디자인 패턴을 추가합니다.

디자인 패턴들은 독립적으로 사용되기도 하고 지금 프로젝트처럼 여러 가지 디자인 패턴들을 병합해서 사용하기도 합니다.

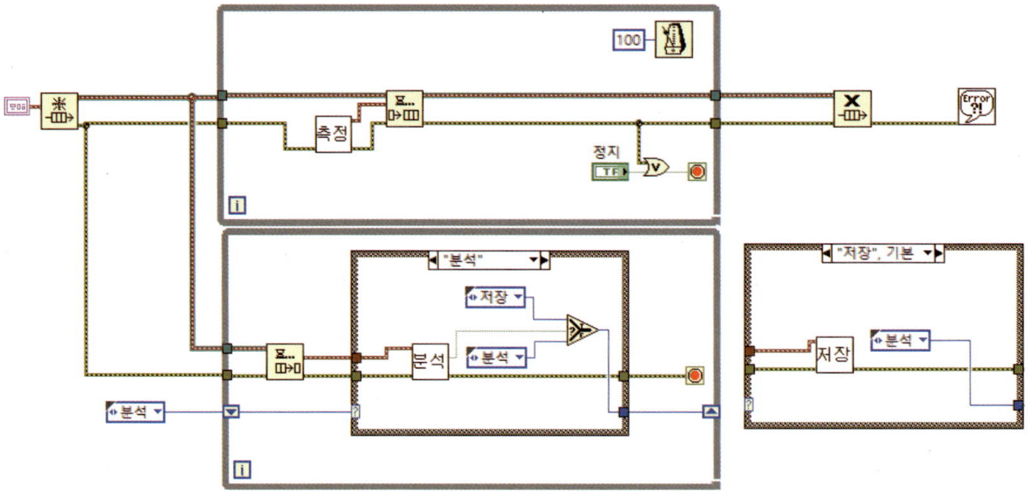

그림 10-1

실습 10-1 그림 10-1 프로그램을 만들어 봅니다.

01. 실습 9-1에서 완성한 프로그램을 열고 소비자 루프에 상태 머신 디자인 패턴을 추가합니다. 소비자 루프에 시프트 레지스터를 추가하고 케이스 구조를 추가하여 다음처럼 구현합니다.

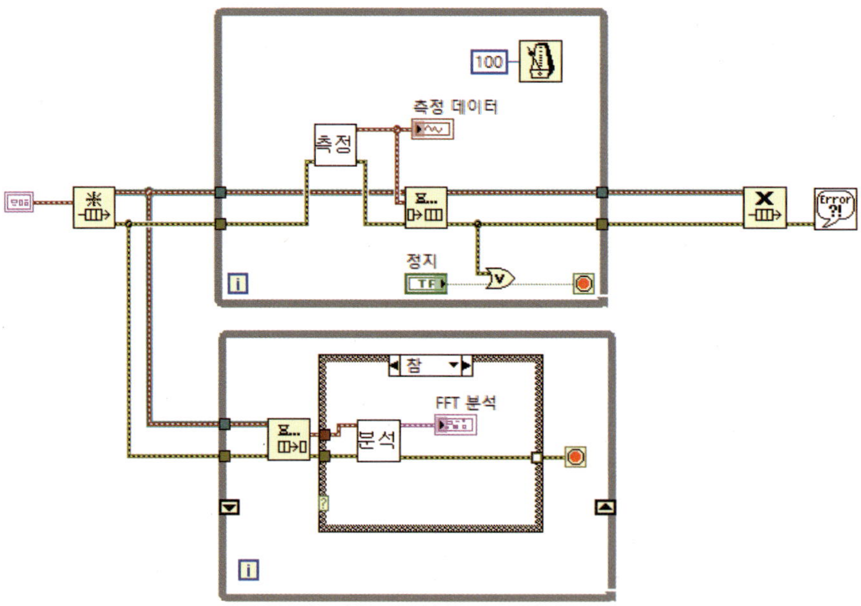

02. 함수 팔레트에서 열거형 상수를 가지고 옵니다. 그리고 열거형 상수의 **바로가기메뉴 > 아이템 편집...**을 선택해 다음과 같이 아이템을 추가합니다. 그리고 다시 **바로가기메뉴 > 고급 > 사용자 정의...**을 선택합니다. 타입 정의를 선택해서 저장합니다. next state.ctl 이름으로 원하는 위치에 저장합니다. 이렇게 타입 정의를 해두면 필요할 때마다 불러서 사용 가능합니다. 타입 정의는 'LabVIEW의 정석 기본편' 3.10장을 참고하세요.

03. 열거형을 '분석'으로 설정하여 시프트 레지스터를 초기화하고 초기화한 시프트 레지스터를 케이스 선택자 터미널에 연결합니다. 그리고 분석 케이스에 선택.vi를 추가하여 다음처럼 구현합니다. 즉 분석.vi의 저장 유무 파라미터 출력값에 따라 다음 상태가 결정됩니다.

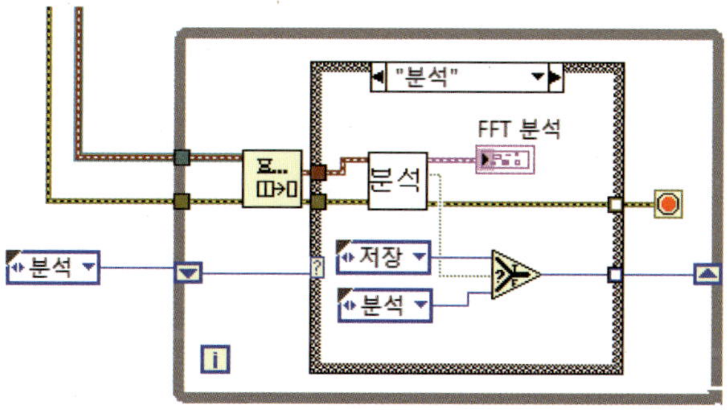

04. 소비자 루프의 저장 케이스에 '실습' 폴더에 있는 저장.vi를 가지고와 다음과 같이 구현합니다. 저장이 끝나면 다음 상태는 '분석'입니다.

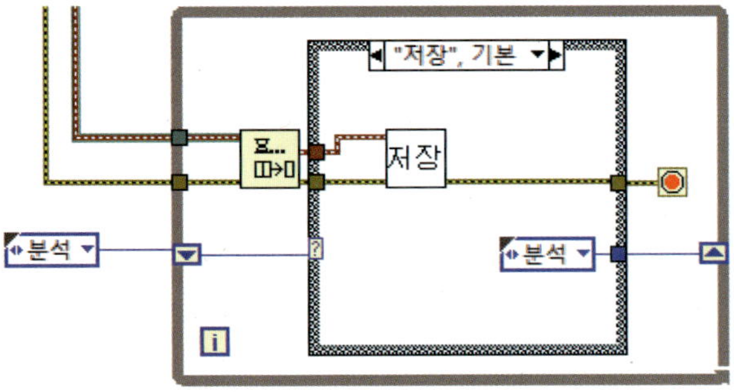

05. 실행한 다음 동작을 살펴보고 정지합니다.

06. 다른 이름으로 저장하고 닫습니다.

01 · 02 · 03 · 04 · 05 · 06 · 07 · 08 · 09 · 10 · 11 · 12 · 13

CHAPTER

11 생산자/소비자 이벤트 디자인 패턴

6장에서 소개했던 프로그램을 이번에는 생산자/소비자 이벤트 디자인 패턴을 사용해 구현해 보겠습니다.

시나리오

프런트패널에서 사용자가 측정 버튼을 클릭하면 측정하고, 분석 버튼을 클릭하면 분석하고, 저장 버튼을 클릭하면 저장하고, 정지 버튼을 클릭하면 정지하도록 합니다.

디자인 패턴 선정

그림 2-2 질문을 통해 디자인 패턴을 선정해 보겠습니다.

- 단일 반복 시퀀스 존재? 아니요.
- 사용자 인터페이스에 반응? 예. 사용자가 어떤 버튼을 누르느냐에 따라 실행할 코드가 달라집니다.
- 부하 유무? 처리 코드 분량에 따라 단일 루프인 사용자 인터페이스 이벤트 핸들러 또는 멀티 루프인 생산자 소비자 이벤트 중 하나를 선택하게 됩니다. 이번에는 6장과 달리 처리할 코드가 많다고 가정하도록 하겠습니다.

따라서 생산자/소비자 이벤트 디자인 패턴이 적합합니다.

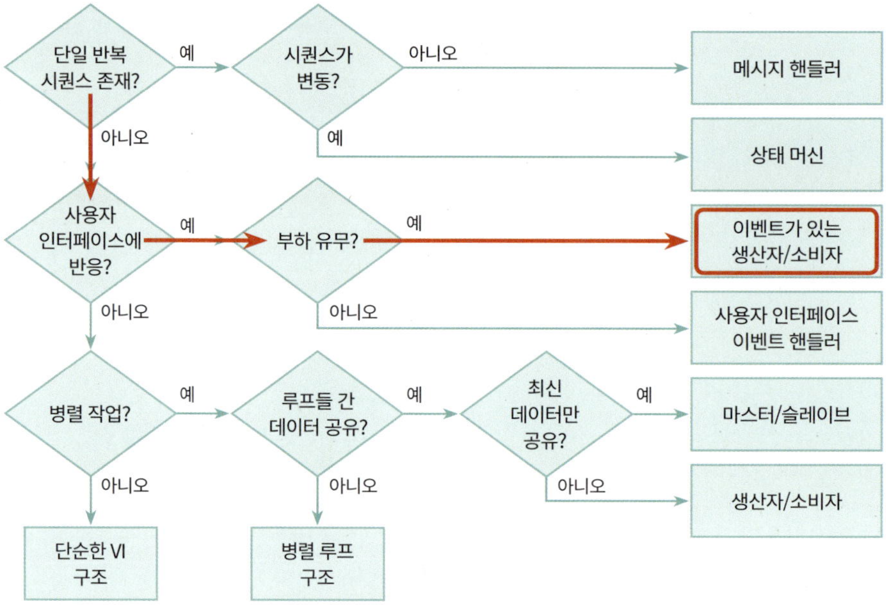

그림 11-1

생산자/소비자 이벤트 디자인 패턴은 사용자 인터페이스 이벤트 핸들러에 While 루프를 하나 더 추가해서 큐를 통해 실시간으로 추가한 While 루프에 데이터를 전달하도록 한 것입니다. 따라서 While 루프 하나로 처리하기 힘든 경우 While 루프를 추가하고 두 While 루프 사이의 데이터 전송은 큐를 이용합니다.

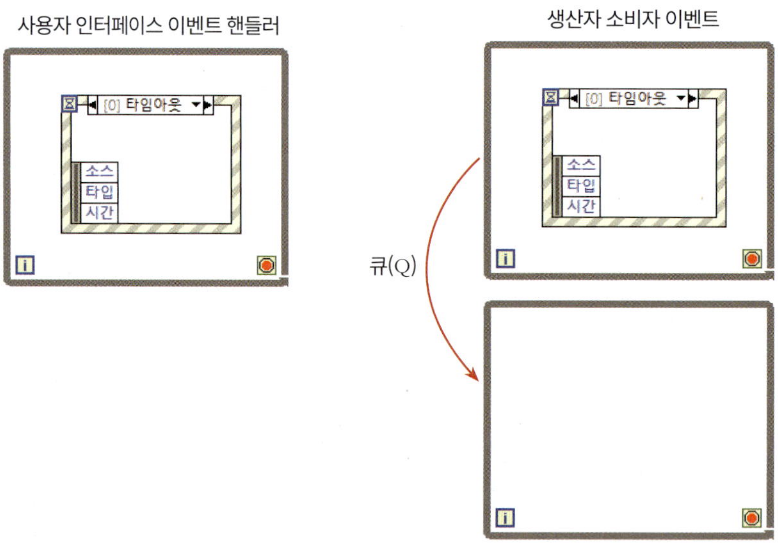

그림 11-2

실습 11-1 **실습 6-1에서 구현한 프로그램을 생산자/소비자 이벤트 디자인 패턴을 이용해 구현해 봅니다.**

01. 새 VI를 열어 실습 6-1처럼 프런트패널을 디자인합니다.

02. 블록다이어그램에서 While 루프 2개와 이벤트 구조를 가지고 옵니다. 이벤트 구조는 다음과 같이 이벤트 추가 및 편집합니다.

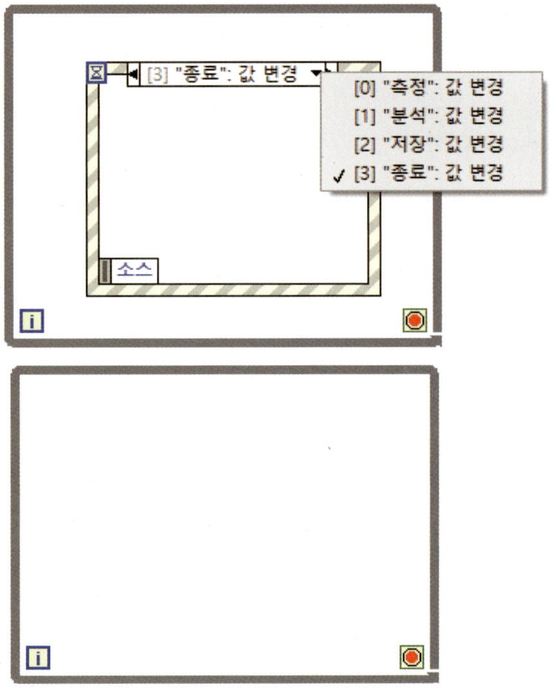

03. 큐 얻기.vi, 원소를 큐에 추가.vi, 원소를 큐에서 제거.vi, 큐 해제.vi, 단순 에러 핸들러.vi, 에러 병합.vi를 추가하여 다음과 같이 코딩합니다.

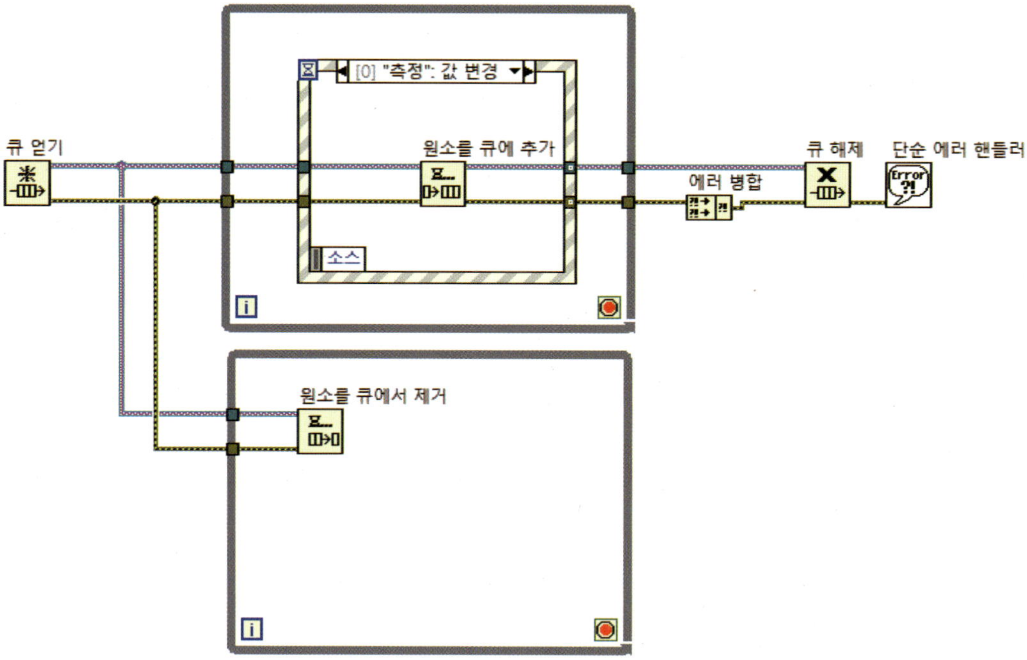

04. 함수 팔레트에서 열거형 상수를 가지고 옵니다. 그리고 열거형 상수의 **바로가기메뉴 > 아이템 편집...**을 선택하여 다음과 같이 아이템을 추가합니다. 그리고 다시 **바로가기메뉴 > 고급 > 사용자 정의...**을 선택합니다. 타입 정의를 선택해서 저장합니다. State.ctl 파일로 원하는 위치에 저장합니다.

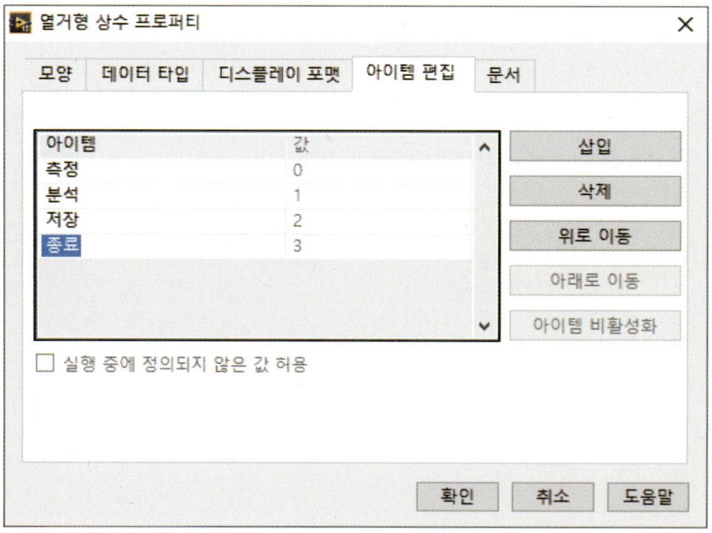

05. 다음 그림과 같이 State.ctl을 '측정'으로 설정하여 큐 얻기.vi의 원소 데이터 타입 파라미터와 원소를 큐에 추가.vi의 원소 파라이터에 연결합니다. 소비자 루프에 케이스 구조를 추가하고 원소를 큐에서 제거.vi의 원소 파라미터를 케이스 구조의 선택자 터미널에 연결한 뒤, 케이스 구조의 **바로가기메뉴 > 모든 값에 대한 케이스 추가**를 선택하면 다음 그림처럼 4개의 케이스가 추가됩니다. 그리고 다운받은 '실습' 폴더에서 측정.vi를 측정 케이스에 놓고 다음과 같이 와이어링합니다. 거짓 상수도 추가하여 생산자 루프와 소비자 루프의 조건 터미널에 연결합니다.

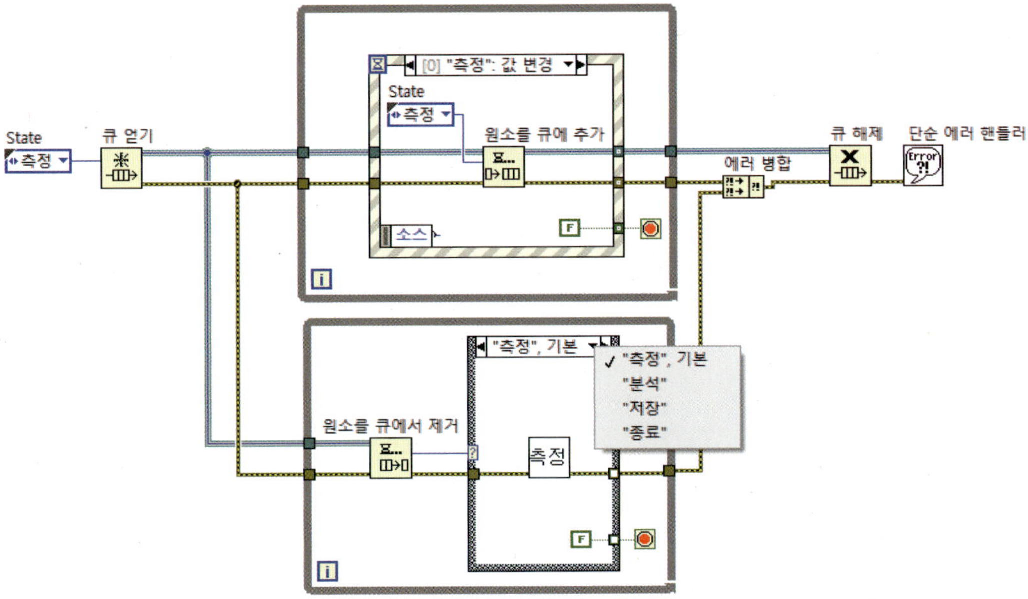

06. 분석 이벤트, 저장 이벤트, 종료 이벤트에 원소를 큐에 추가.vi를 넣고 State.ctl를 다음과 같이 설정하여 연결합니다. 그리고 각 터미널들을 해당 이벤트에 넣습니다. 다운받은 '실습' 폴더에서 분석.vi, 저장.vi를 가지고와서 소비자 루프의 해당 케이스에 다음 그림처럼 추가하고 불리언 상수도 추가하여 연결합니다. 참고로 다음 그림은 여러분 이해를 돕기 위해 이벤트 구조와 케이스 구조를 펼쳐서 보여드린 것입니다

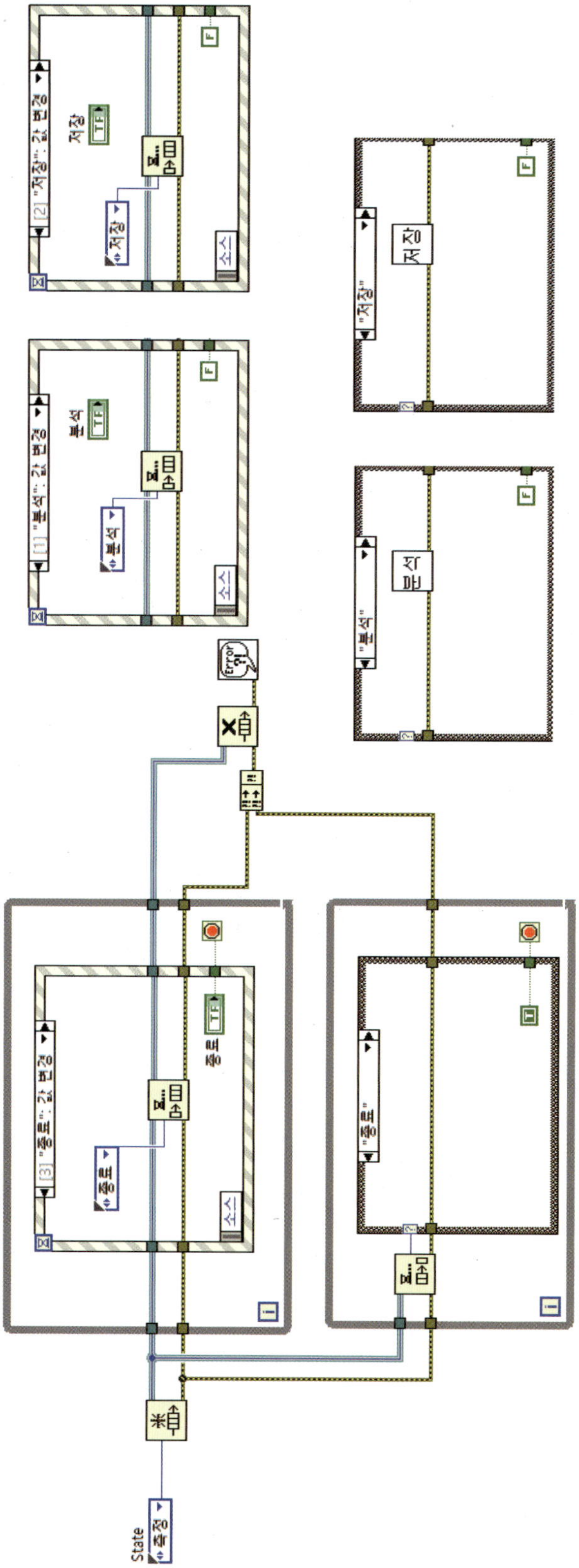
[2] "저장": 값 변경
저장
[1] "분석": 값 변경
분석
[3] "종료": 값 변경
종료
"저장"
"분석"
"종료"
State

07. 실행 하이라이트를 활성화해서 프로그램 시작합니다. 프런트패널에 있는 측정, 분석, 저장 버튼을 클릭하면 생산자 루프에서 해당 값 변경 이벤트가 발생하고 큐를 통해 소비자 루프에 데이터를 전달하고 전달 받은 데이터로 해당 케이스가 실행되는 것을 확인해봅니다. 정지 버튼을 눌러서 프로그램이 정지하는지도 확인합니다.

08. 저장하고 닫습니다.

실습 11-1에서 큐를 통해 열거형을 전달합니다. 이 열거형은 소비자 루프에 케이스 분류를 위해 사용합니다. 만약 큐를 통해 열거형과 함께 다양한 데이터 타입을 가진 데이터를 전달해야 한다면 어떻게 해야할까요? 예를 들어 측정 버튼을 눌렀을 때 숫자형 배열을, 분석 버튼을 눌렀을 때 불리언을, 저장 버튼을 눌렀을 때 문자열을 전달해야 한다고 가정하면 솔루션은 두 가지 방법이 있습니다. 첫 번째는 큐를 통해 전달할 데이터 타입을 클러스터로 선언하고 클러스터 원소로 열거형, 숫자형 배열, 불리언, 문자열로 구성하는 방법과 두 번째는 클러스터의 원소를 열거형과 배리언트로 구성하는 것입니다. 첫 번째 방법보단 두 번째 방법이 훨씬 간편하고 효율적입니다. 배리언트는 다양성을 내포하고 있는 데이터 타입으로써 'LabVIEW의 정석 기본편'의 3.9장 배리언트를 참조하길 바랍니다

다음 실습에서는 배리언트를 이용해서 데이터도 함께 전달할 수 있도록 실습 11-1을 업데이트해 보겠습니다.

실습 11-2 실습 11-1에 데이터 전달을 위해 배리언트를 추가합니다.

01. 완성한 실습 11-1 프로그램을 엽니다.

02. 함수 팔레트에서 클러스터 상수를 가지고와서 클러스터 원소로 State.ctl과 함수 팔레트에서 배리언트 상수를 원소로 추가해서 클러스터 상수의 **바로가기메뉴 > 고급 > 사용자 정의...**를 선택해서 다음과 같이 라벨을 수정하고 타입 정의를 지정합니다. State & Data.ctl로 저장합니다.

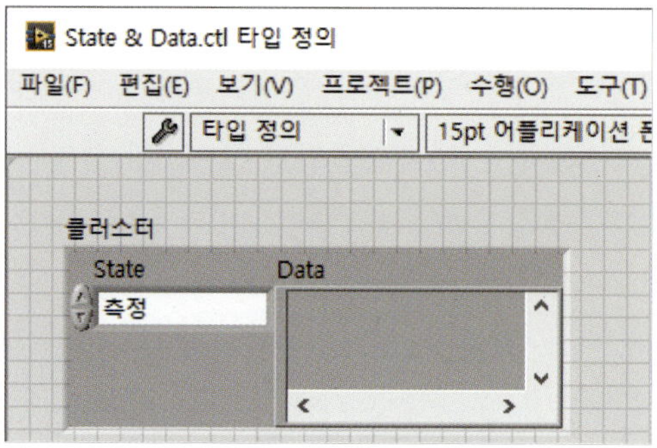

03. 다음 그림과 같이 큐 얻기.vi의 원소 데이터 타입 파라미터에 State & Data.ctl을 연결하면 원소를 큐에 추가.vi와 원소를 큐에서 제거.vi의 원소 파라미터들에 와이어링이 깨지게 됩니다. 이제 큐를 통해 State & Data.ctl 데이터 타입을 전송하겠다고 선언한 것입니다.

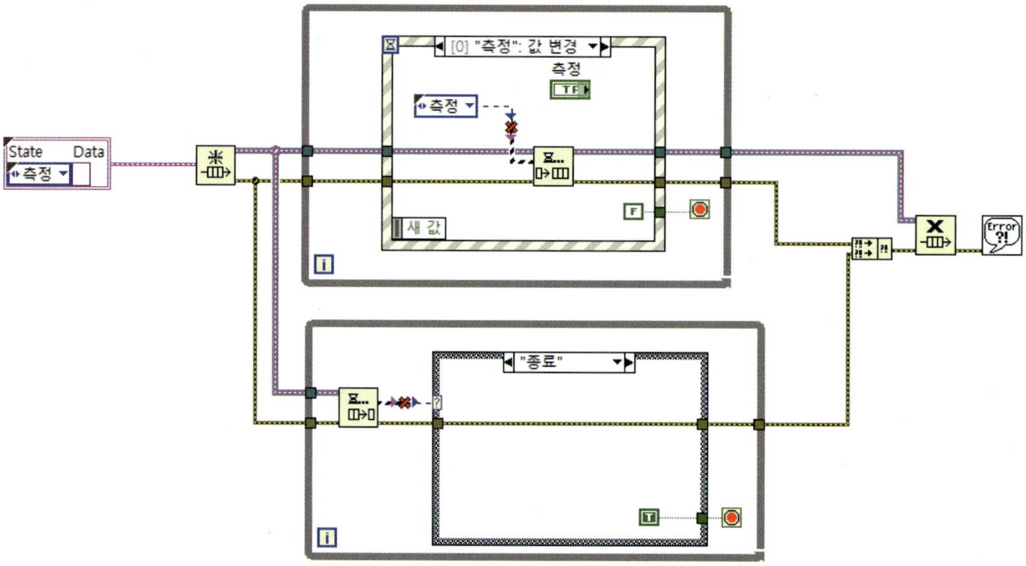

04. 다음 그림과 같이 측정 이벤트와 측정 케이스에 이름으로 묶기.vi, 배리언트로.vi, 이름으로 풀기.vi, 배리언트를 데이터로.vi, 숫자형 배열 상수 두 개를 추가하고 연결합니다. 이름으로 묶기.vi와 이름으로 풀기.vi는 'LabVIEW의 정석 기본편'의 3.5장 클러스터를 참조하면 됩니다. 이제 사용자가 측정 버튼을 클릭하면 큐를 통해 측정 열거형과 1, 2, 3을 원소로 가진 숫자형 배열을 배리언트로 변환하여 소비자 루프에 전달합니다. 소비자 루프에서는 전달받은 열거형으로 케이스를 분류시키고 측정 케이스 안에서 전달받은 배리언트를 원래 데이터인 배열 데이터로 복원해서 사용할 수 있도록 수정하였습니다.

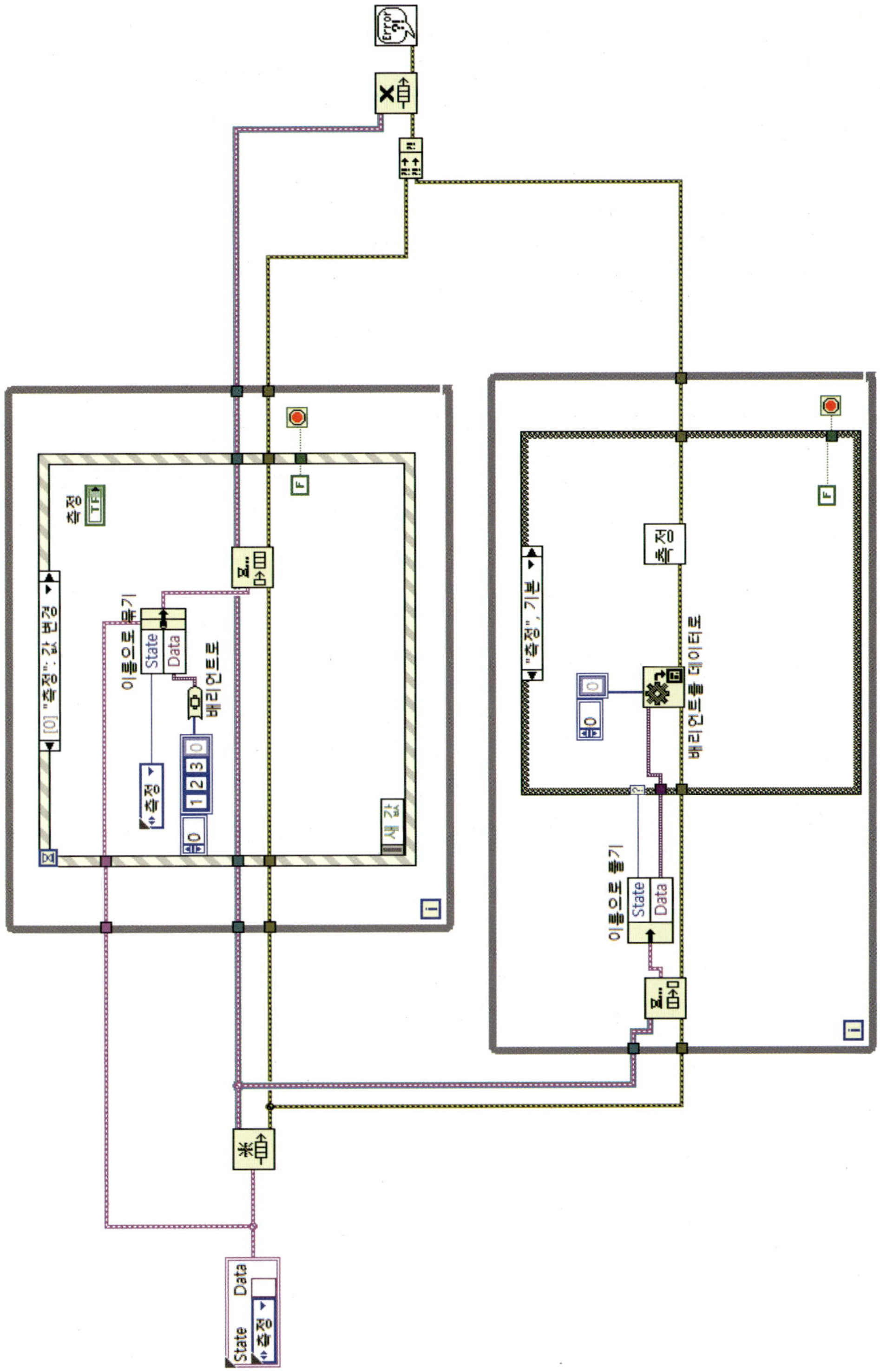
[0] "측정": 값 변경
측정
이름으로 묶기
State
Data
배리언트로
새 값
"측정", 기본
배리언트를 데이터로
Error

05. 분석 이벤트와 분석 케이스, 저장 이벤트와 저장 케이스를 다음과 같이 수정합니다.

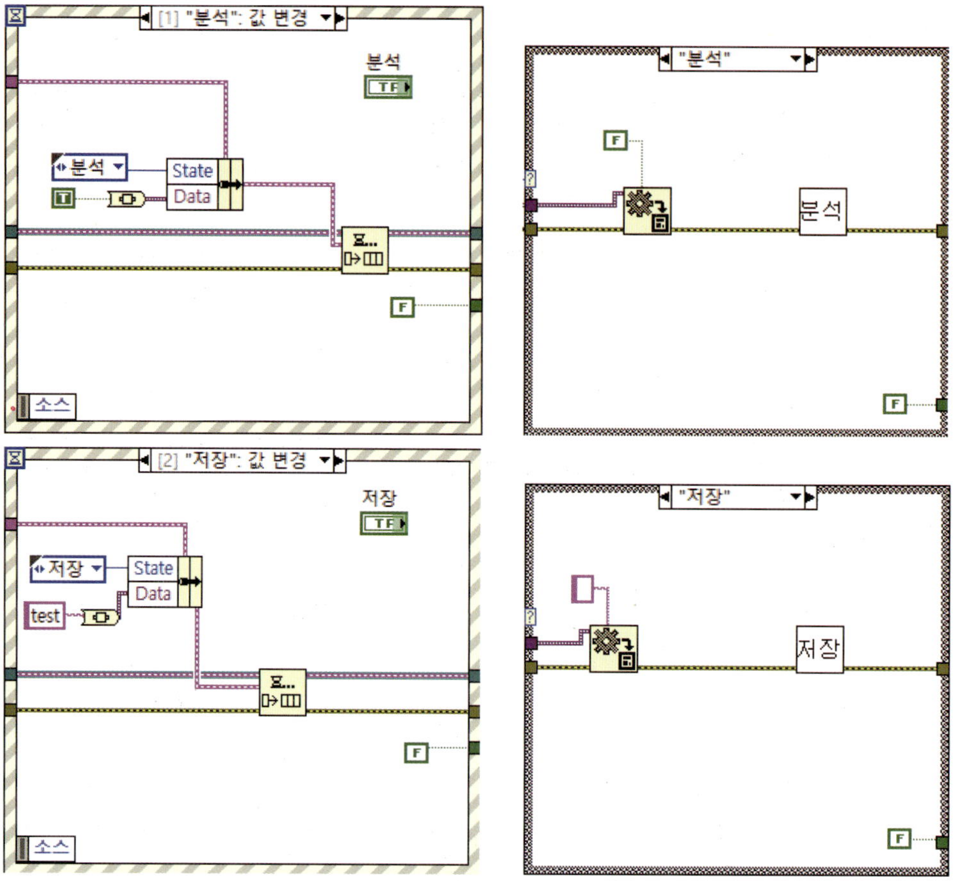

06. 종료 이벤트를 다음과 같이 수정합니다.

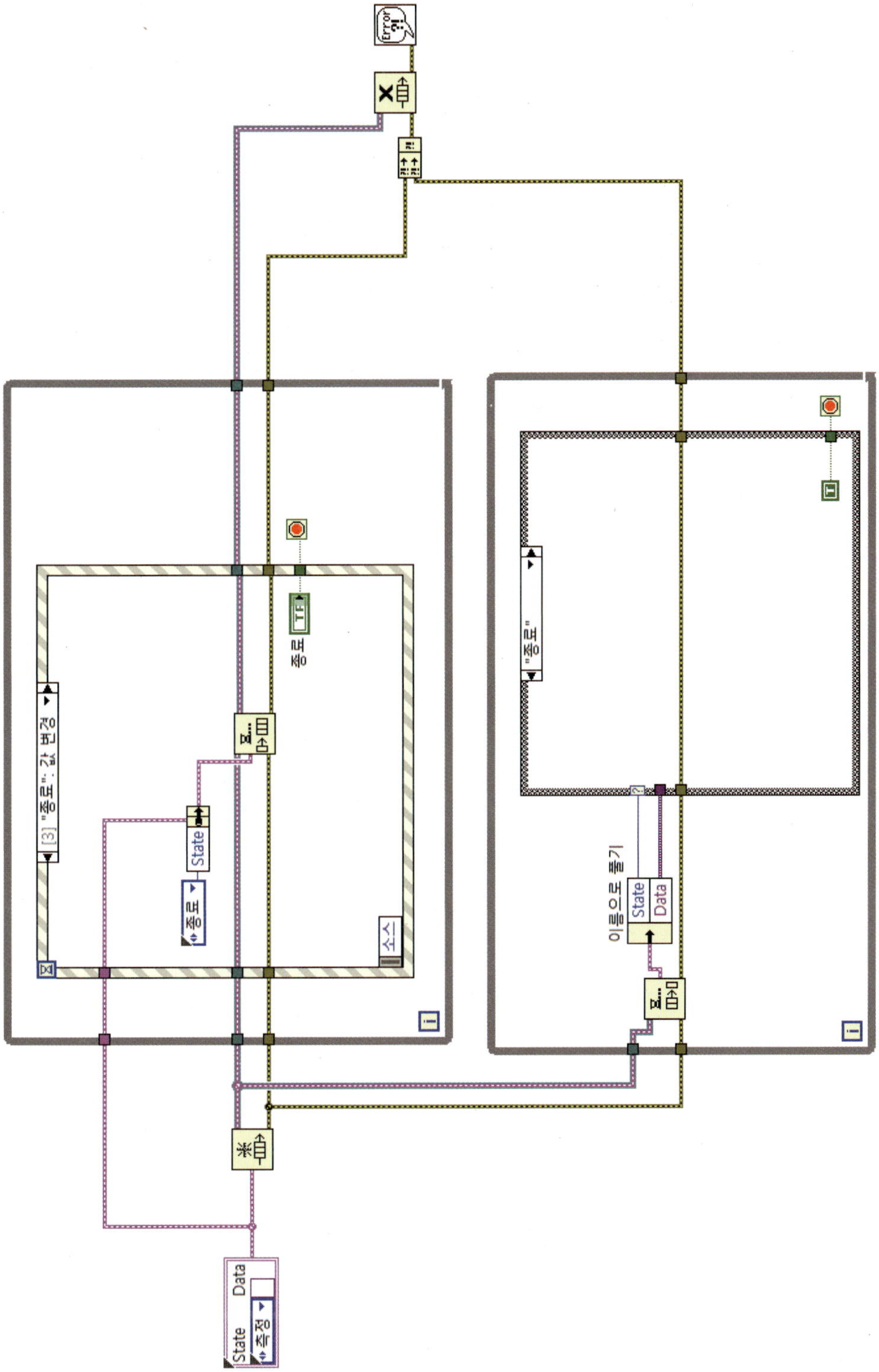
Error
[3] "종료": 값 변경
State
종료
소스
"종료"
이름으로 풀기
State
Data
측정

07. 실행 하이라이트를 활성화하여 실행하고 큐를 통해 State와 다양한 데이터들이 배리언트를 통해 전달되고 소비자 루프 케이스 안에서 원래 데이터로 복원되는지 확인합니다.

08. 다른 이름으로 저장하고 닫습니다.

실습 11-2에서 생산자 루프에서 다양한 데이터 타입을 배리언트를 사용하여 큐를 통해 소비자 루프로 전송하고 소비자 루프에서는 배리언트를 원래 데이터 타입으로 복원해서 사용할 수 있도록 수정하였습니다.

하지만 실습 11-1과 실습 11-2는 에러 핸들링을 전혀 고려하지 않은 프로그램입니다. 정상적인 프로그램이라면 심각한 에러가 발생하면 프로그램을 종료해야 합니다. 단일 루프 디자인 패턴에서는 프로그램에 While 루프가 하나 이하이기 때문에 프로그램을 정지하기가 쉽습니다. 하지만 멀티 루프 디자인 패턴을 사용한 프로그램에서 심각한 에러가 발생하면 프로그램을 정지하기 위해서는 VI에 구현된 모든 While 루프가 정지해야만 합니다. 즉 특정 While 루프에 에러가 난 사실을 모든 While 루프에 실시간으로 공유해야 합니다. 생산자 소비자 이벤트에 다이나믹 이벤트를 추가하여 심각한 에러가 발생했을 때 큐와 다이나믹 이벤트를 이용하여 While 루프들 간에 공유하여 프로그램을 정지할 수 있도록 합니다.

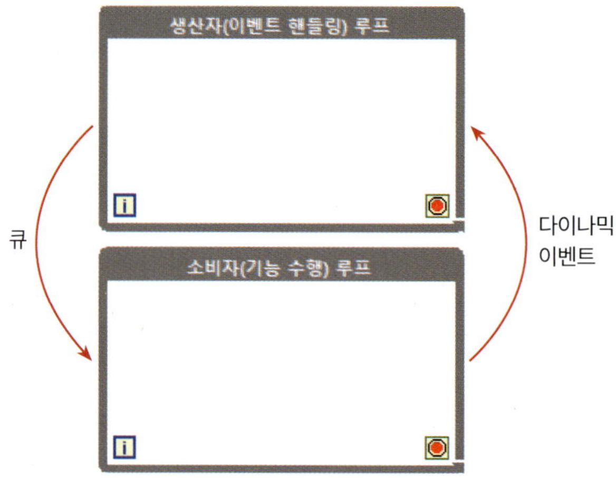

그림 11-3

실습 11-3 심각한 에러를 멀티 루프들 간에 큐와 다이나믹 이벤트를 이용해 실시간으로 공유하여 프로그램을 정지시킬 수 있도록 합니다.

01. 완성한 실습 11-2 프로그램을 엽니다.

02. 함수 팔레트에서 에러 상수, 사용자 이벤트 생성.vi, 이벤트 등록.vi, 이벤트 등록 해제.vi, 사용자 이벤트 삭제.vi, OR.vi 두 개를 다음 그림처럼 위치시키고 와이어링합니다. 다이나믹 이벤트는 소비자 루프에서 발생하는 에러를 생산자 루프에 실시간으로 전달하기 위한 것입니다. 또한 OR.vi를 생산자와 소비자 루프에 조건 터미널에 추가하여 자신의 While 루프에서 에러가 발생하면 정지할 수 있도록 합니다. 에러 상수의 라벨은 '에러'로 변경합니다. 상수의 라벨 변경 이유는 다이나믹 이벤트 이름을 '에러'로 정의하기 위한 것입니다.

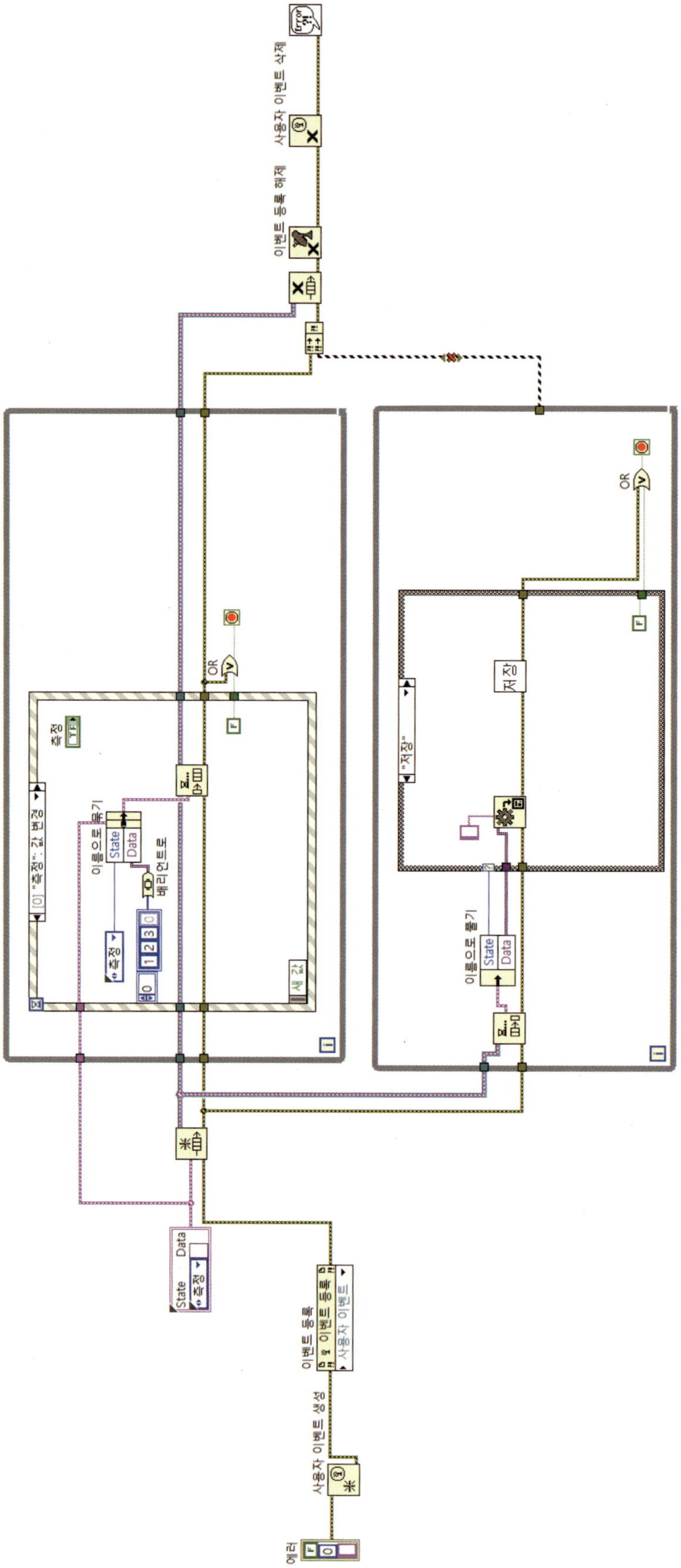

03. 이벤트 구조의 **바로가기메뉴 > 다이나믹 터미널 보이기**를 선택합니다. 4번 항목 다음의 그림처럼 다이나믹 터미널에 와이어링을 한 후 다음과 같이 이벤트를 추가합니다. 다이나믹 이벤트가 발생하면 〈에러〉: 사용자 이벤트가 발생해서 이 이벤트 안에 있는 코드가 동시에 실행될 것입니다.

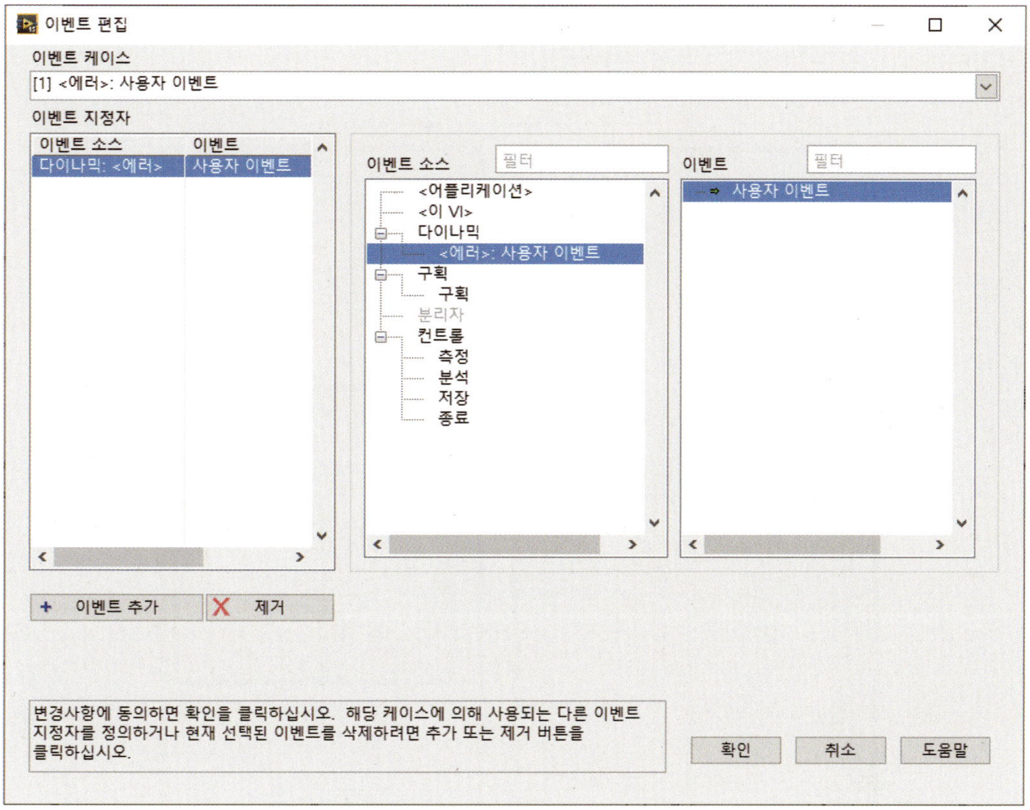

04. 〈에러〉 : 사용자 이벤트의 이벤트 데이터 노드의 항목을 status로 변경한 후 다음 그림과 같이 와이어링합니다. 다이나믹 이벤트가 발생하면서 전달한 에러 클러스터 원소 중 'status'를 생산자 루프의 조건 터미널에 연결합니다.

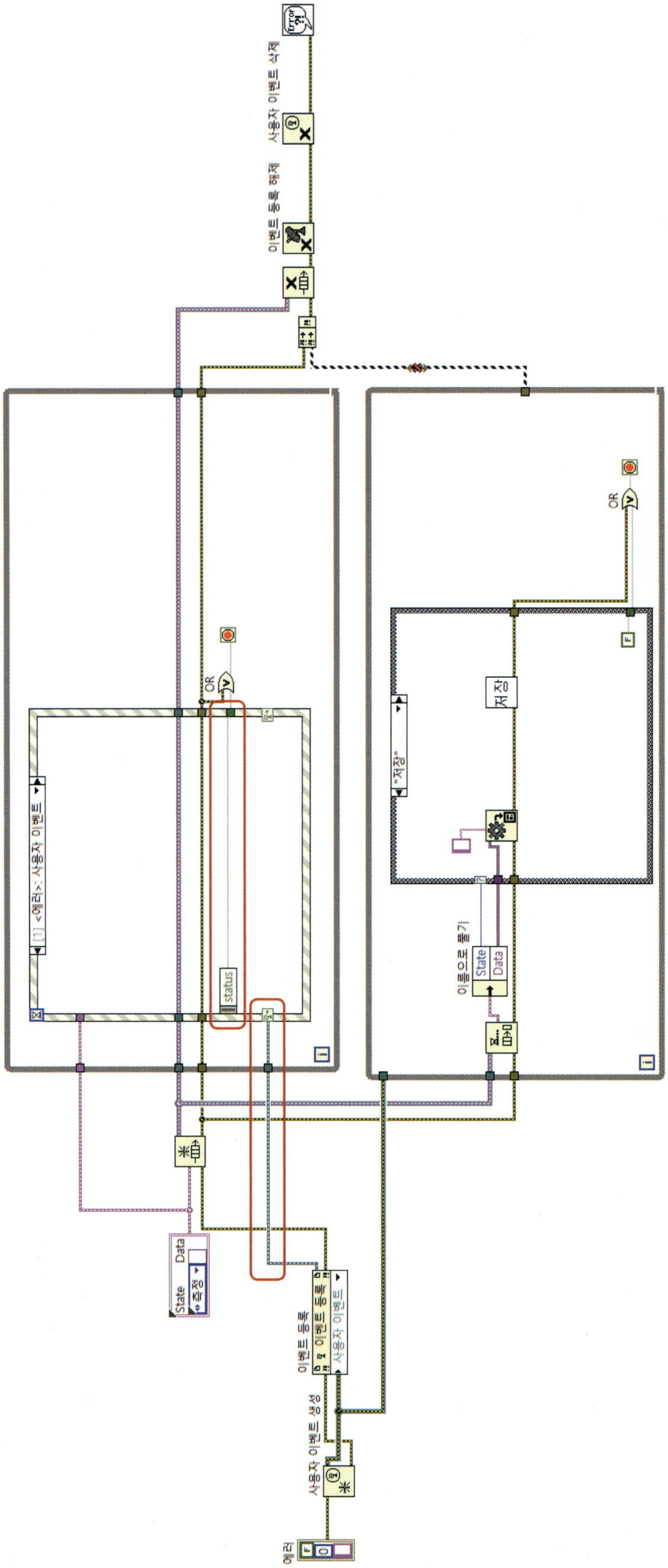

이벤트 등록 해제
사용자 이벤트 삭제
이름으로 풀기
State
Data
"저장"
저장
OR
status
이벤트 등록
사용자 이벤트
사용자 이벤트 생성
에러

05. 소비자 루프에 케이스 구조를 추가하여 다음 그림처럼 선택자 터미널에 에러 클러스터라인을 연결하여 에러 케이스 안에 사용자 이벤트 발생.vi를 넣습니다. 에러 없음 케이스는 에러 라인만 서로 연결합니다. 사용자 이벤트 발생.vi가 실행되면 생산자 루프에 있는 〈에러〉 : 사용자 이벤트 안에 있는 코드가 동시에 실행됩니다. 그리고 이 때 사용자 이벤트 발생.vi의 이벤트 데이터 파라미터에 에러가 발생한 사실(에러 클러스터)을 전달해줍니다. 생산자 루프의 〈에러〉 : 사용자 이벤트 안에 전달받은 에러 클러스터 데이터 중 status가 '참'이 전달되었으므로 생산자 루프가 정지될 것입니다. 여기서 주의해야 할 것 중 하나는 사용자 이벤트 발생.vi의 에러 입력 파라미터에 에러 클러스터 라인을 연결하지 않는 것입니다. 연결하지 않는 이유는 에러 클러스터를 연결하면 사용자 이벤트 발생.vi가 실행되지 않기 때문입니다. 함수 팔레트에서 제공되는 에러 입출력 라인을 가지고 있는 노드들은 에러가 입력되면 노드가 실행되지 않도록 구현되어 있기 때문입니다. 따라서 에러가 발생해도 반드시 실행해야 하는 노드들은 에러 입력 파라이터에 와이어링을 하지 않습니다.

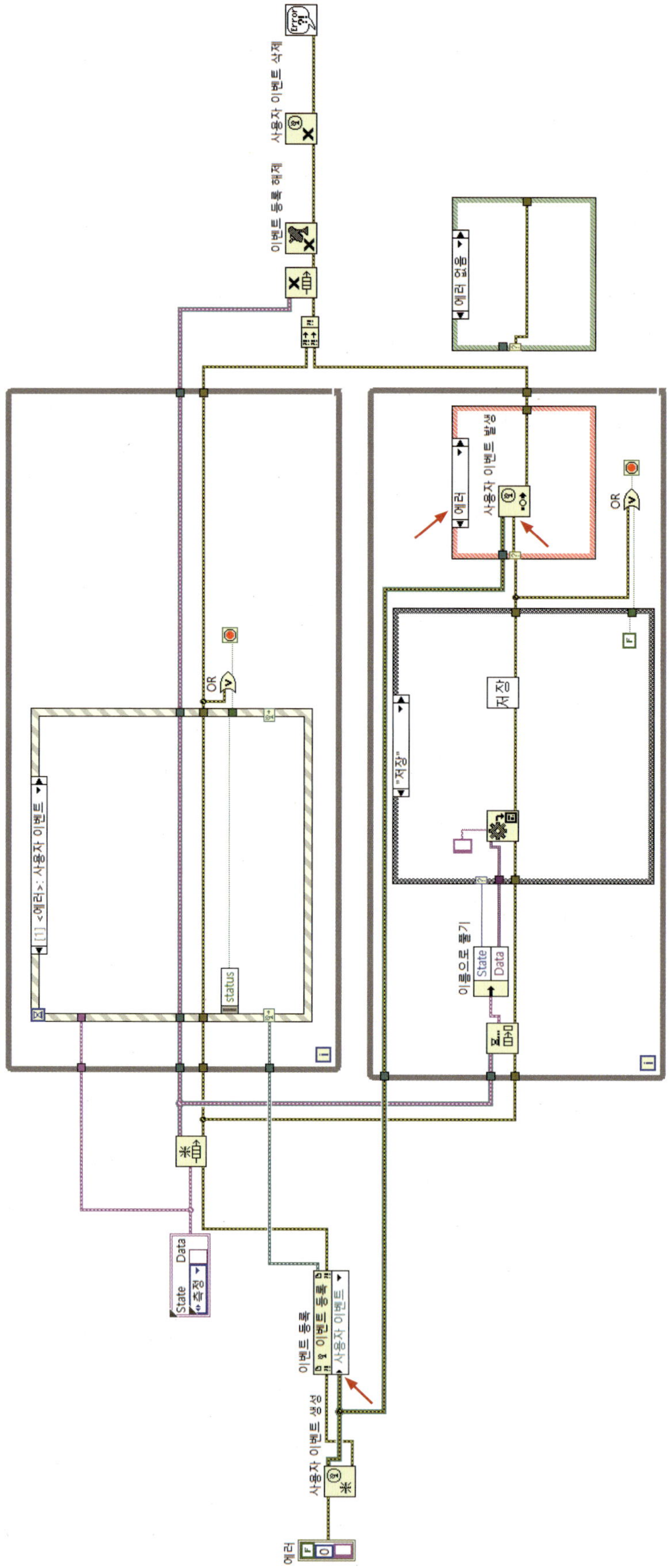
사용자 이벤트 삭제
이벤트 등록 해제
에러 없음
에러
사용자 이벤트 발생
OR
[1] <에러>: 사용자 이벤트
status
저장
"저장"
이름으로 풀기
State
Data
측정
이벤트 등록
사용자 이벤트
사용자 이벤트 생성

06. 이벤트 등록 해제.vi와 사용자 이벤트 삭제.vi에 다음과 같이 와이어링을 완성합니다.

이제 소비자 루프에서 에러가 나면 생산자 루프에 다이나믹 이벤트를 통해 실시간으로 전달하여 생산자 루프가 정지합니다.

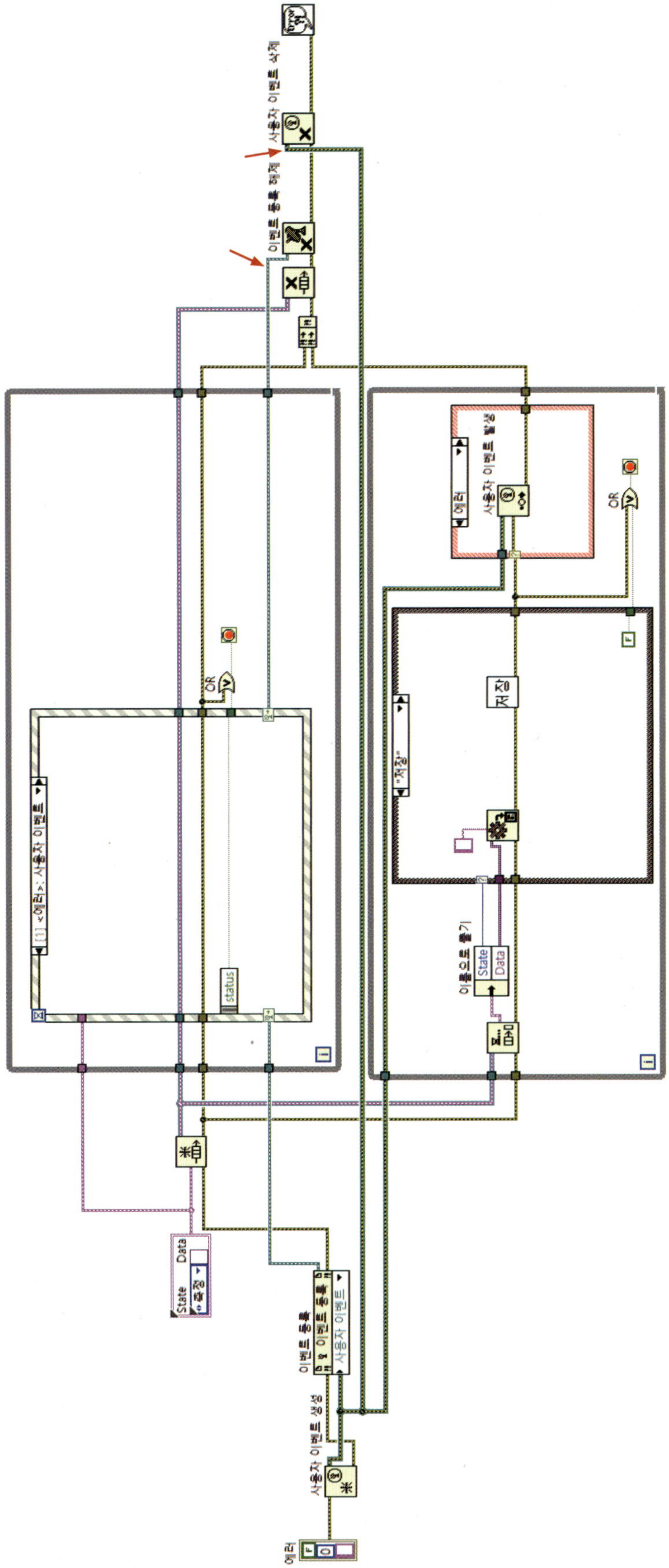
사용자 이벤트 삭제
이벤트 등록 해제
사용자 이벤트 발생
에러
OR
저장
"저장"
이름으로 풀기
State
Data
status
이벤트 등록
사용자 이벤트 생성

07. 생산자 루프에 케이스 구조를 하나 추가하고 에러 클러스터 라인을 케이스 선택자 터미널에 연결합니다. 에러 케이스에 원소를 큐에 추가.vi를 넣고 원소 파라미터에서 **바로가기메뉴 > 생성 > 상수**를 선택하고 State를 '종료'로 설정합니다. 이것은 생산자 루프에서 에러가 발생하면 소비자 루프를 종료할 수 있도록 큐를 이용해 전달하는 것입니다. 에러 없음 케이스는 다음 그림처럼 와이어링만 하면 됩니다.

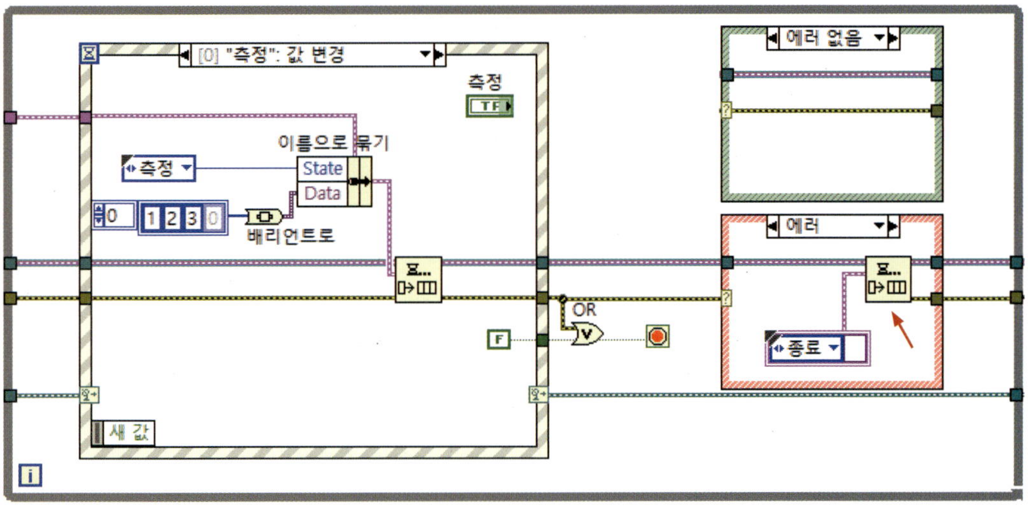

08. 먼저 생산자 루프에서 에러가 발행한 것처럼 시뮬레이션합니다. 측정 이벤트를 다음 그림처럼 수정합니다. 에러 상수에서 '상태'를 '참'으로 설정합니다. 그리고 실행 하이라이트를 활성화하고 프로그램을 실행합니다. 측정 버튼을 클릭하면 생산자 루프와 소비자 루프가 어떻게 정지 되는지 데이터 흐름을 관찰합니다. 정지되면 측정 이벤트를 원래대로 수정합니다.

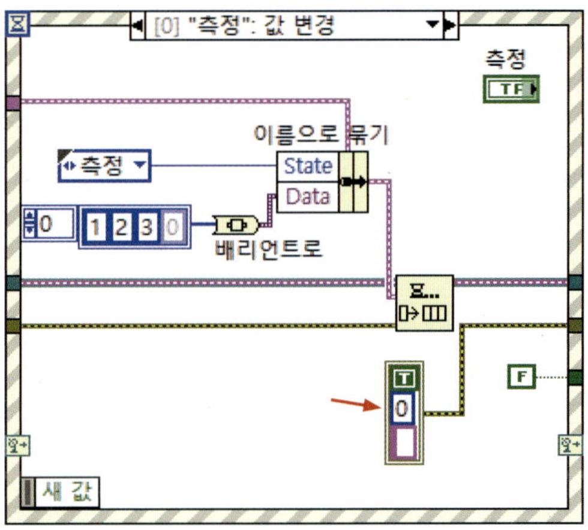

09. 이번에는 소비자 루프에서 에러가 발생한 것처럼 시뮬레이션합니다. 저장 케이스를 다음과 같이 수정합니다. 에러 상수에서 '상태'를 '참'으로 설정합니다. 그리고 실행 하이라이트를 활성화하고 프로그램을 실행합니다. 저장 버튼을 클릭할 때 생산자 루프와 소비자 루프가 어떻게 정지되는지 데이터 흐름을 관찰합니다. 정지되면 원래대로 수정합니다.

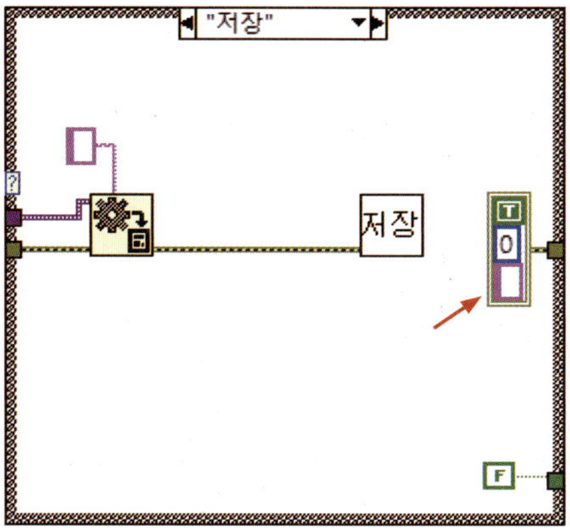

이로써 어떤 While 루프에서 에러가 발생하더라도 모든 While 루프가 정지하여 프로그램이 정지하는 것을 확인하였습니다.

10. 다른 이름으로 저장하고 닫습니다.

마지막으로 UI 업데이트 루프를 따로 만들어 3개 While 루프를 가진 생산자/소비자 이벤트 디자인 패턴으로 확장해 보겠습니다. 'LabVIEW의 정석 응용편'에서 sub_Main DAQ.vi와 sub_Main Viewer.vi가 이 디자인 패턴을 사용합니다.

처음에 측정하고 분석하고 저장하는 순서로 프로그램이 실행되도록 합니다. 사용자가 버튼 조작 오류로 프로그램이 오동작이 나지 않도록 처음 실행했을 때, 측정과 종료 버튼만 활성화 하고, 측정을 누른 다음은 측정 버튼을 비활성화하고 분석 버튼을 활성화, 다음으로는 분석 버튼이 비활성화, 저장 버튼을 활성화하도록 합니다.

실습 11-3에서 UI 업데이트를 담당하는 While 루프를 추가하여 구성해보도록 하겠습니다. 각각을 생산자 루프, 소비자 루프, UI 루프로 명칭을 정하고 생산자 루프의 주요 기능은 프런트패널에서 사용자가 어떤 버튼을 눌렀는지에 따라 이벤트 발생을 해서 큐를 통해 소비자 루프로 전달할 것이고 소비자 루프는 각 버튼의 실제 기능을 담당할 것이고 기능을 수행하면서 필요한 UI 업데이트가 있다면 큐를 통해 UI 루프로 전달할 것입니다.

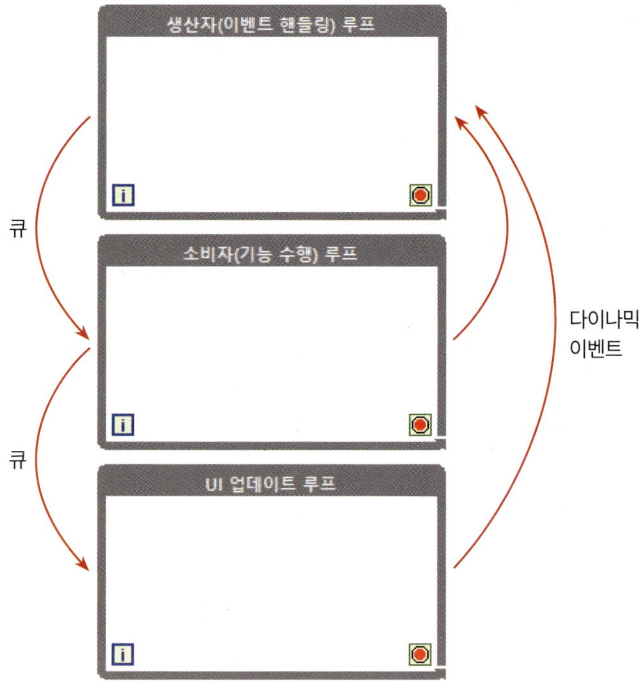

그림 11-4

실습 11-4 **실습 11-3에 UI 업데이트 루프를 추가합니다.**

01. 실습 11-3을 엽니다.

02. While 루프와 큐를 하나 더 생성합니다. While 루프는 UI 루프로 UI 업데이트를 담당할 것입니다. 추가한 큐는 주로 소비자 루프에서 UI 루프로 데이터를 전달할 때 사용합니다.

큐 얻기.vi, 원소를 큐에 추가.vi, 원소를 큐에서 제거.vi, 큐 해제.vi를 다음과 같이 와이어링합니다.

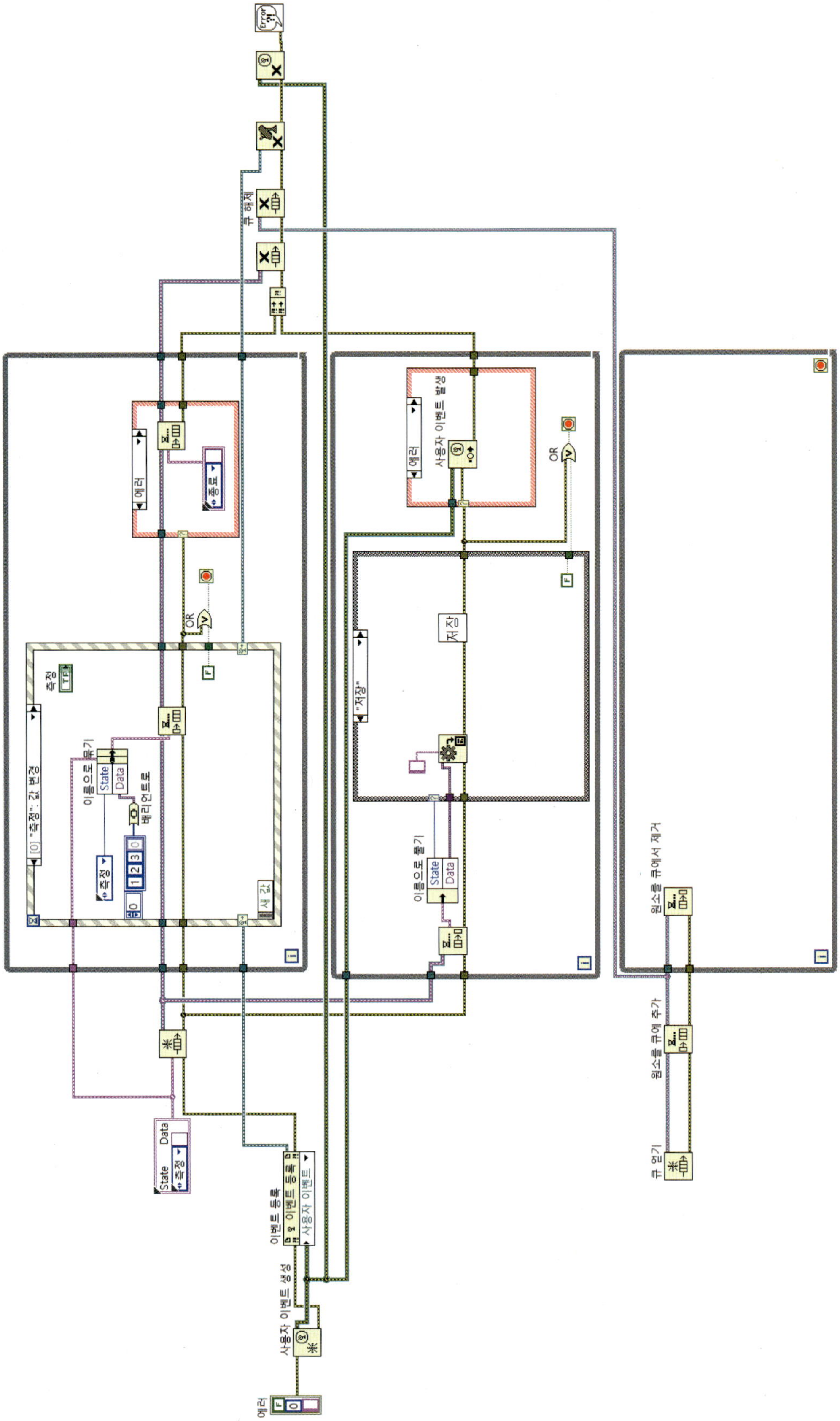
큐 해제
이름으로 풀기
배리언트로
이름으로 묶기
사용자 이벤트 생성
이벤트 등록
사용자 이벤트 발생
에러
종료
측정
새 값
"저장"
저장
OR
원소를 큐에서 제거
원소를 큐에 추가
큐 얻기

03. 새로 추가한 큐를 통해 전달할 데이터 타입을 타입 정의합니다. 이번에도 케이스 분류를 위한 열거형과 데이터를 전달하기 위한 문자열을 클러스터로 만들어 타입 정의합니다.

먼저 열거형을 다음과 같이 타입 정의하여 UI State.ctl로 저장하고, 클러스터 원소로 UI State.ctl과 문자열로 구성하고 라벨도 다음 그림처럼 수정하여 UI State & Data.ctl로 저장합니다.

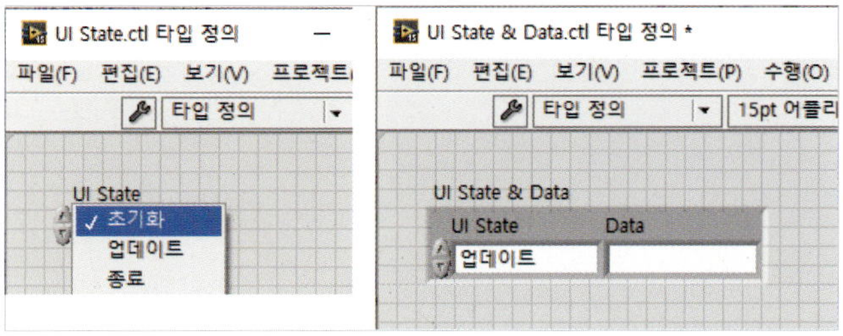

04. 다음 그림은 UI 루프입니다. 케이스 구조, 이름으로 풀기.vi와 3번에서 만든 UI State & Data.ctl을 상수로 가지고와서 다음과 같이 완성합니다.

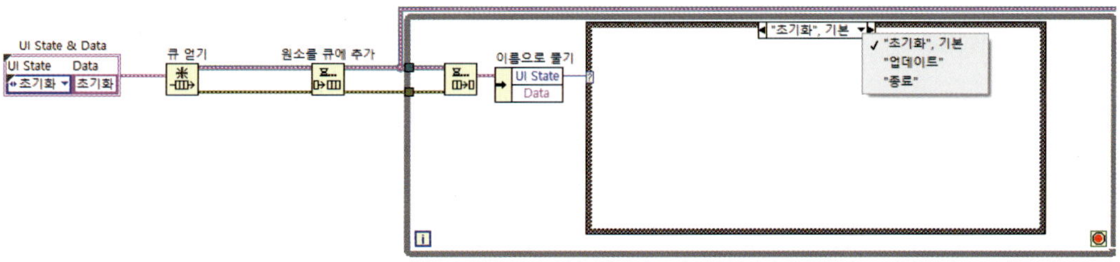

다음 5~9번까지는 두 개의 subVI를 만들 것입니다.

05. 불리언 버튼들을 활성화/비활성화 속성을 변경하는 subVI를 만듭니다. 참조를 이용하여 프로퍼티 노드를 사용할 것입니다. 참조, subVI 생성, 프로퍼티 노드에 관한 자세한 내용은 'LabVIEW의 정석 기본편'의 7.3장, 5장, 7.2장을 참조하면 됩니다.

새 VI를 열고 프런트패널의 컨트롤 팔레트에서 컨트롤 참조 번호, 누름 버튼, 에러 입력/출력 클러스터를 가지고 옵니다. 컨트롤 참조 번호의 클래스를 '불리언'으로 변경한 후 배열의 원소로 사용합니다. 그리고 subVI를 만들기 위해 아이콘 디자인과 커넥터 연결을 다음과 같이 수정합니다.

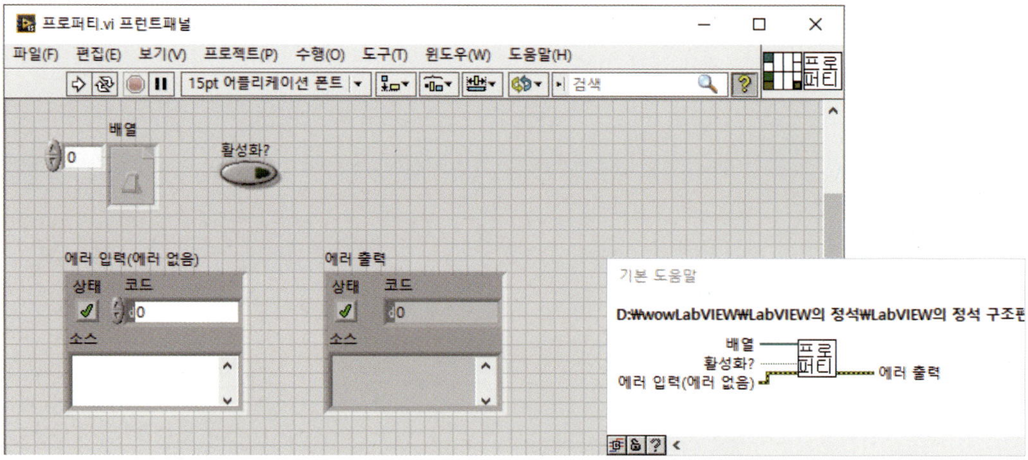

06. 블록다이어그램의 함수 팔레트에서 For 루프, 선택.vi, 프로퍼티 노드를 가지고와서 다음과 같이 구현합니다. 참조 배열을 For 루프를 거쳐 프로퍼티 노드의 참조 파라미터에 연결하면 프로퍼티 노드의 타이틀이 'Bool'로 변경될 것이고 프로퍼티는 '비활성화'를 선택합니다. 이후 프로퍼티 노드의 **바로가기메뉴 > 쓰기로 변경**을 선택합니다. 마지막으로 **바로가기메뉴 > 생성 > 상수**를 생성하고 생성된 상수를 복사하여 값을 다음과 같이 변경하여 열거형 상수(Enable과 Disable and Grayed Out) 두 개를 만든 것입니다. 이 sub VI를 '프로퍼티.vi'로 저장하고 닫습니다.

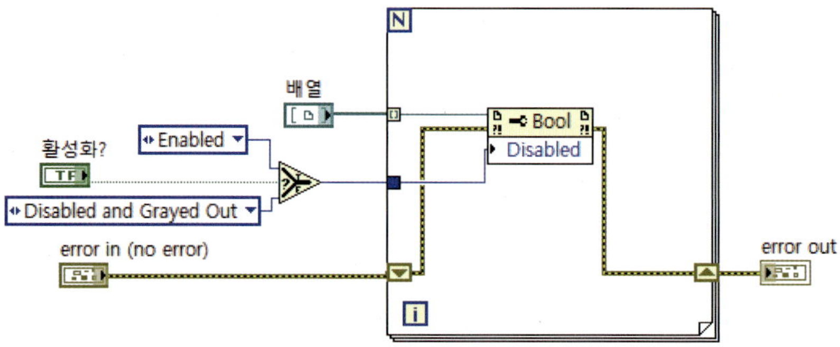

07. 이번에는 버튼들을 상황에 맞게 활성화/비활성화를 설정할 수 있는 subVI를 만듭니다. 새 VI를 열고 프런트패널의 컨트롤 팔레트에서 클러스터 쉘과 불리언 참조 번호(컨트롤 참조 번호의 **바로가기메뉴 > VI 서버 클래스 선택 > 일반 > G객체 > 컨트롤 > 불리언** 선택) 네 개를 가지고와서 다음과 같이 라벨을 변경하여 타입 정의하고 참조.ctl로 저장하고 닫습니다.

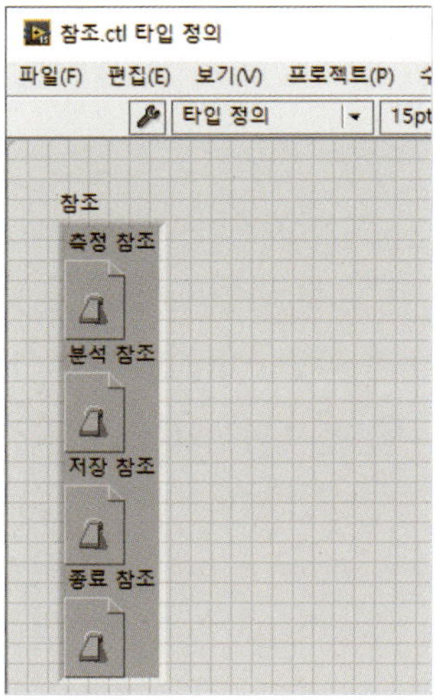

08. 프런트패널에서 참조.ctl을 두 개 불러와서 하나는 컨트롤, 나머지 하나는 인디케이터로 변경하고, 문자열 컨트롤, 에러 입력/출력 클러스터를 가지고와서 다음과 같이 구성하고 아이콘 디자인과 커넥터 연결을 합니다.

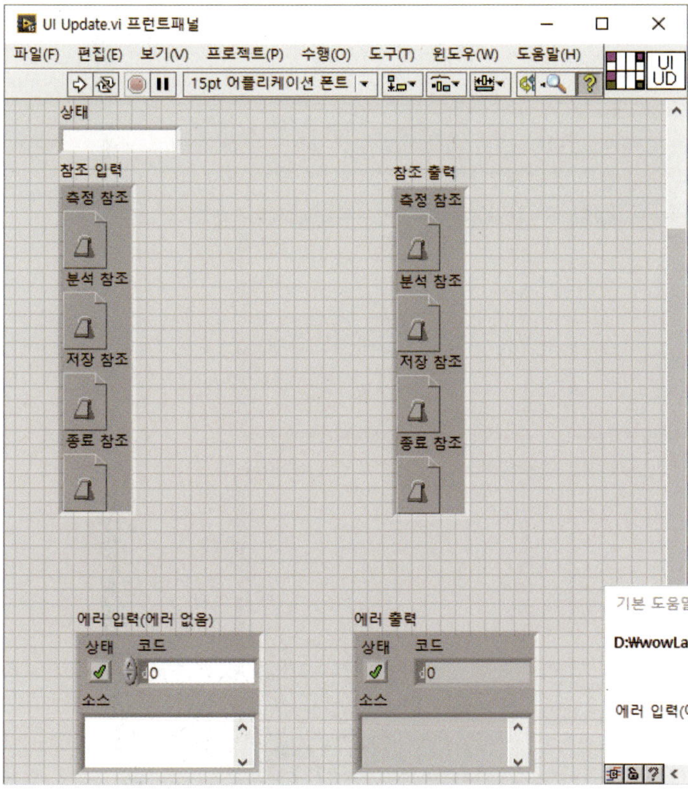

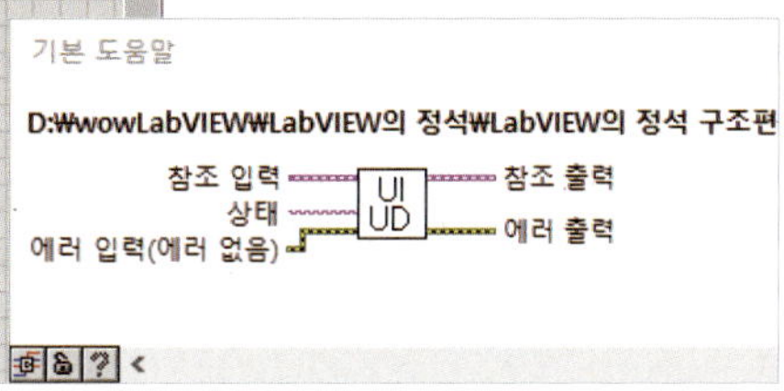

09. 블록다이어그램에 케이스 구조 두 개, 이름으로 풀기.vi, 배열 만들기.vi 여덟 개, 5번, 6번을 통해 만든 프로퍼티.vi 여덟 개, 불리언 상수 여덟 개를 가지고 옵니다. 케이스 구조의 **바로 가기메뉴 > 다음 또는 이전 케이스 추가**를 통해 초기화, 측정, 분석, 저장, 종료 케이스를 만들어 다음과 같이 구현합니다. 초기화 케이스는 측정과 종료 버튼은 활성화하고, 저장과 분석 버튼은 비활성화하는 코드이고, 측정 케이스는 측정 버튼은 비활성화하고, 분석 버튼을 활성화하는 코드이며, 분석 케이스는 분석 버튼을 비활성화하고, 저장 버튼을 활성화하는 코드입니다. 저장 케이스는 저장 버튼을 비활성화하고 다시 측정 버튼을 활성화하는 코드를 구현한 것입니다. 에러 케이스는 에러 입출력 라인만 연결합니다. 이 sub VI를 'UI Update.vi'로 저장하고 닫습니다. 5~9번에서 필요한 두 개의 subVI를 완성하였습니다.

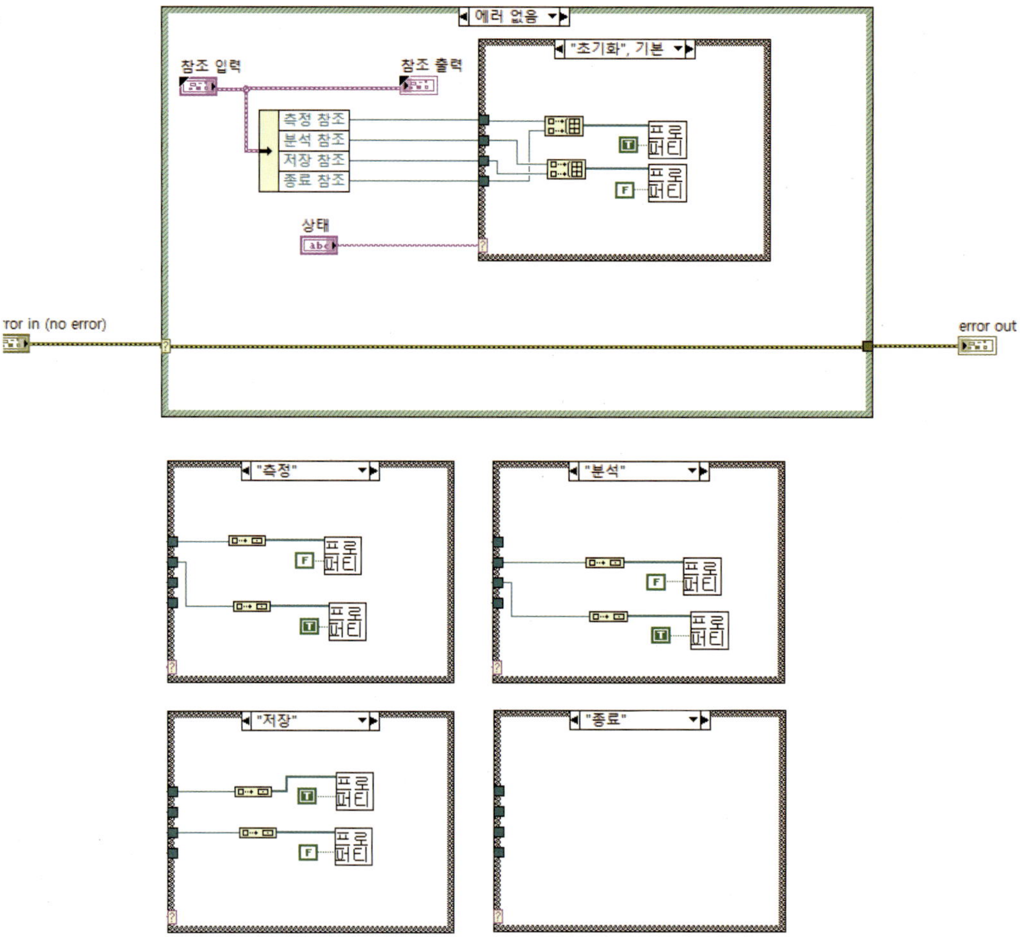

10. 이제 4번에서 작성하던 UI 루프로 돌아가서 초기화 케이스를 작성합니다. 7번 항목에서 작성한 참조.ctl 상수, 9번 항목에서 작성한 UI Update.vi와 측정, 분석, 저장, 종료 터미널의 **바로가기메뉴 > 생성 > 참조**를 선택해서 4개의 버튼에 대한 참조, 이름으로 묶기.vi, 거짓 상수로 다음과 같이 구현합니다. UI 루프의 정지 조건은 OR.vi를 추가해 다음처럼 구현합니다. 초기화 케이스는 프런트패널에 있는 각 버튼들의 참조를 저장하고, 측정 버튼과 종료 버튼만 활성화하고 나머지 버튼들은 비활성화 하도록 설정하는 코드입니다.

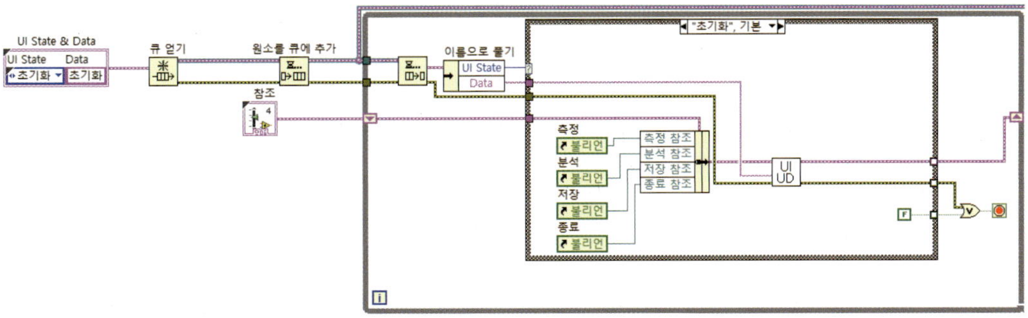

11. UI 루프의 업데이트 케이스에 UI Update.vi와 거짓 상수를 가지고 다음과 같이 완성합니다. 업데이트 케이스는 소비자 루프에서 전달받는 데이터에 따라 프런트패널의 버튼들을 활성화/비활성화를 변경합니다.

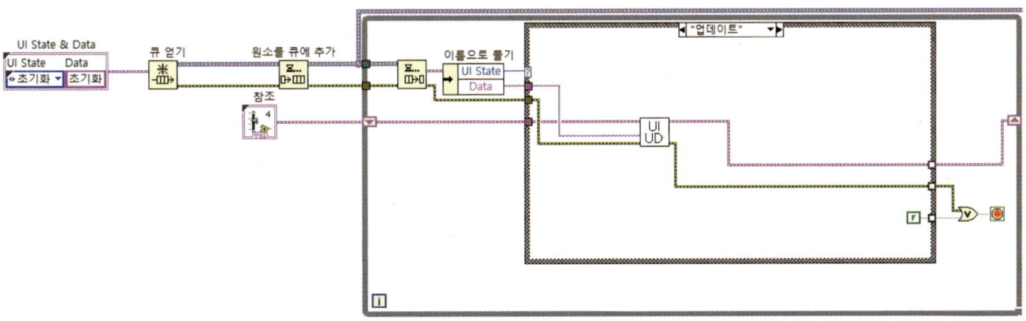

12. UI 루프의 종료 케이스에 참 상수를 가지고 다음과 같이 완성합니다.

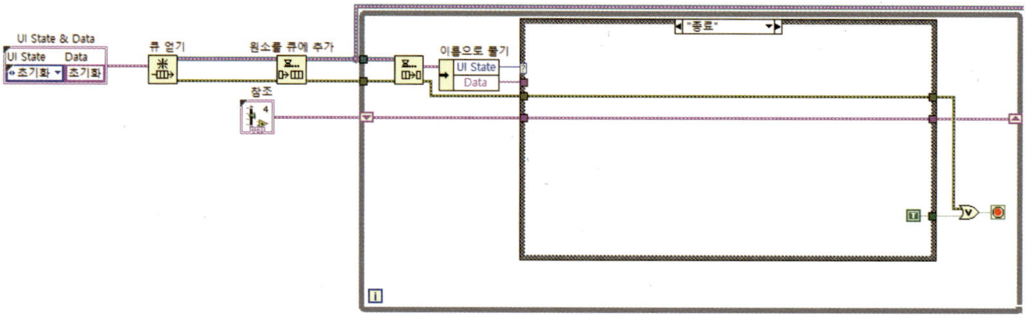

13. 소비자 루프에서 측정 케이스에 원소를 큐에 추가.vi를 추가하여 원소 파라미터에서 **바로가기메뉴 > 생성 > 상수**를 선택합니다. 생성된 상수는 '업데이트, 측정'으로 값을 설정합니다. 이는 소비자 루프에서 UI 루프로 큐를 통해 데이터를 전달하는 과정입니다. 인큐한 데이터는 UI 루프에서 디큐하여 업데이트 케이스를 선택하고 UI Update.vi의 상태 파라미터에 '측정'을 전달하게 됩니다. 그러면 프런트패널의 측정 버튼을 비활성화하고, 분석 버튼을 활성화하게 됩니다.

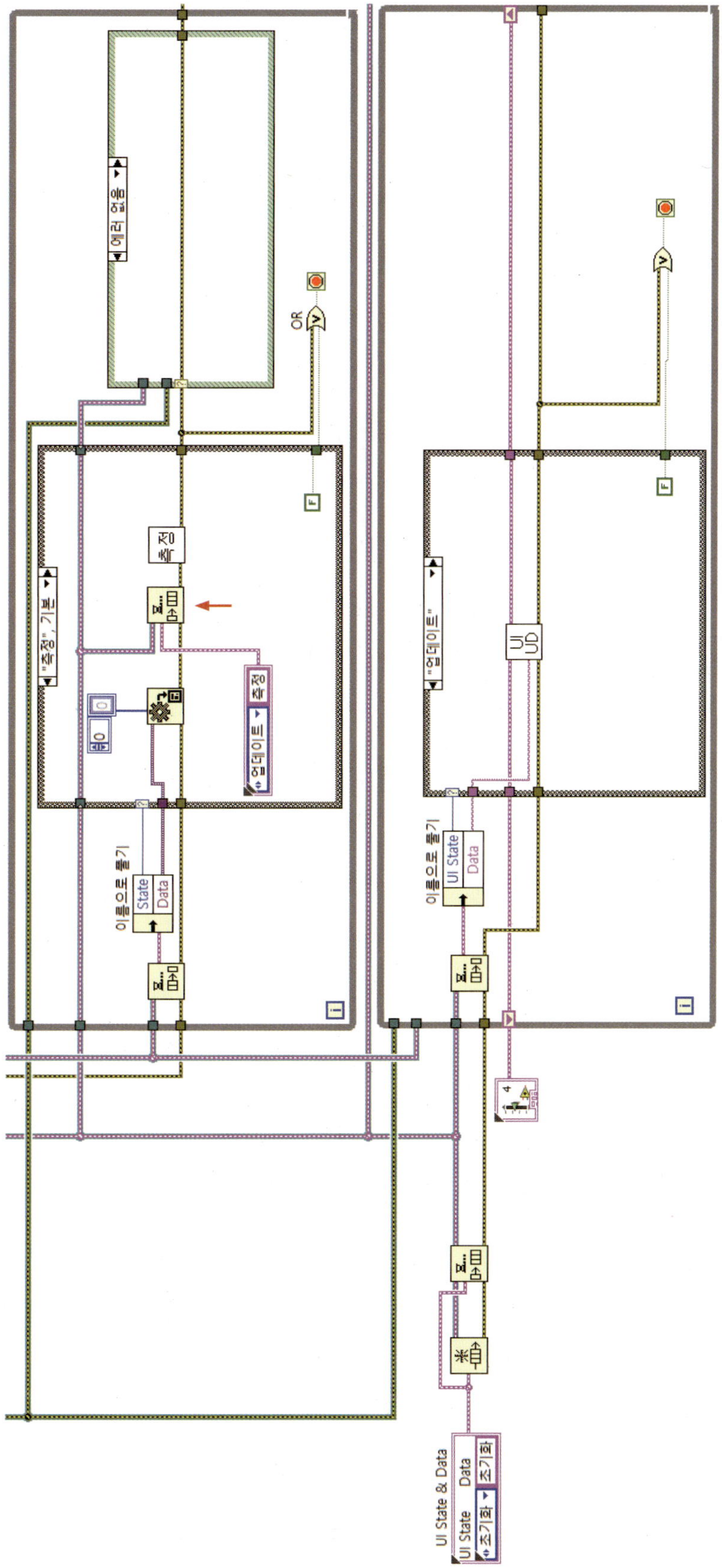
에러 없음
OR
"측정", 기본
측정
업데이트
이름으로 풀기
State
Data
"업데이트"
UI State
UI State & Data
초기화

14. 소비자 루프의 분석, 저장, 종료 케이스에도 원소를 큐에 추가.vi를 추가하여 원소 파라미터에서 상수를 만들어 각각 다음과 같이 설정하여 완성합니다.

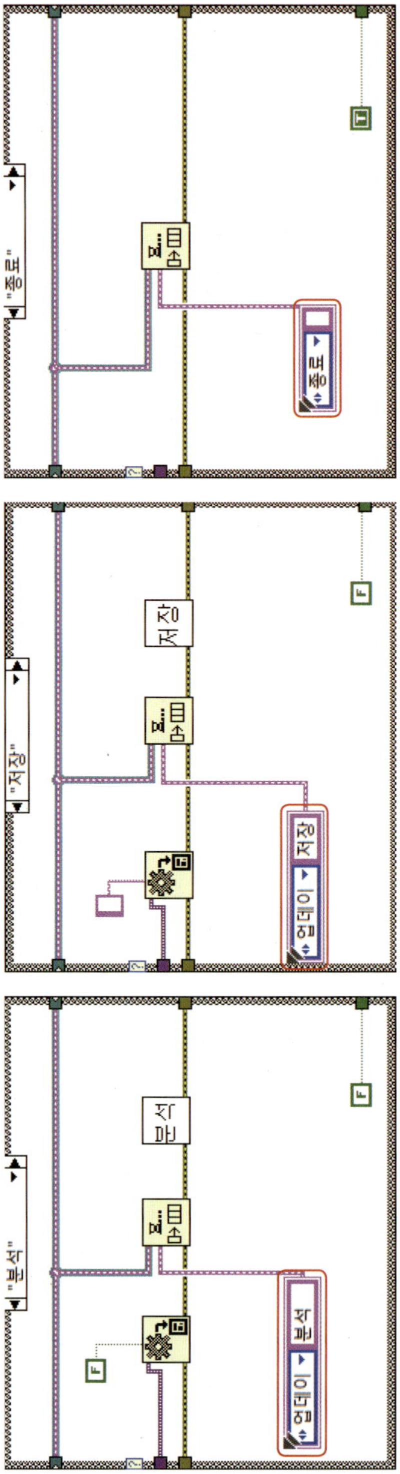

15. 마지막으로 각 루프에서 에러 발생시 모든 루프에 에러 발생을 전달 가능하도록 UI 루프를 먼저 수정합니다. 케이스 구조를 추가하여 선택자 터미널에 에러 클러스터 라인을 연결합니다. 그리고 에러 케이스에 사용자 이벤트 발생.vi, 원소를 큐에 추가.vi를 넣어 다음 그림처럼 와이어링을 완성합니다. 에러 없음 케이스는 에러 입출력 라인만 서로 연결하면 됩니다. 그리고 While 루프 밖에 있는 에러 병합.vi의 입력을 늘려 UI 루프에서 빠져나간 에러 클러스터 라인을 연결합니다. UI 루프에서 에러가 발생하면 사용자 이벤트 발생.vi를 이용하여 생산자 루프를 종료 하고 원소를 큐에 추가.vi를 이용하여 소비자 루프를 종료하게 됩니다.

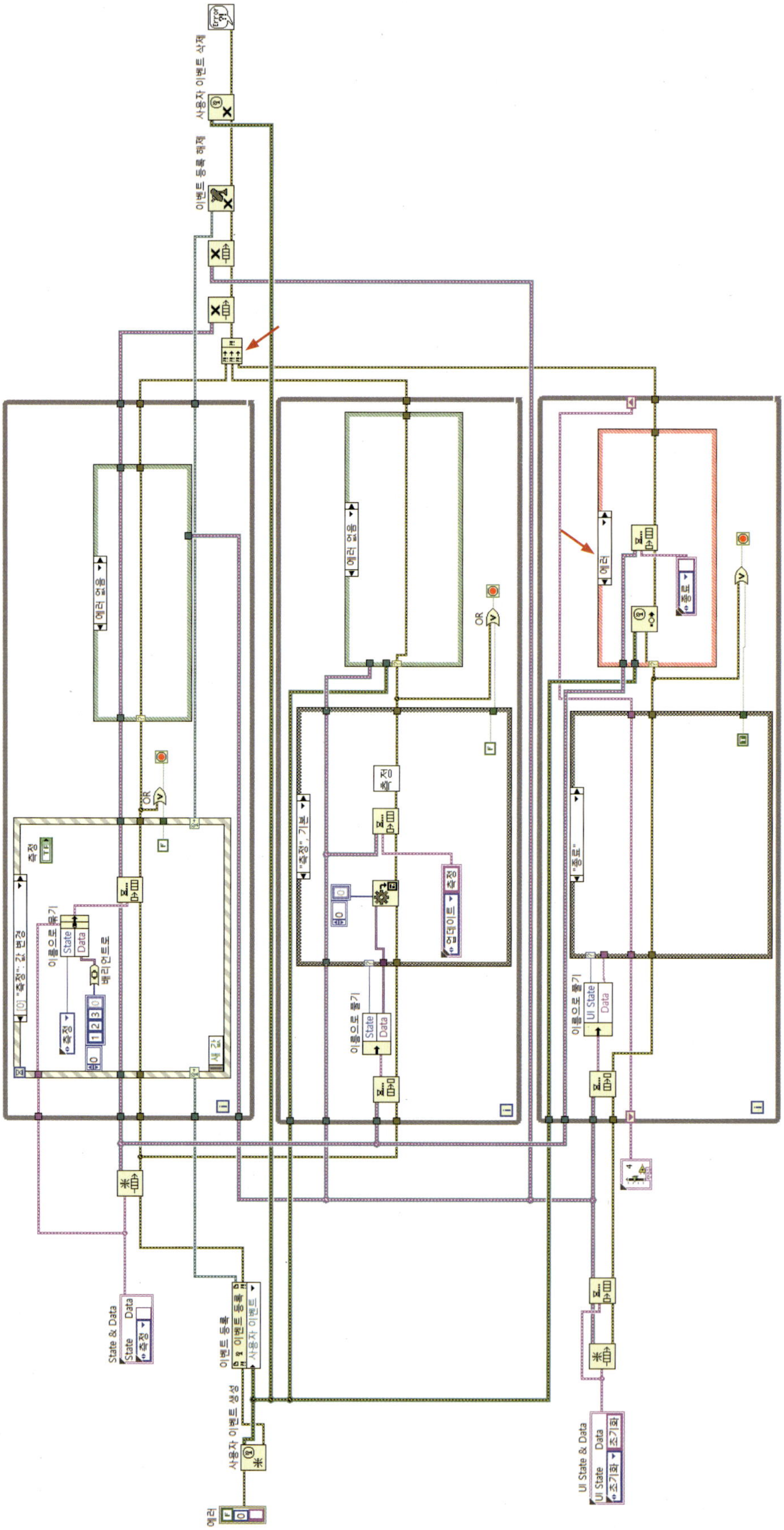
사용자 이벤트 삭제
이벤트 등록 해제
State & Data
이벤트 등록
사용자 이벤트 생성
에러
UI State & Data

16. 생산자 루프와 소비자 루프도 에러 케이스에 각각 원소를 큐에 추가.vi를 추가하여 원소 파라미터에서 **바로가게메뉴 > 생성 > 상수**를 생성하여 다음과 같이 설정합니다. 이는 생산자 또는 소비자 루프에서 에러가 발생했을 때 UI 루프도 종료할 수 있도록 큐를 통해 전달하는 것입니다.

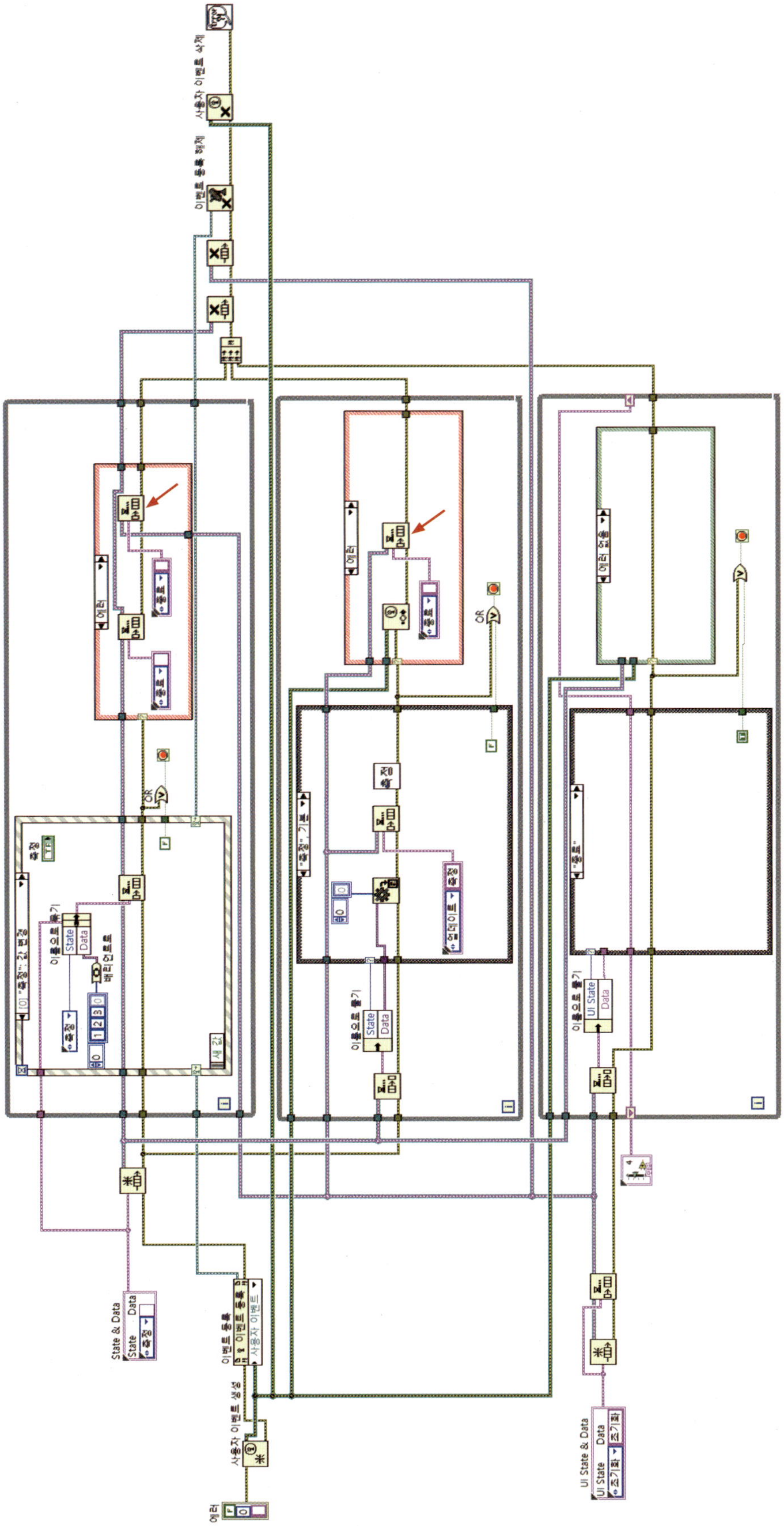
사용자 이벤트 삭제
이벤트 등록 해제
이벤트 등록
사용자 이벤트 생성
에러
State & Data
UI State & Data
이름으로 풀기
OR

17. 실행 하이라이트를 활성화해 프로그램을 실행시키고 버튼들을 클릭했을 때, 버튼들이 상황에 맞게 활성화/ 비활성화되는 것을 확인해 볼 수 있습니다.

18. 실습 11-3의 8번, 9번처럼 각 루프에 에러가 발생한 것처럼 에러 상수로 시뮬레이션하여 실행했을 때 모든 루프가 종료하여 프로그램이 정지하는지 확인합니다.

19. 프로그램을 종료하고 다른 이름으로 저장하고 닫습니다.

마지막으로 실습 11-4번에 새로운 기능을 추가하는 방법을 살펴보겠습니다.

실습 11-5 실습 11-4에 통신 버튼의 기능을 추가합니다. 통신 버튼은 사용자가 저장 버튼을 클릭한 이후에 활성화시키고 통신 버튼을 클릭하면 다시 측정 버튼을 활성화하도록 수정합니다.

01. 실습 11-4에서 완성한 프로그램의 프런트패널을 열어 통신 버튼을 추가합니다.

라벨과 불리언 텍스트를 모두 '통신'이라 수정하고 라벨은 보이지 않도록 설정합니다.

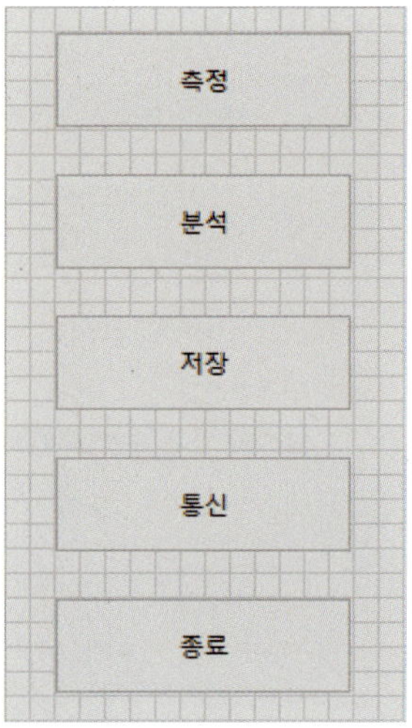

02. 블록다이어그램에서 State & Data.ctl 상수의 **바로가기메뉴 > 타입 정의 열기**를 선택하고 'State' 라벨을 가진 열거형의 **바로가기메뉴 > 타입 정의 열기**를 다시 선택합니다.

그러면 나타나는 창에서 열거형의 **바로가기메뉴 > 이전 또는 다음 아이템 추가**를 선택하여 '통신'을 입력합니다. 그리고 State.ctl 파일을 다른 이름으로 저장을 선택하고 State2.ctl로 저장하고 닫습니다. 이후 State & Data.ctl 파일을 다른 이름으로 저장을 선택하고 State & Data2.ctl로 저장하고 닫습니다. 그리고 다음처럼 '통신'이 추가 되었는지 확인합니다.

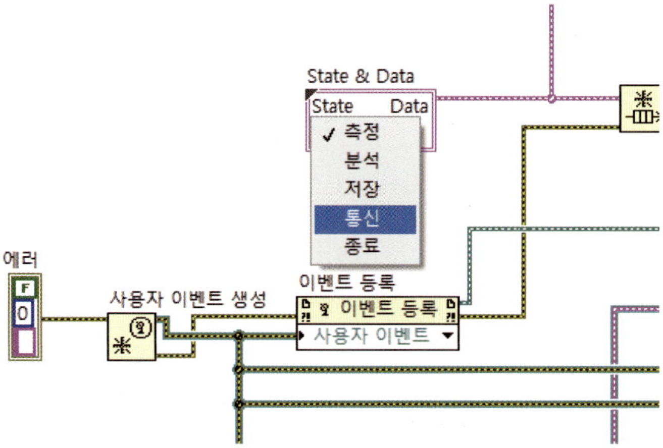

03. 생산자 루프에 있는 저장 이벤트를 보이게 하고 **바로가기메뉴 > 이벤트 케이스 복제...**을 선택해서 다음과 같이 설정하여 추가합니다.

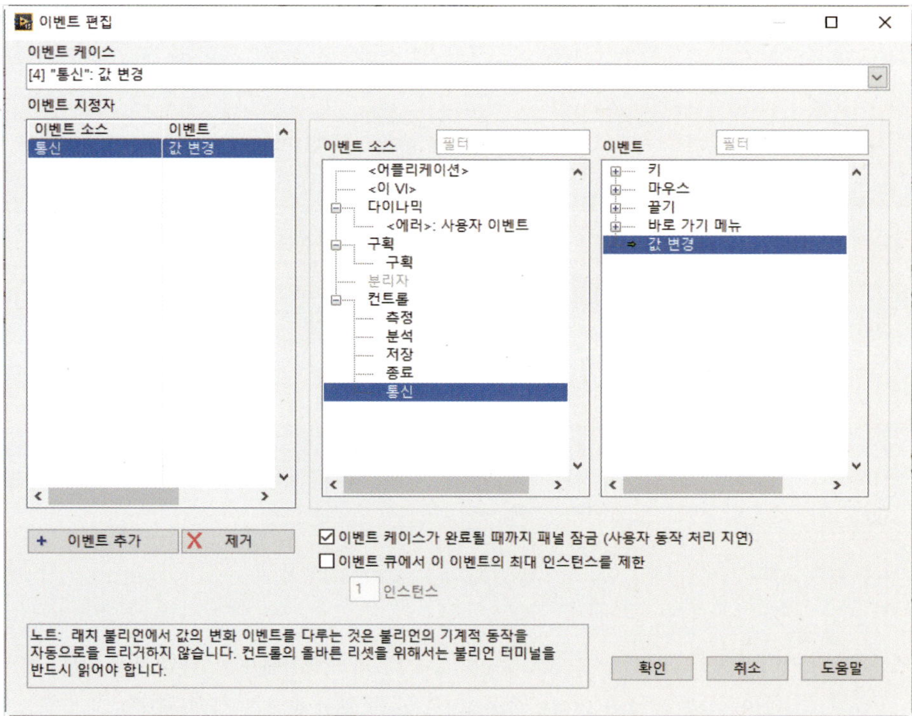

04. 새로 생성된 통신 이벤트에서 저장 2 터미널을 삭제하고 통신 터미널을 가지고 와 넣은 뒤 다음과 같이 수정합니다. 큐를 통해 소비자 루프에 '통신'과 원소를 'a', 'b'를 가진 문자열 배열을 전달합니다.

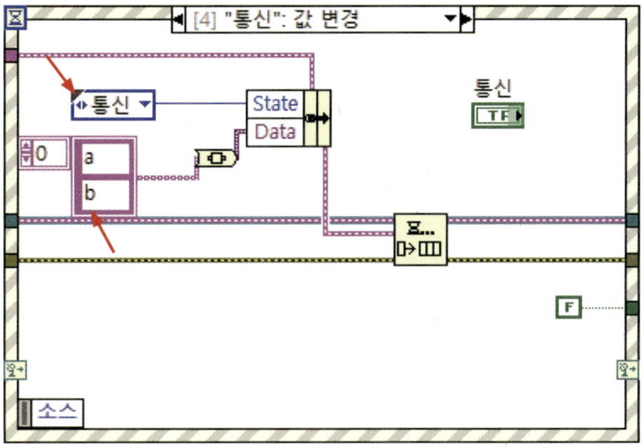

05. 소비자 루프에 있는 케이스 구조에서 저장 케이스를 선택하여 **바로가기메뉴 > 케이스 복제**를 선택하여 케이스 선택자 라벨을 '통신'이라 타이핑합니다. 배리언트 데이터도 원래 전달된 문자열 배열로 복원할 수 있도록 배리언트를 데이터로.vi의 타입 파라미터에 문자열 배열 상수를 선언합니다. 큐를 통해 UI 루프에 '업데이트'와 '통신'을 전달합니다. 그리고 다운받은 '실습' 폴더의 통신.vi를 가지고와서 다음과 같이 업데이트 합니다.

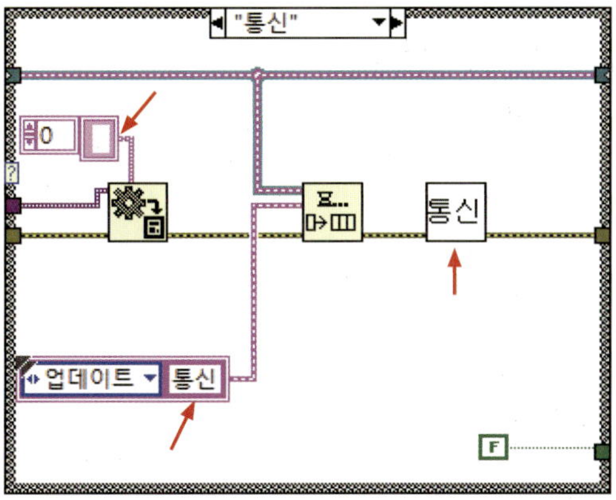

06. 다음처럼 QMH UI Data 상수에서 **바로가기메뉴 > 타입 정의 열기**를 선택합니다.

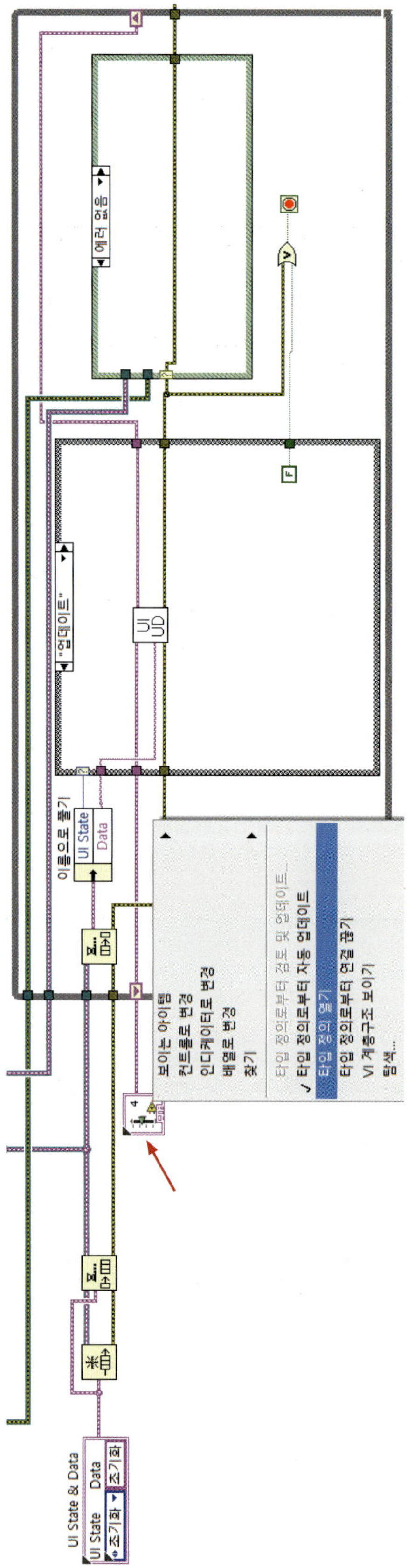
에러 없음
"업데이트"
이름으로 풀기
UI State
Data
UI State & Data
보이는 아이템
컨트롤로 변경
인디케이터로 변경
배열로 변경
찾기
타입 정의로부터 검토 및 업데이트...
타입 정의로부터 자동 업데이트
타입 정의 열기
타입 정의로부터 연결 끊기
VI 계층구조 보이기
탐색...

07. 다음처럼 '통신 참조'를 하나 더 추가하고 참조.ctl 파일에서 다른 이름으로 저장을 선택하고 참조2.ctl로 저장하고 닫습니다.

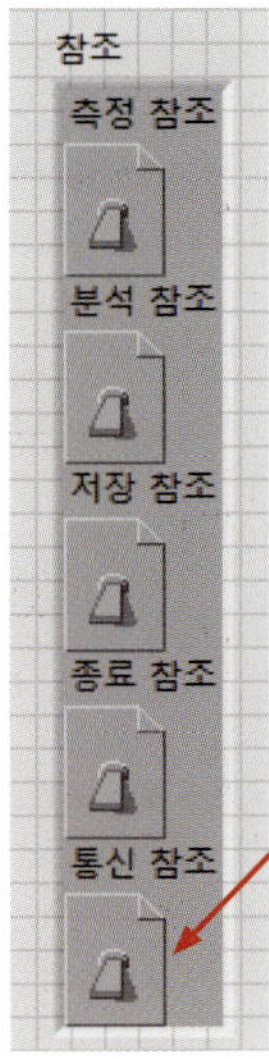

08. UI 루프에 있는 케이스 구조의 '초기화 케이스에서 이름으로 묶기.vi의 입력을 하나 추가하여 '통신' 터미널에서 생성한 참조를 다음처럼 연결합니다.

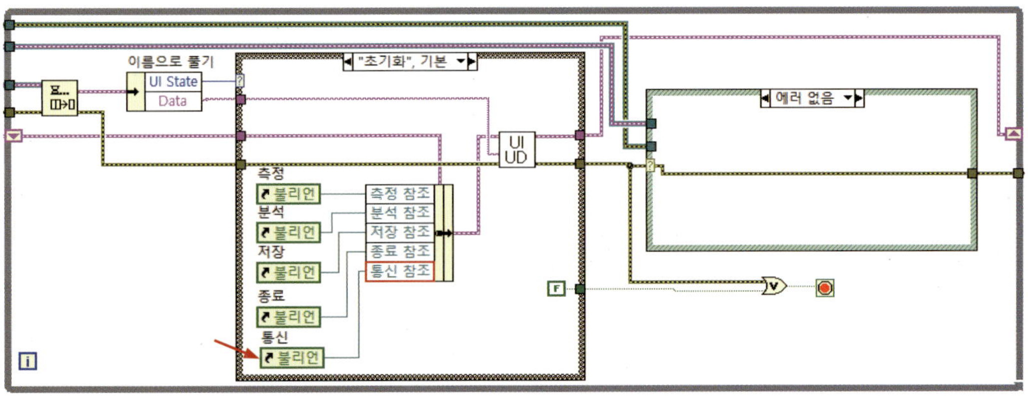

09. 초기화 케이스에 있는 UI Update.vi를 열어 프런트패널에 통신 참조가 추가되어 있는 것을 확인할 수 있습니다. QMH UI Date2.ctl가 타입 정의되어 있기 때문에 이를 가져다 사용한 것들은 모두 자동 업데이트가 되어 있습니다. 블록다이어그램에서 초기화 케이스를 다음과 같이 수정합니다. 이는 프로그램을 처음 시작하면 통신 버튼도 비활성화 하도록 하는 것입니다.

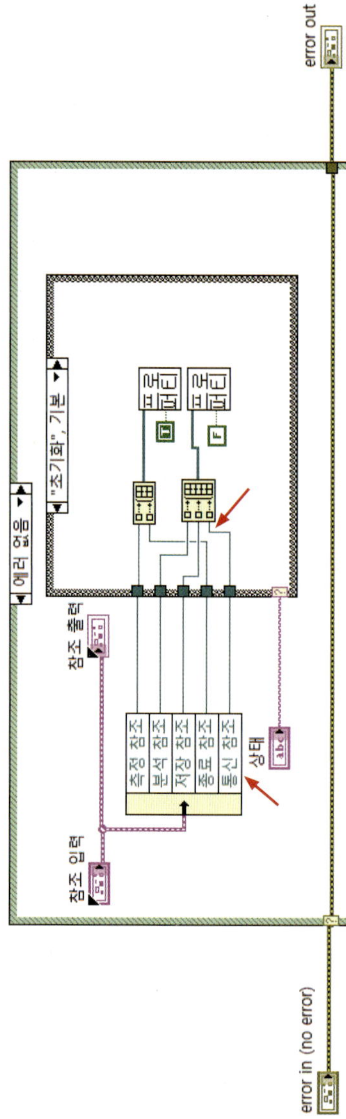
error out
error in (no error)

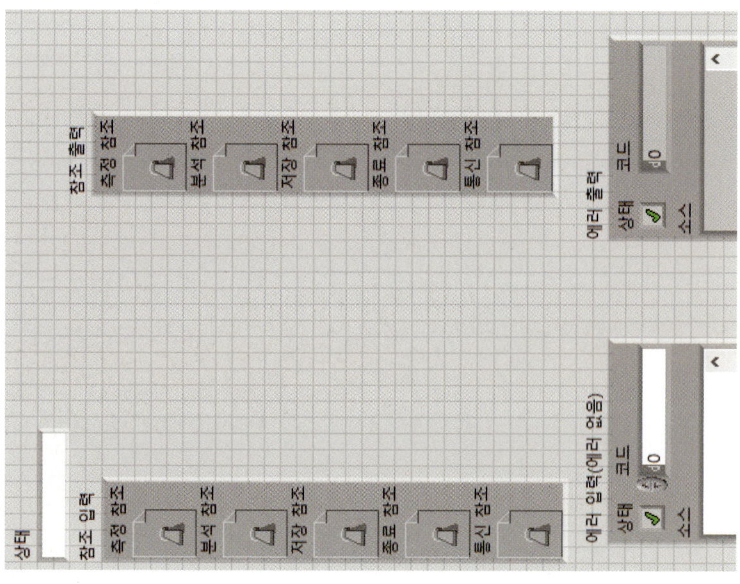

10. 저장 케이스는 다음과 같이 수정합니다. 이는 사용자가 저장 버튼을 클릭하면 통신 버튼은 활성화하고 저장 버튼은 비활성화 하도록 하는 것입니다.

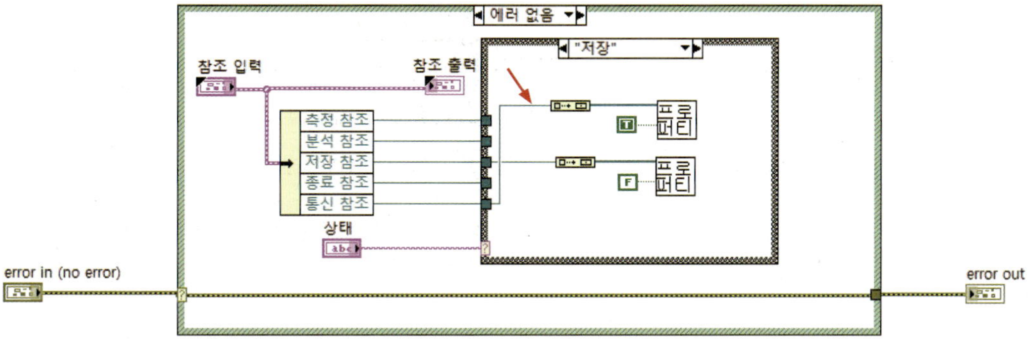

11. 저장 케이스의 **바로가기메뉴 > 케이스 복제**를 선택하여 케이스 선택자 라벨을 '통신'이라 타이핑하고 다음과 같이 수정합니다. 이는 사용자가 통신 버튼을 클릭하면 통신 버튼은 비활성화가 되고 측정 버튼 활성화가 됩니다. UI Update.vi 수정이 끝났으니 이 파일에서 다른 이름으로 저장을 선택하고 UI Update2.vi로 저장하고 닫습니다.

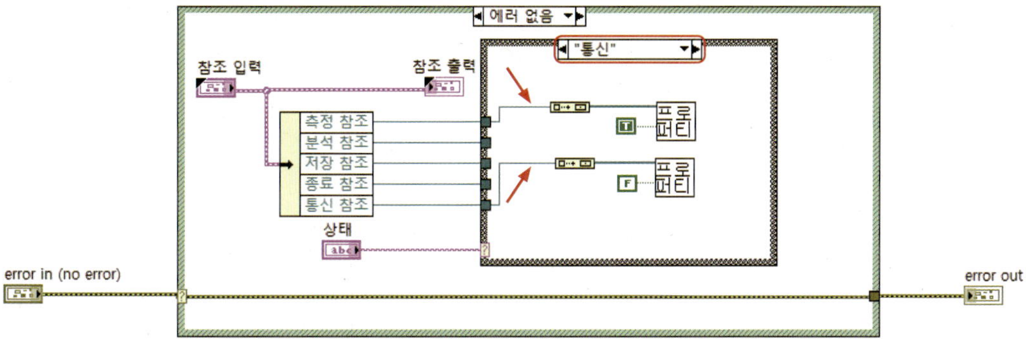

12. 프로그램을 실행시켜 측정, 분석, 저장, 통신 버튼이 차례로 활성화되는지와 통신 버튼을 클릭하면 다시 측정 버튼이 활성화가 되는지를 확인합니다. 종료 버튼은 항상 활성화되어 있습니다.

13. 다른 이름으로 저장하고 닫습니다.

CHAPTER

01 · 02 · 03 · 04 · 05 · 06 · 07 · 08 · 09 · 10 · 11 · 12 · 13

12 큐 메시지 핸들러(QMH) 디자인 패턴

생산자/소비자 이벤트 디자인 패턴을 응용하여 큐 메시지 핸들러(Queue Message Handler) 디자인 패턴을 만들 수 있습니다. 생산자/소비자 이벤트 디자인 패턴과 큐 메시지 핸들러 디자인 패턴과의 차이점은 생산자/소비자 이벤트 디자인 패턴은 큐를 이용해 생산자에서 소비자로 데이터 전달이 이뤄지지만 큐 메시지 핸들러 디자인 패턴은 큐를 통해 생산자에서 소비자로 데이터 전달은 물론이고 소비자에서 소비자로도 데이터 전송이 이뤄집니다. 즉 인큐를 여러 곳에서 하되 디큐는 한 곳에서만 할 수 있는 큐의 특징인 N:1 통신을 하는 것입니다.

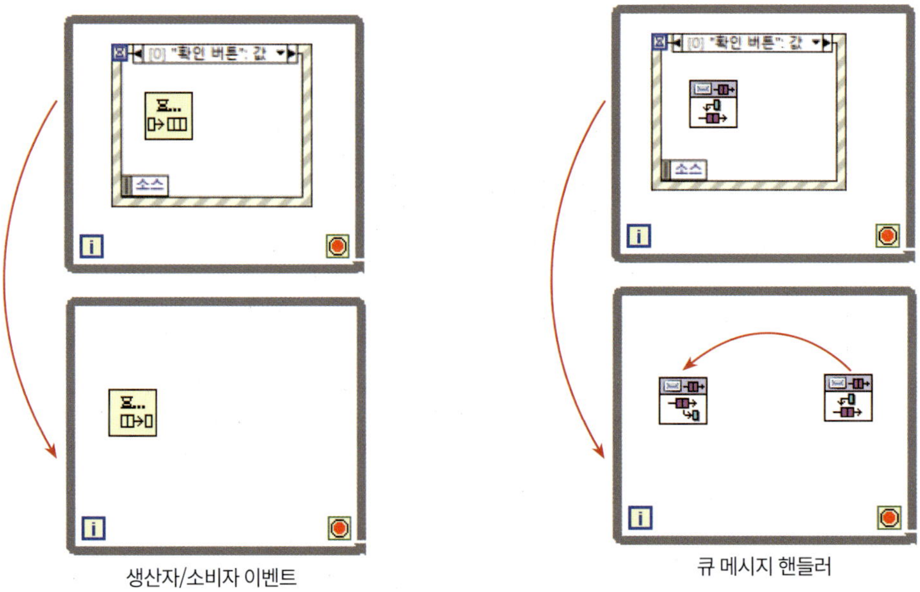

그림 12-1

생산자/소비자 이벤트 디자인 패턴은 함수 팔레트에 있는 큐 노드들을 사용하지만 큐 메시지 핸들러는 일부 큐 노드들을 subVI로 만들어서 사용합니다. 이렇게 하는 이유는 조금 더 편리하게 만든 것도 있고, 큐 메시지 핸들러라는 것을 좀 더 쉽게 구별할 수 있도록 하기 위해서입니다.

그림 12-2

큐 메시지 핸들러 디자인 패턴에서 쓰이는 큐 노드들 내부를 살펴 보겠습니다. 먼저 큐 얻기.vi와 동일한 기능을 하는 메시지 큐 얻기.vi입니다. 문자열인 메시지와 배리언트인 메시지 데이터를 클러스터로 묶어 이 데이터 타입을 전달할 수 있는 큐를 생성하는 것입니다.

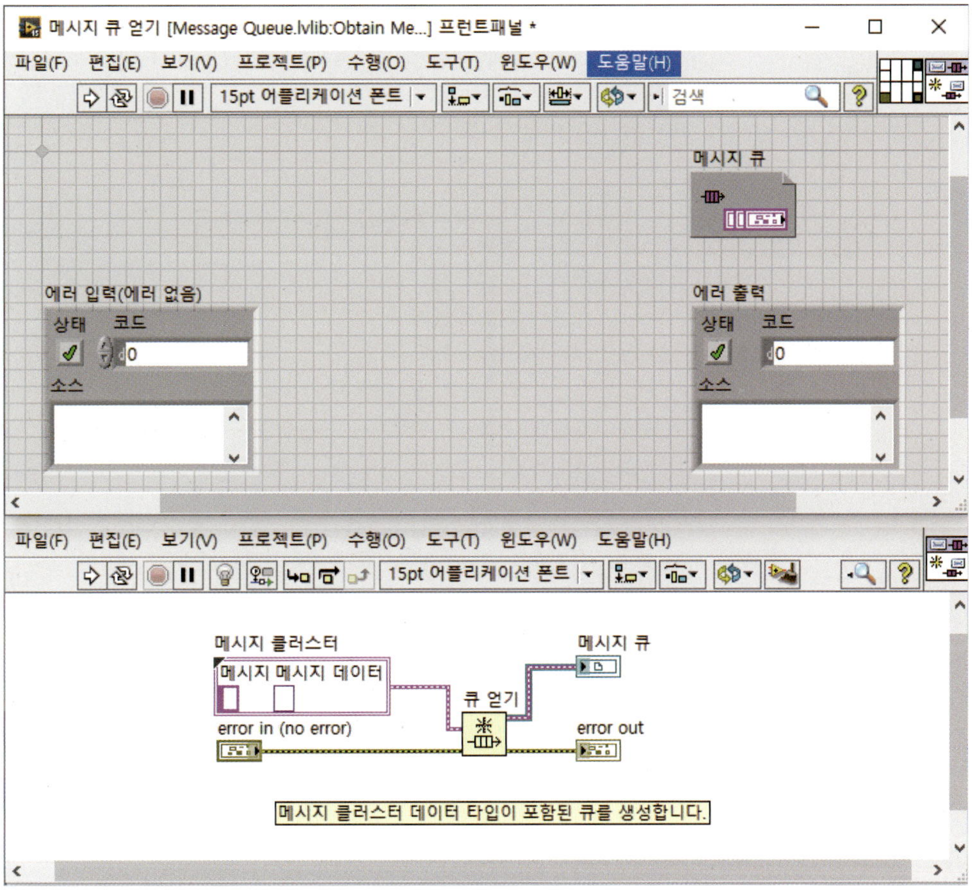

그림 12-3

두 번째로 살펴볼 메시지를 큐에 추가.vi입니다. 메시지와 메시지 데이터를 입력받아 클러스터로 묶어서 클러스터를 버퍼 끝에 집어 넣습니다.

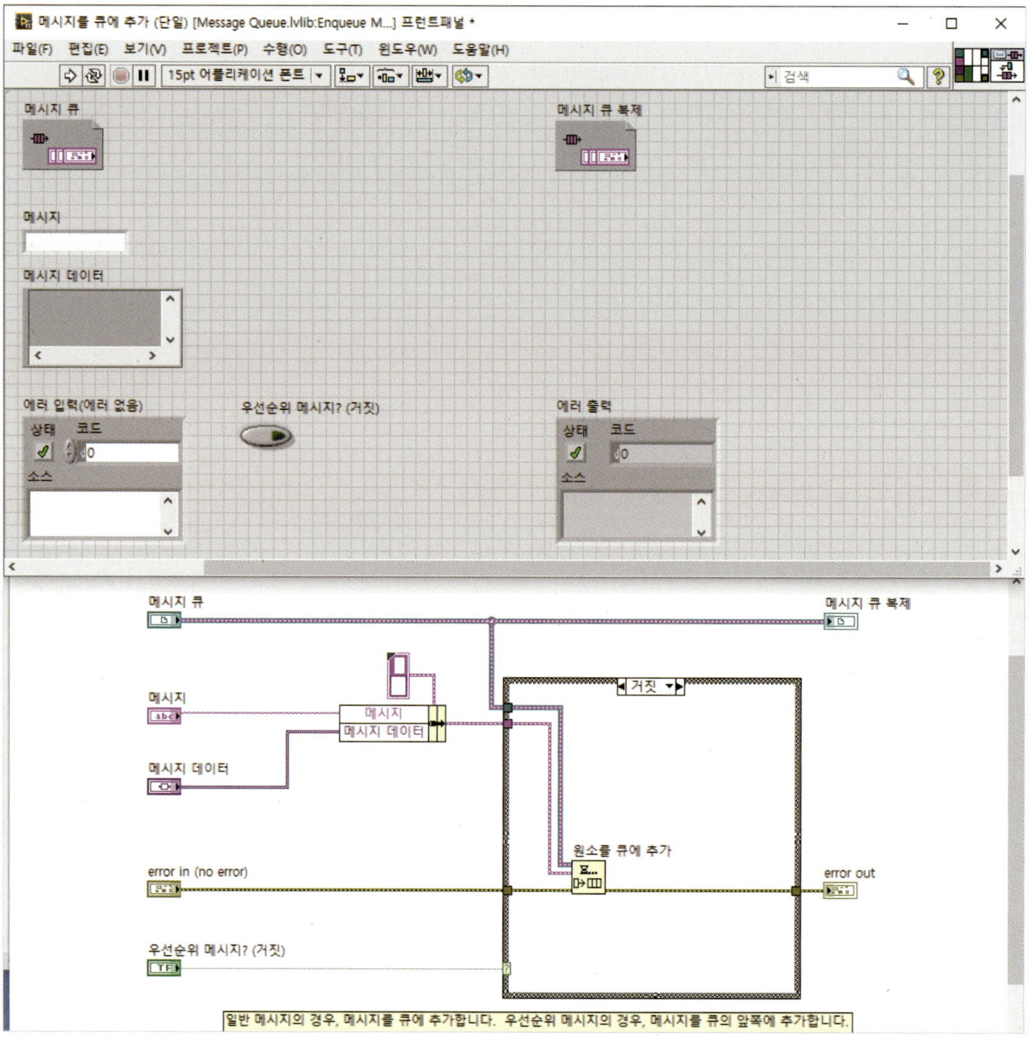

그림 12-4

만약 우선 순위 메시지에 참이 입력되면 원소를 반대쪽 큐에 추가.vi를 이용해 버퍼에 가장 앞에 넣습니다.

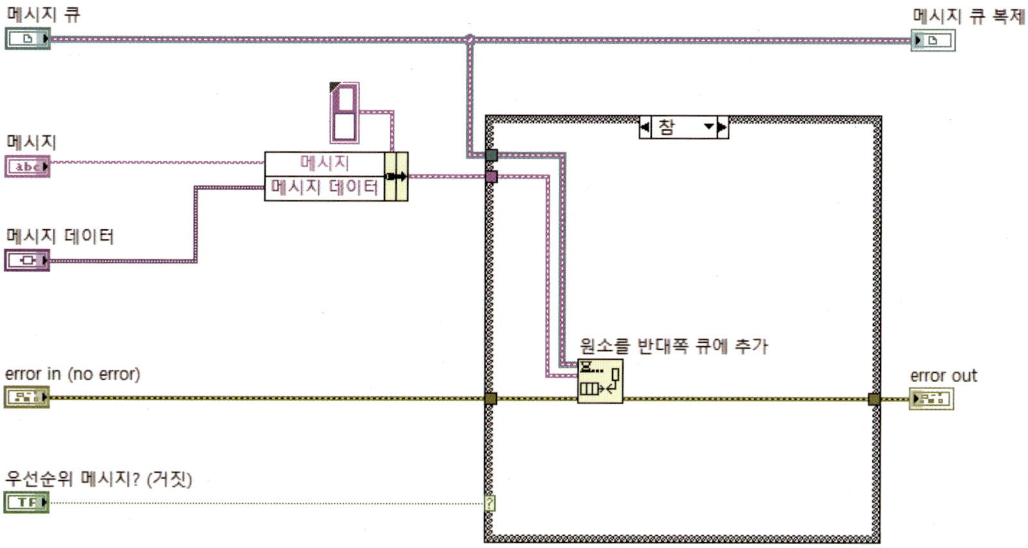

그림 12-5

마지막으로 메시지를 큐에서 제거.vi입니다. 버퍼로부터 데이터를 가져와서 메시지와 메시지 데이터를 분리해 출력해줍니다.

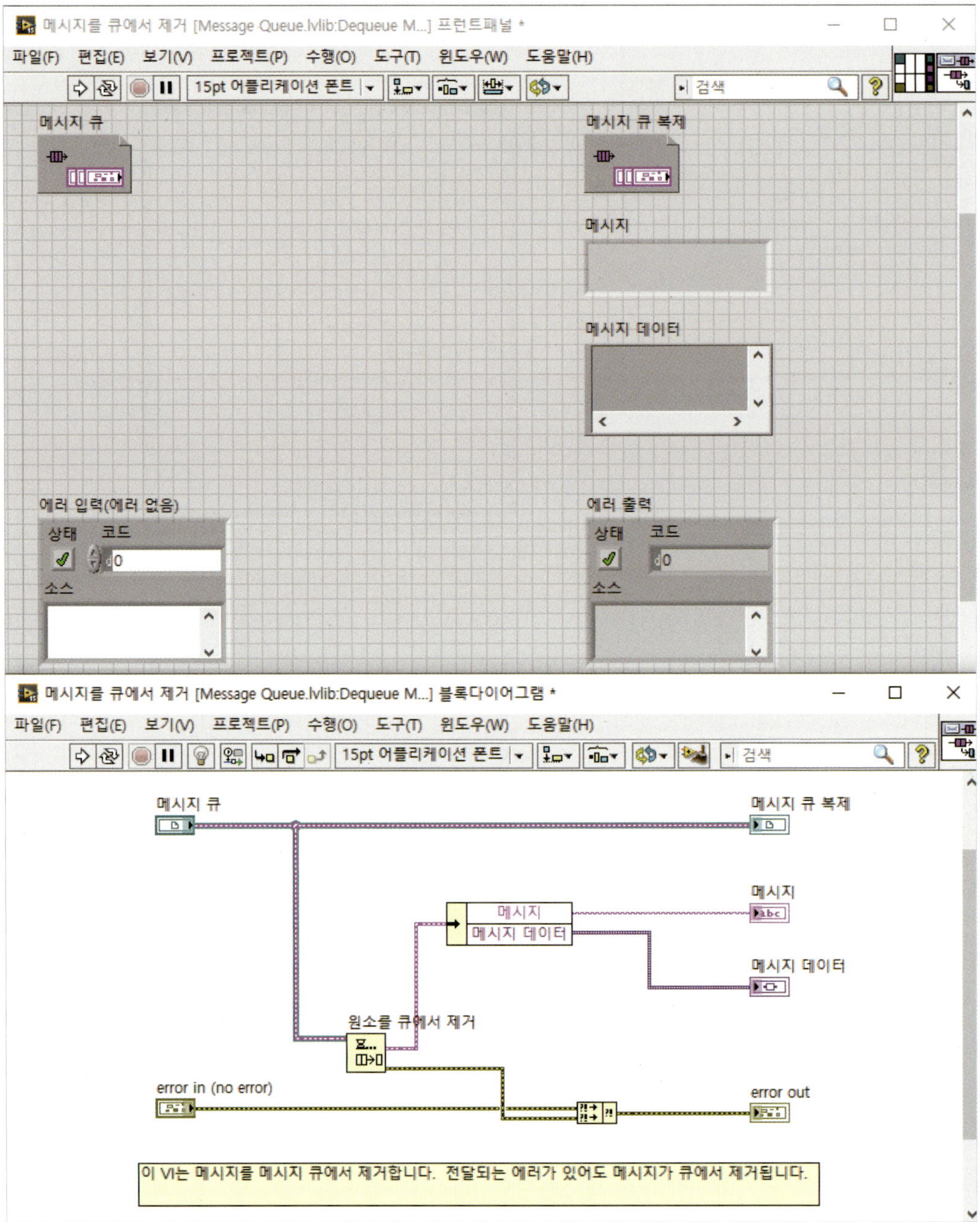
메시지를 큐에서 제거 [Message Queue.lvlib:Dequeue M...] 프런트패널 *
파일(F) 편집(E) 보기(V) 프로젝트(P) 수행(O) 도구(T) 윈도우(W) 도움말(H)
15pt 어플리케이션 폰트
검색
메시지 큐
메시지 큐 복제
메시지
메시지 데이터
에러 입력(에러 없음)
상태
코드
소스
에러 출력
메시지를 큐에서 제거 [Message Queue.lvlib:Dequeue M...] 블록다이어그램 *
원소를 큐에서 제거
error in (no error)
error out
이 VI는 메시지를 메시지 큐에서 제거합니다. 전달되는 에러가 있어도 메시지가 큐에서 제거됩니다.

그림 12-6

실습 12-1 **실습 11-4를 큐 메시지 핸들러 디자인 패턴으로 만들어 봅니다.**

01. LabVIEW 런칭 화면에서 프로젝트 생성 버튼을 클릭합니다.

02. '큐 메시지 핸들러'를 선택하고 '다음'을 클릭합니다.

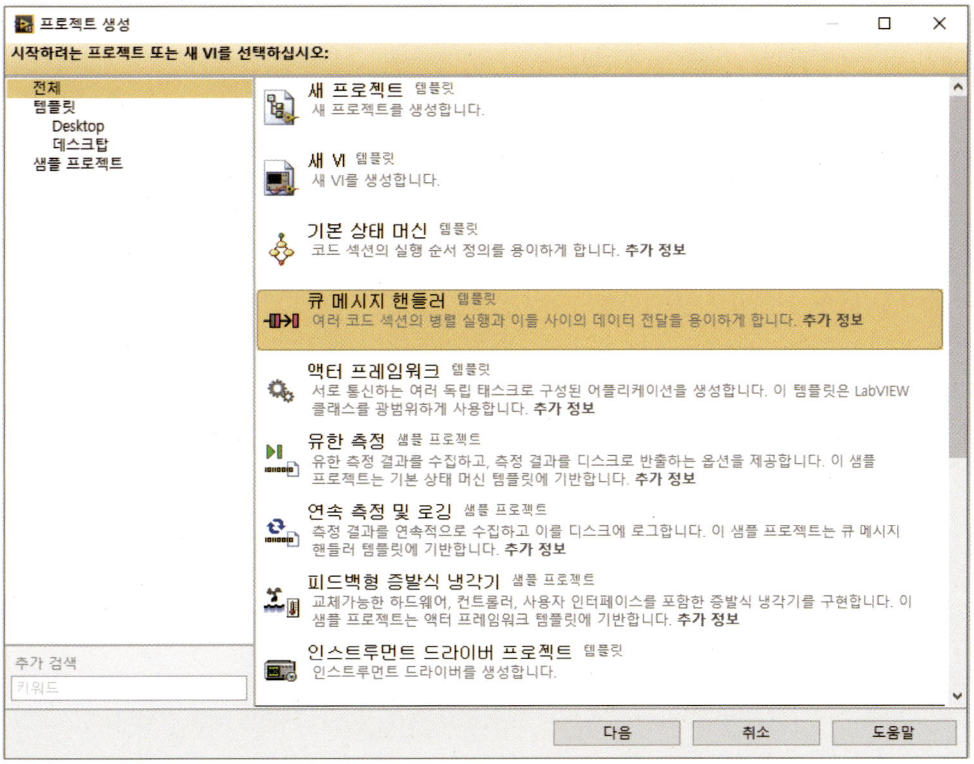

03. 다음처럼 입력하고 마침을 클릭합니다. 단, '프로젝트 루트'는 원하는 위치로 지정하길 바랍니다.

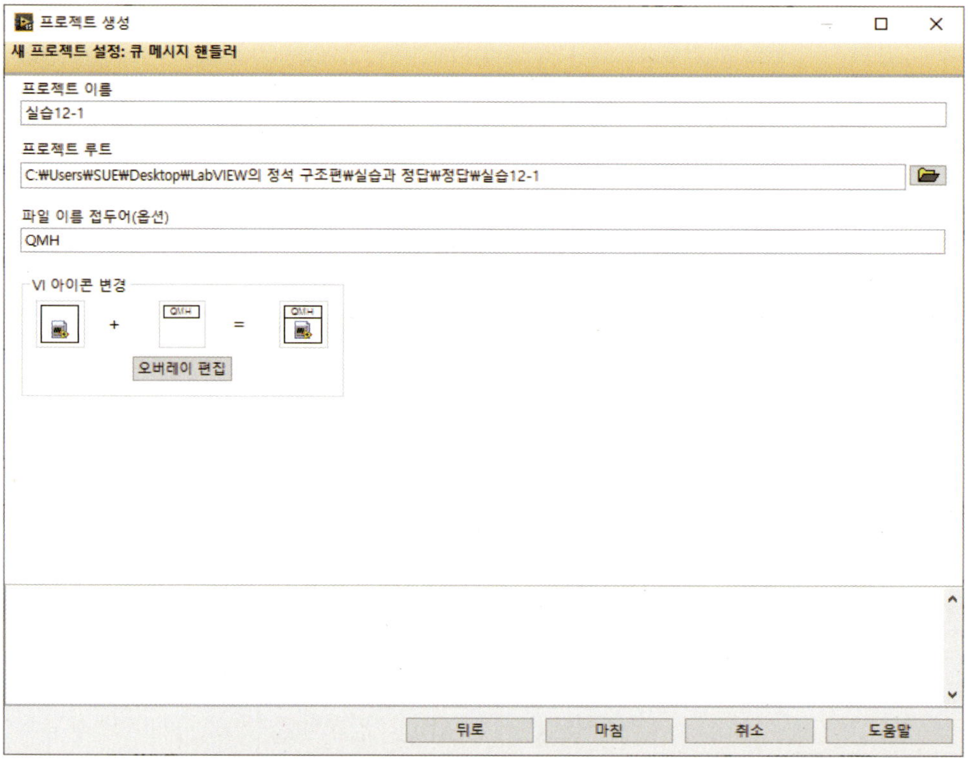

04. 다음과 같이 QMH의 기본 템플릿이 만들어집니다. QMH Main.vi를 엽니다.

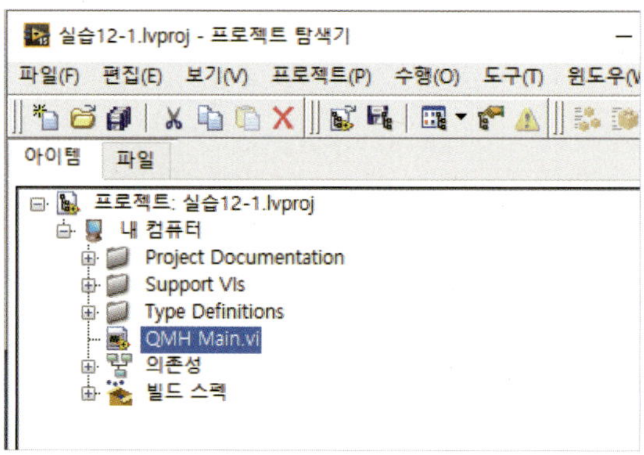

05. QMH Main.vi의 프런트패널에서 기존 UI들은 다 지우고 다음과 같이 구성합니다.

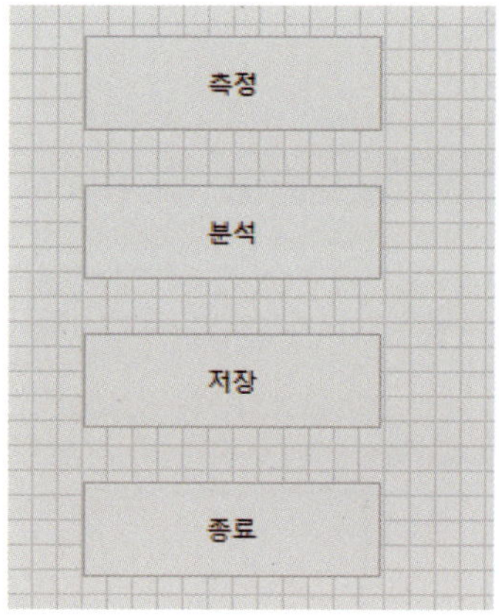

06. QMH Main.vi의 블록다이어그램에서 첫 번째 While 루프는 이벤트 핸들링 루프(EHL)입니다. 이 안에 있는 이벤트 구조를 다음과 같이 수정합니다.

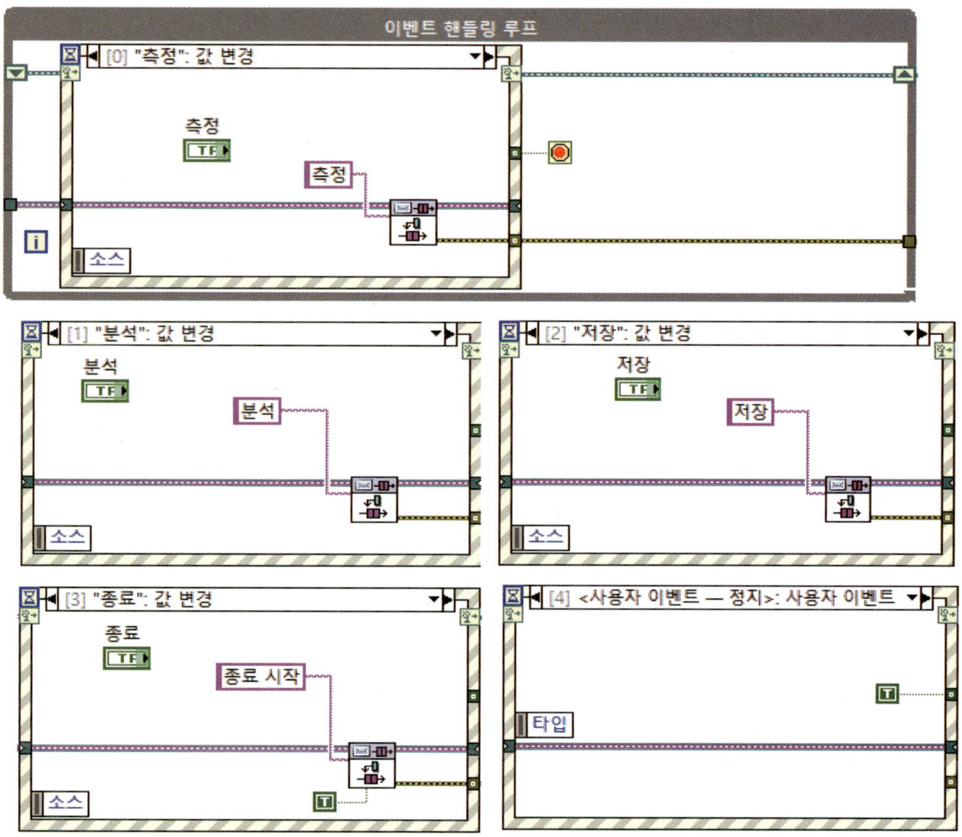

07. 메시지 핸들링 루프 아래 While 루프를 하나 더 추가합니다. 이 루프는 기능 수행을 위해 추가한 것이고 이름은 기능 핸들링 루프(FHL)입니다. 그리고 코드 마지막 부분에 있는 조건적 비활성화 구조를 제거합니다.

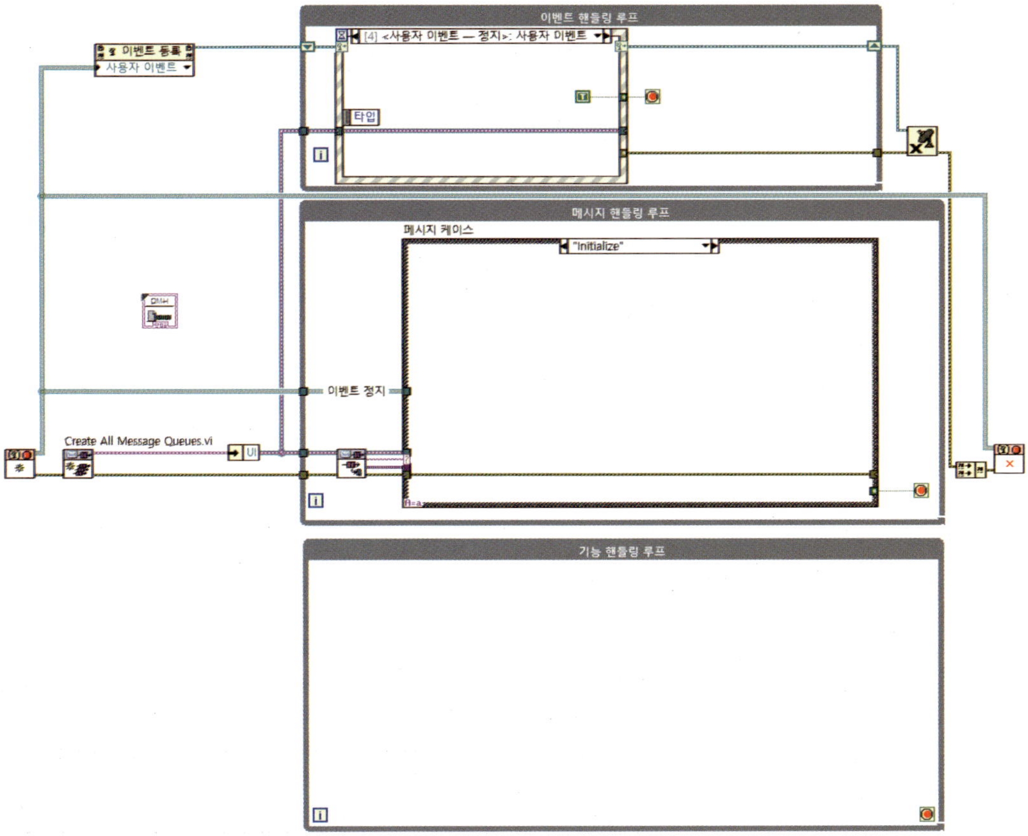

08. Create All Message Queues.vi를 열어서 다음과 같이 큐를 추가 생성합니다. 이 큐는 주로 메시지 핸들링 루프(MHL)에서 기능 핸들링 루프로 데이터 전송할 때 사용합니다. 큐를 생성하고 바로 '초기화'를 각각 인큐합니다. 에러 병합.vi를 추가하여 다음과 같이 완성합니다.

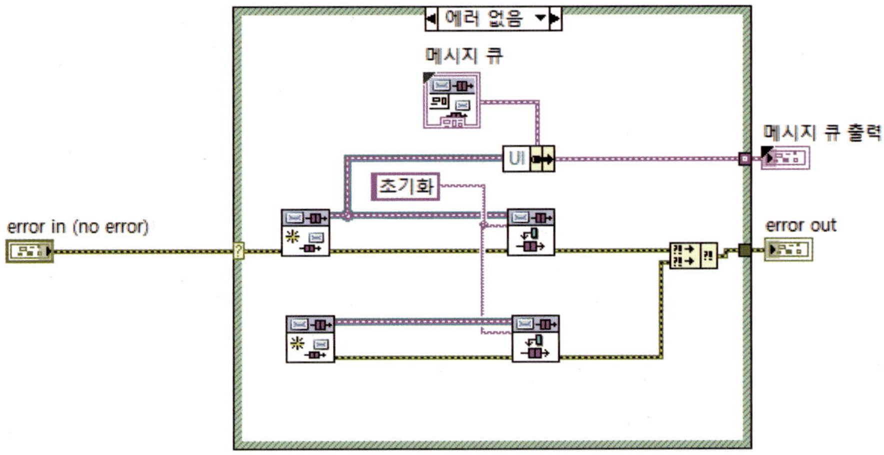

09. 8번에 보이는 상수 '메시지 큐'의 **바로가기메뉴 > 타입 정의 열기**를 선택하여 클러스터 안에 원소를 복사해서 하나 더 추가한 뒤 다음과 같이 라벨을 수정하고 저장하고 닫습니다.

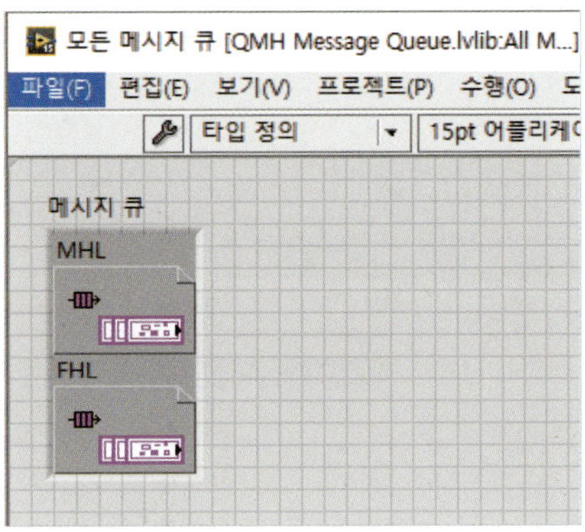

10. Create All Message Queues.vi의 블록다이어그램에서 이름으로 묶기.vi의 입력을 늘여서 다음과 같이 수정한 다음 저장하고 닫습니다. 큐를 두 개 만들고 각각의 큐 참조를 MHL, FHL로 명칭 했습니다. 이렇게 명명한 이유는 큐 특성상 인큐는 여러 곳에서 할 수 있지만 디큐는 딱 한 곳에서만 가능합니다. 따라서 각 큐의 디큐가 위치한 While 루프의 이름을 사용한 것입니다.

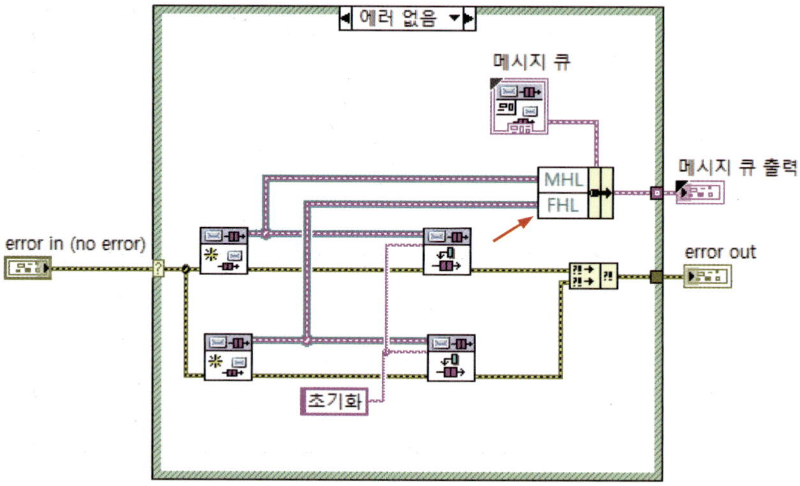

11. QMH Main.vi의 블록다이어그램에서 이름으로 풀기를 다음처럼 수정하고 기능 핸들링 루프에 메시지를 큐에서 제거.vi 노드와 케이스 구조를 추가하고, 이 케이스 구조를 기능 케이스 구조라고 하겠습니다. 기능 케이스 구조에 초기화, 측정, 분석, 저장, UI Update, 기본, 에러, 종료 케이스를 생성합니다.

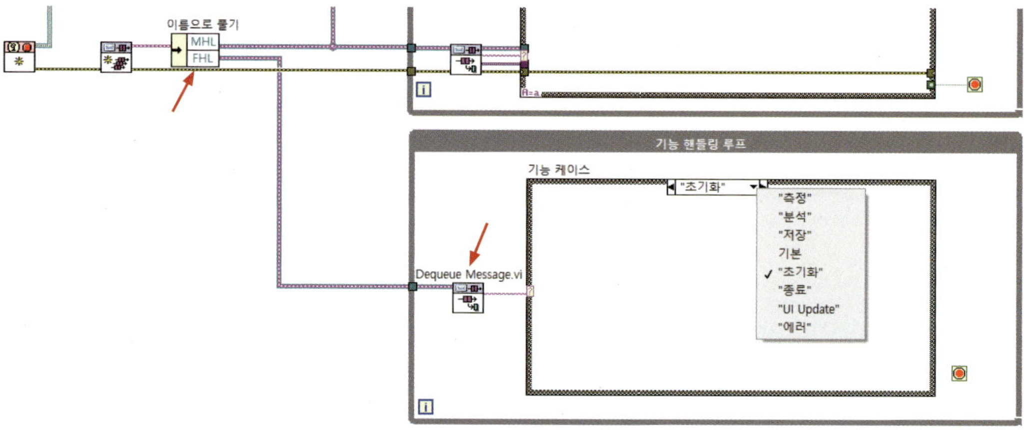

12. QMH Main.vi의 블록다이어그램에서 메시지 핸들링 루프에 있는 케이스 구조(이를 메시지 케이스 구조라고 하겠습니다.)에 초기화, 측정, 분석, 저장, 에러, 종료, 종료 시작, 기능 종료 기다림, 기본 케이스로 수정 및 추가합니다. 그리고 초기화 케이스를 다음처럼 완성합니다.

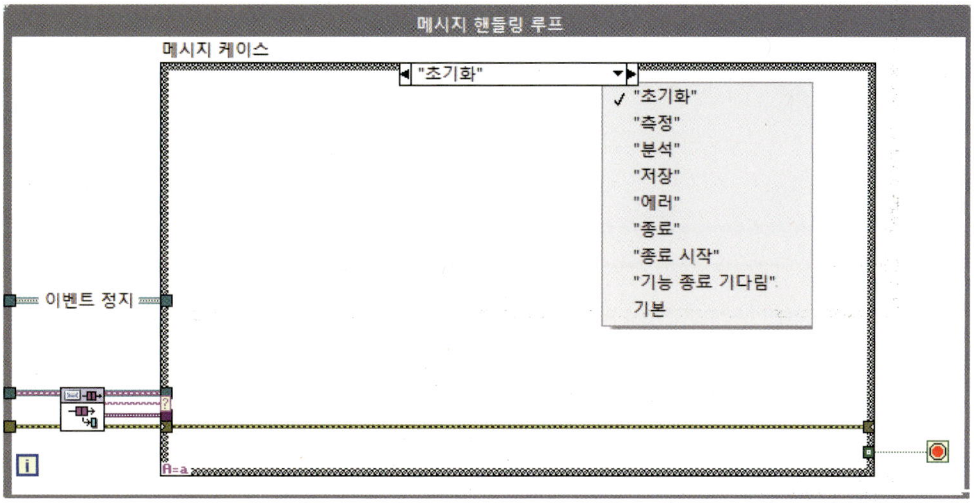

13. 메시지 핸들링 루프 안에 있는 메시지 케이스 구조의 측정 케이스를 다음처럼 완성합니다. 이때 주의해야 할 것은 메시지를 큐에 추가.vi의 메시지 큐 파라미터에 입력되는 큐 참조 라인이 MHL이 아닌 FHL이라는 것입니다. 즉 여기서 인큐된 데이터는 기능 핸들링 루프에서 디큐를 하게 됩니다.

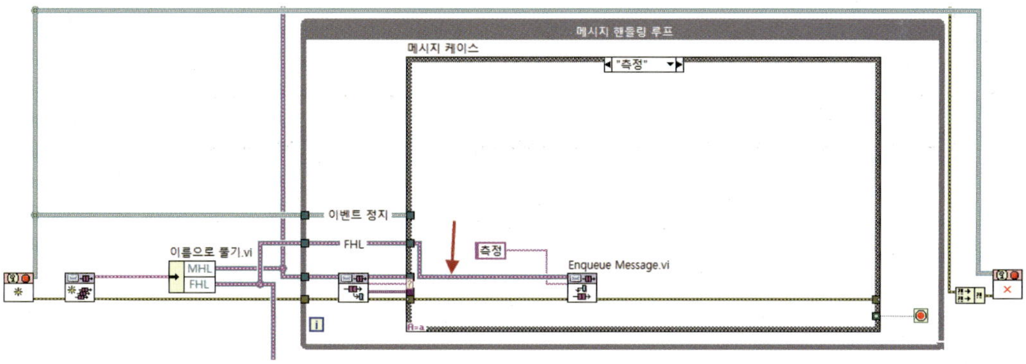

14. 메시지 핸들링 루프 안에 있는 메시지 케이스 구조의 분석 케이스를 다음처럼 완성합니다.

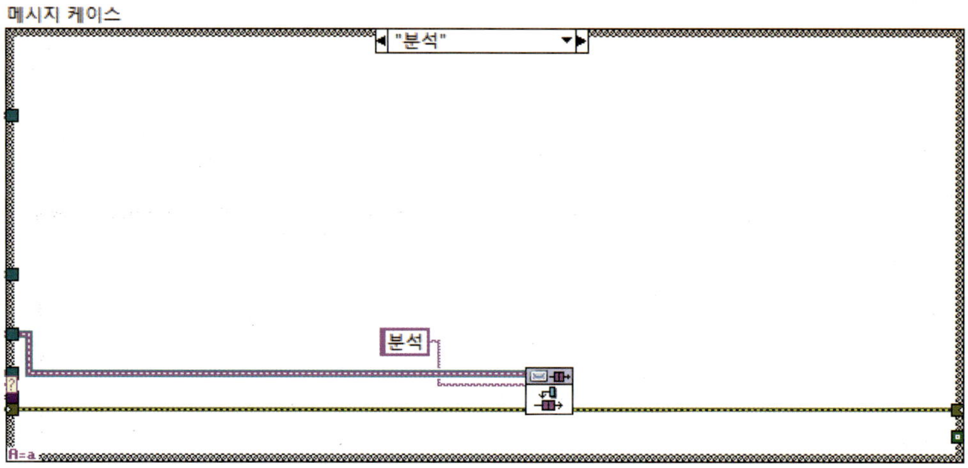

15. 메시지 핸들링 루프 안에 있는 메시지 케이스 구조의 저장 케이스를 다음처럼 완성합니다.

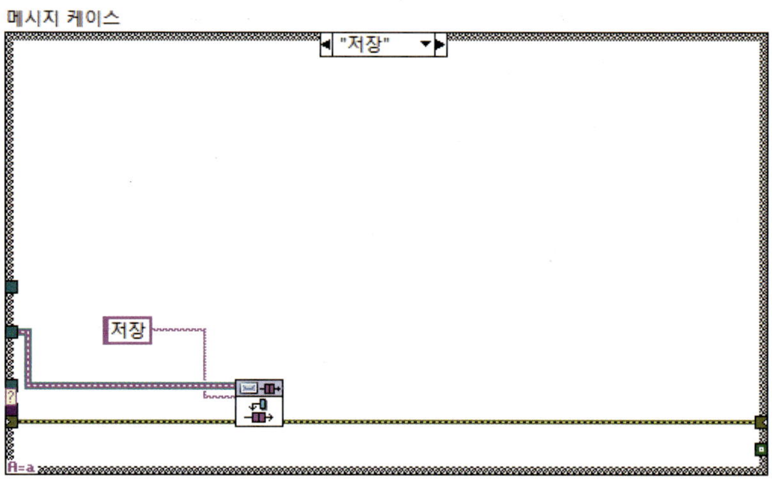

16. 메시지 핸들링 루프 안에 있는 메시지 케이스 구조의 종료 시작 케이스를 다음처럼 완성합니다. 이때 주의해야 할 것은 두 개의 메시지를 큐에 추가.vi의 메시지 큐 파라미터에 입력되는 큐 참조 라인입니다. 첫 번째 메시지를 큐에 추가.vi의 메시지 큐 파라미터에 입력되는 큐 참조는 FHL이고 , 두 번째 메시지를 큐에 추가.vi의 메시지 큐 파라미터에 입력되는 큐 참조는 MHL입니다. 프런트패널에서 사용자가 종료 버튼을 클릭하면 메시지가 전달되는 순서는 이벤트 핸들링 루프 → 메시지 핸들링 루프 → 기능 핸들링 루프이고, While 루프가 정지되는 순서는 메시지 전달 순서와 반대로 기능 핸들링 루프 → 메시지 핸들링 루프 → 이벤트 핸들

링 루프 순서로 정지합니다. 이벤트 핸들링 루프에서 '종료 시작' 메시지를 메시지 핸들링 루프에 전달하면 메시지 핸들링 루프의 종료 시작 케이스가 실행됩니다. 그러면 다시 기능 핸들링 루프에 '종료'를 전달하고 메시지 핸들링 루프에는 '기능 종료 기다림'을 전달합니다.

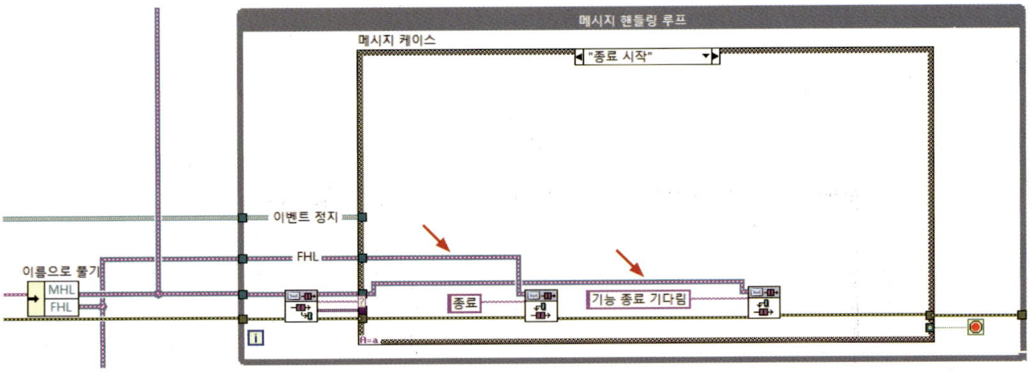

17. 이 프로그램에 알림자를 하나 추가합니다. 이는 기능 핸들링 루프가 종료된다는 것을 메시지 핸들링 루프에 보고하는 역할을 합니다. 즉 기능 핸들링 루프가 종료해야지만 메시지 핸들링 루프가 종료하도록 만드는 것입니다. 알림자 얻기.vi, 알림 기다림.vi, 알림 보내기.vi, 알림자 해제.vi를 추가합니다. 특히, 알림 보내기.vi는 기능 핸들링 루프의 종료 케이스에 넣습니다. 그리고 메시지를 큐에 추가.vi, 큐 해제.vi, 단순 에러 핸들러.vi도 추가하여 기능 핸들링 루프의 종료 케이스와 메시지 핸들링 루프의 기능 종료 기다림 케이스를 다음처럼 완성합니다. 메시지 핸들링 루프의 기능 종료 기다림 케이스는 알림이 오면 메시지 핸들링 루프에 '종료'를 인큐하고, 기능 핸들링 루프의 종료 케이스는 알림을 보내고 프로그램을 종료할 것이므로 더 이상 FHL 큐를 사용할 일이 없으니 이 큐를 삭제합니다.

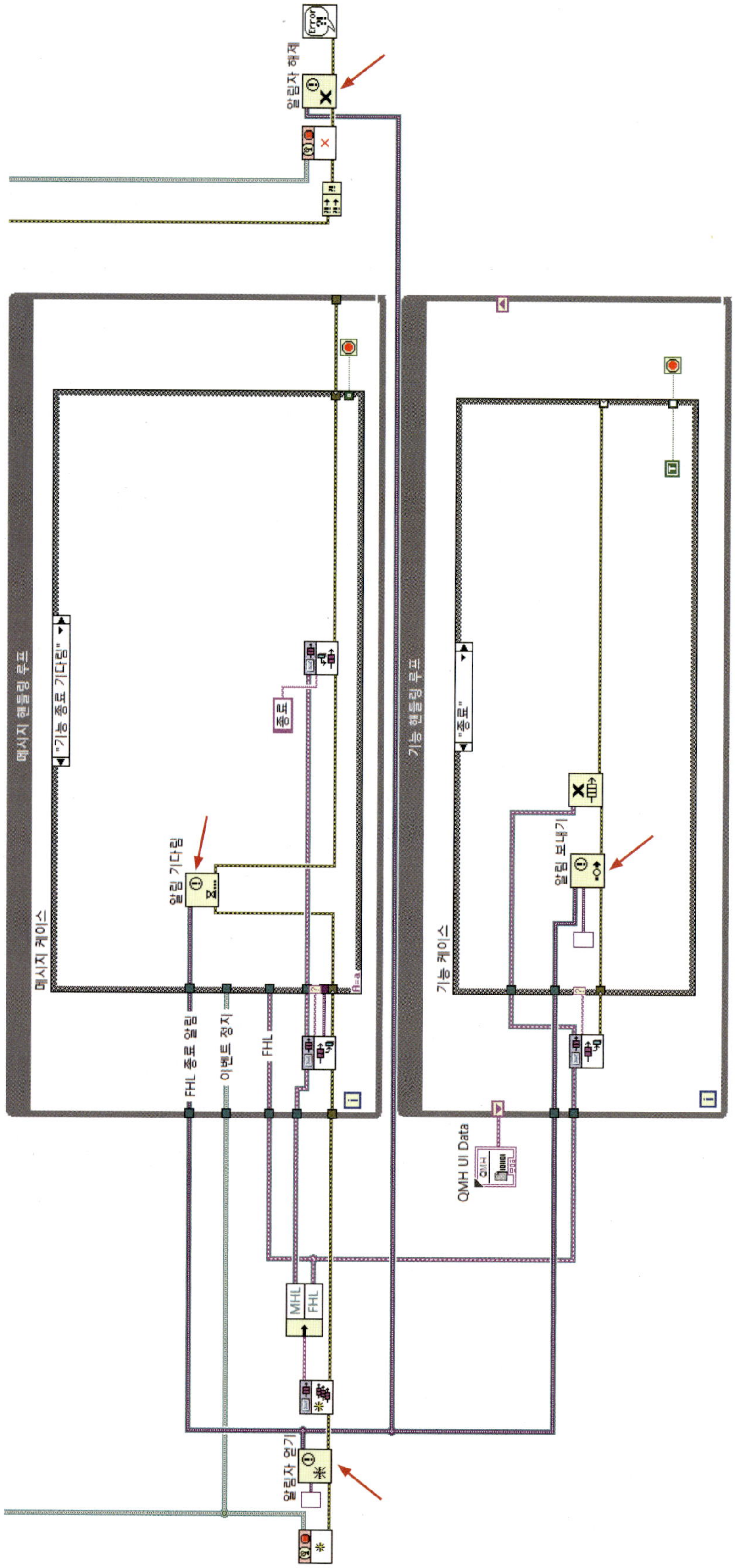
Error
알림자 해제
메시지 핸들링 루프
"기능 종료 기다림"
종료
알림 기다림
메시지 케이스
FHL 종료 알림
이벤트 정지
FHL
기능 핸들링 루프
"종료"
알림 보내기
기능 케이스
QMH UI Data
MHL
FHL
알림자 얻기

18. 메시지 핸들링 루프의 종료 케이스를 구현합니다. 프로젝트 파일에서 Fire User Event - Stop.vi를 종료 케이스로 드래그하고 함수 팔레트에서 큐 해제.vi와 에러 병합.vi를 가져와 다음처럼 구현합니다. 메시지 핸들링 루프가 종료할 때 사용자 이벤트를 발생시켜 이벤트 핸들링 루프에 메시지 핸들링 루프가 종료 한다는 것을 전달합니다. 그리고 MHL 큐를 삭제합니다.

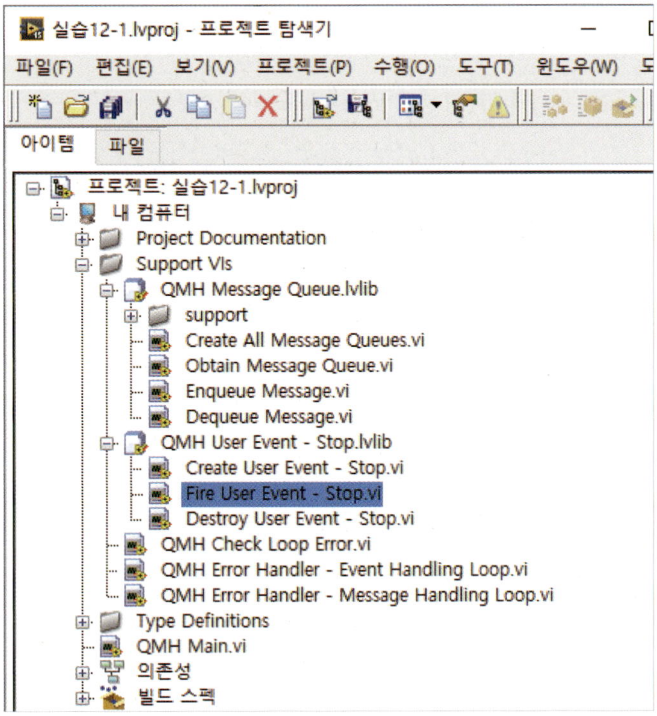

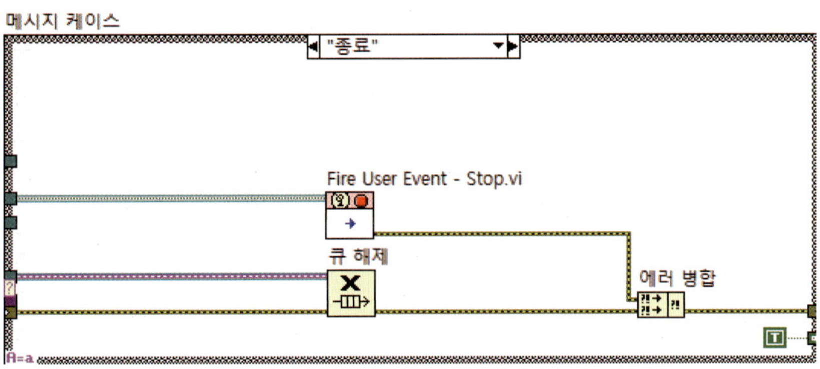

19. 메시지 핸들링 루프의 기본 케이스를 구현합니다. 기본 케이스는 정의한 값 이외의 값이 MHL 큐를 통해 전달되면 실행되는 케이스입니다. 함수 팔레트에서 에러 링을 가져와 다음과 같이 설정합니다. 에러 코드 5000번~9999번 사이는 사용자 에러를 정의할 수 있습니다. 즉 내가 직접 에러를 정의해서 만들 수 있다는 의미입니다.

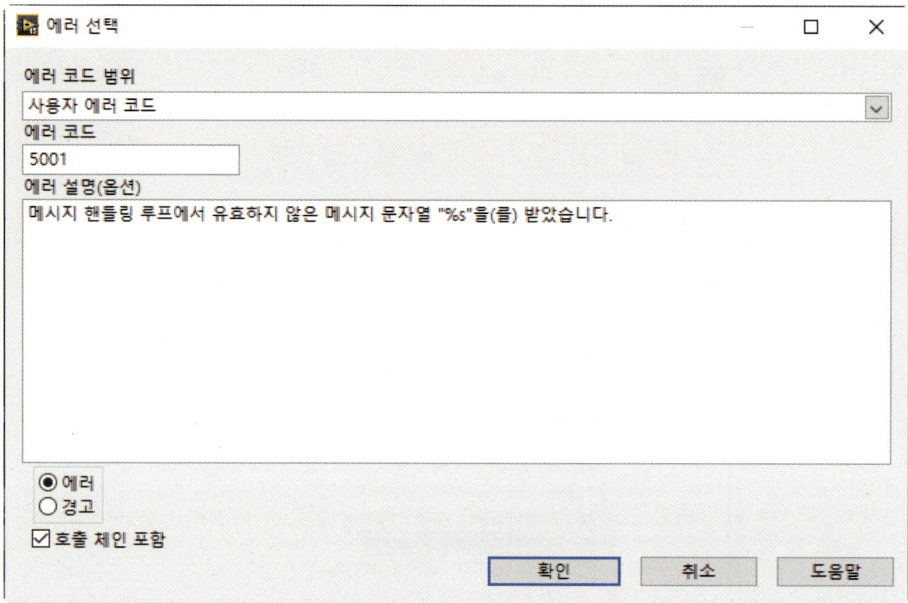

그리고 다음과 같이 와이어링을 완성합니다.

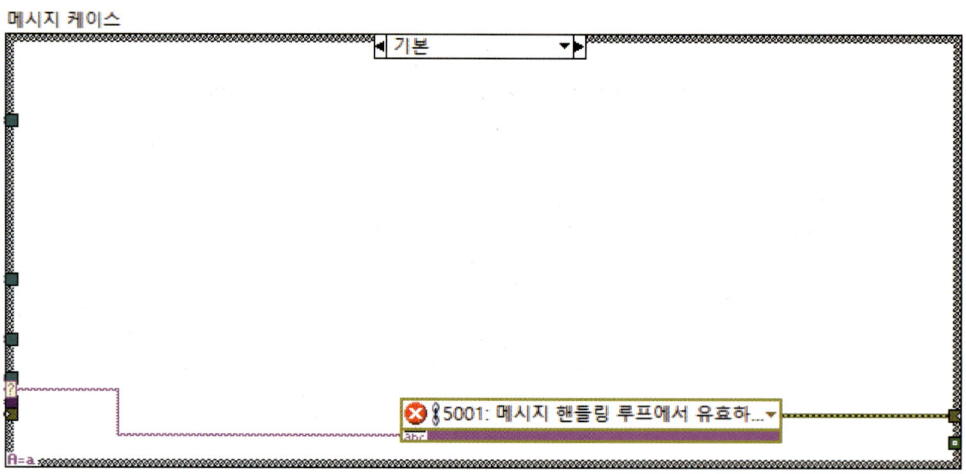

20. 마지막으로 메시지 핸들링 루프의 에러 케이스를 구현합니다. 에러가 발생하면 에러 케이스가 실행되도록 21번에서 메시지를 큐에서 제거.vi를 수정할 것입니다. 그리고 에러가 발생하면 메시지 핸들링 루프에 '정지 시작'을 인큐하도록 하고 메시지 핸들링 루프의 에러 클러스터는 시프트 레지스터를 통해서 전달될 수 있도록 수정하고 에러 병합.vi에 메시지 핸들링 루프의 에러 출력을 연결합니다.

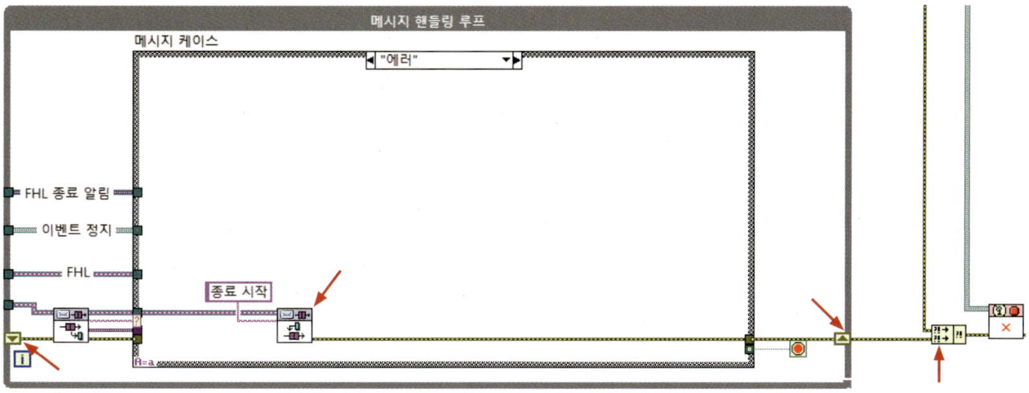

21. 메시지를 큐에서 제거.vi를 다음처럼 블록다이어그램을 수정합니다. 프런트패널은 그대로 둡니다. 블록다이어그램의 수정 내용은 에러 입력으로부터 에러가 들어오면 선택.vi에서 '거짓'이 출력되어 메시지에 '에러'를 출력할 수 있도록 하고, 에러 입력으로부터 에러 없음이 들어오면 선택.vi에서 '참'이 출력되어 정상적으로 원소를 큐에서 제거.vi가 실행될 수 있도록 합니다. 저장 후 닫습니다.

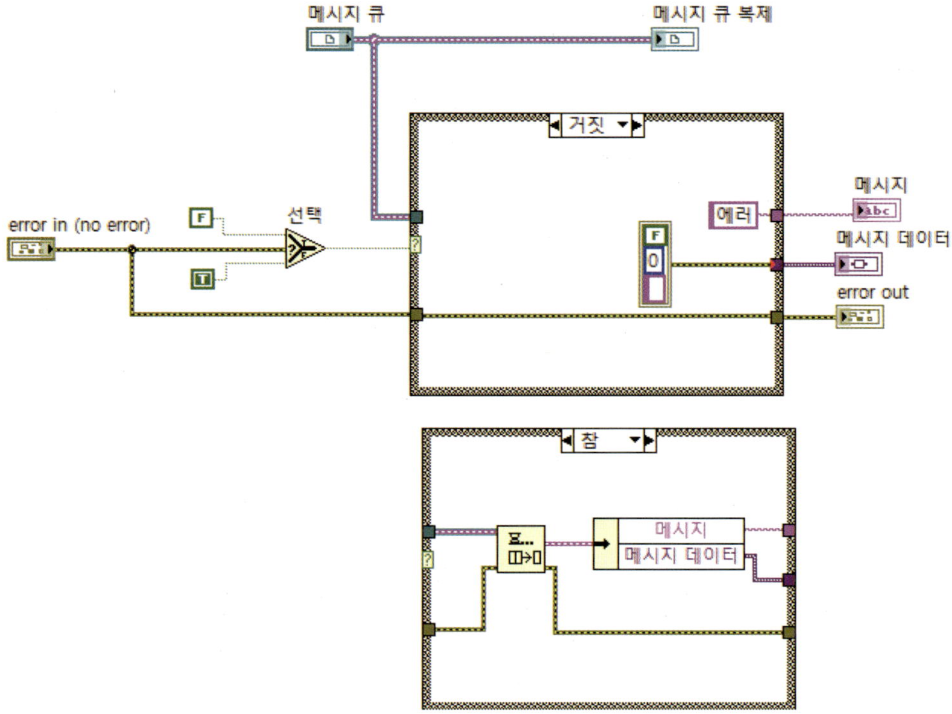

22. 블록다이어그램에 있는 타입 정의된 상수 QMH UI Data.ctl의 **바로가기메뉴 > 타입 정의 열기**를 선택합니다. 다음처럼 불리언 참조를 복사해 라벨 및 원소를 수정하고 저장한 다음 닫습니다.

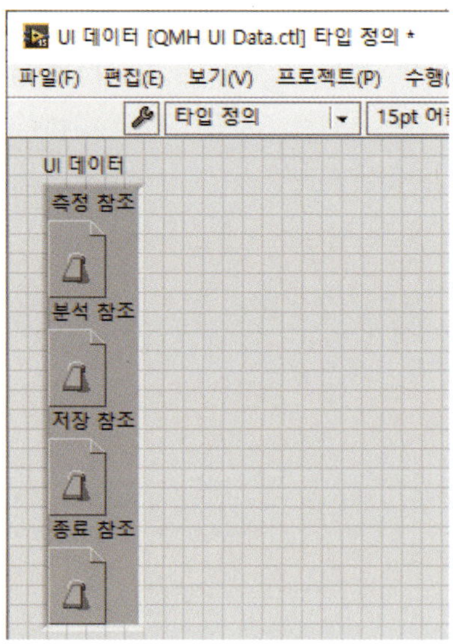

23. 기능 케이스 구조의 초기화 케이스를 구현합니다. 22번에서 수정한 QMH UI Data.ctl의 상수를 오른쪽 시프트 레지스터의 초기값으로 설정하고, 프런트패널에 있는 측정, 분석, 저장, 종료 버튼들의 터미널에서 각각 참조를 생성하여 이름으로 묶기.vi에 입력으로 주고 업데이트한 후 왼쪽 시프트 레지스터로 연결합니다. 메시지를 큐에 추가.vi를 추가하여 메시지 파라미터에 'UI Update', 메시지 데이터 파라미터에 '초기화'를 인큐해서 기능 핸들링 루프의 초기화 케이스 실행이 끝나면 바로 UI Update 케이스가 실행될 수 있도록 합니다. 그리고 거짓 상수를 While 루프 조건 터미널에 연결해줘서 While 루프가 정지되지 않도록 하고 에러 클러스터는 시프트 레지스터를 통해 연결하고 마지막에 에러 병합.vi의 입력을 늘려 연결하여 실행 순서도 정하고 에러 핸들링도 합니다.

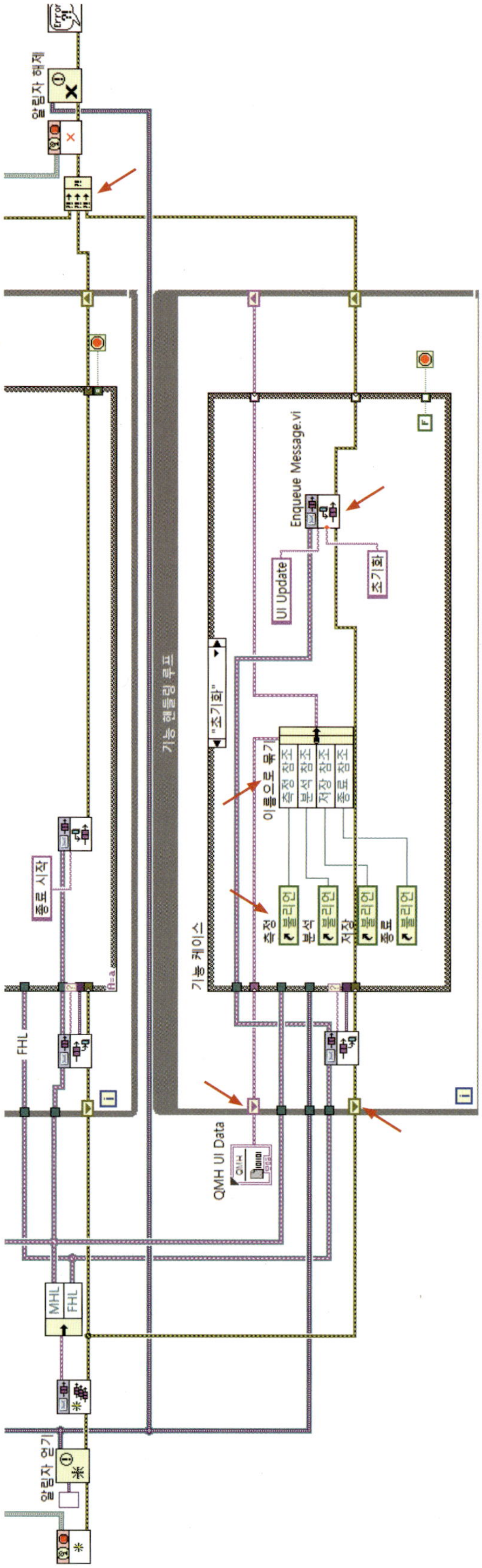
알림자 해제
Enqueue Message.vi
UI Update
초기화
기능 핸들링 루프
"초기화"
이름으로 묶기
측정 참조
분석 참조
저장 참조
종료 참조
측정
분석
저장
종료
불리언
기능 케이스
종료 시작
FHL
MHL
QMH UI Data
알림자 얻기

24. 실습 11-4의 5~9번에서 만든 프로퍼티.vi와 UI Update.vi를 '실습 12-1\support' 폴더에 복사하고 프로젝트 탐색기를 열어 'Support VIs' 가상 폴더에 다음처럼 파일을 추가합니다.

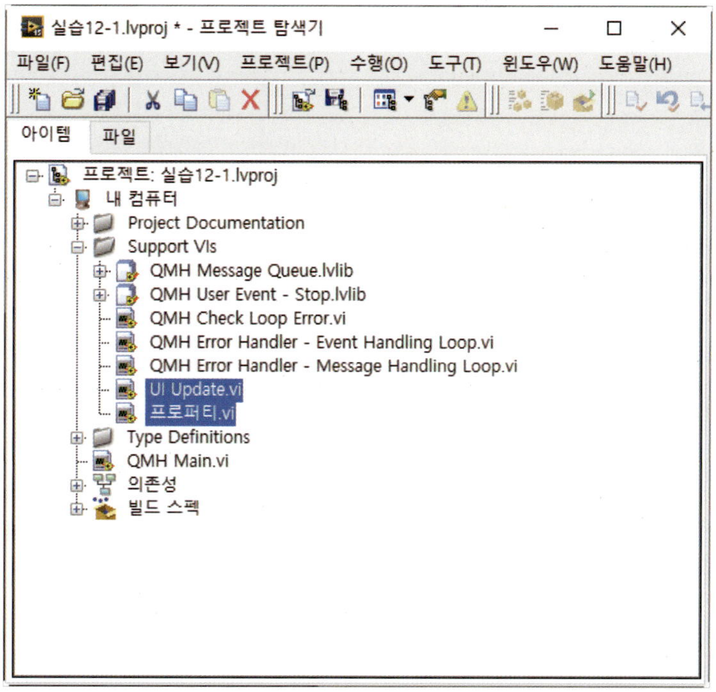

25. 복사한 UI Update.vi를 열면 다음과 같이 참조.ctl을 찾는 화면이 실행되면 탐색 버튼을 눌러 실습 12-1.lvproj가 저장된 폴더 아래 controls 폴더에 있는 QMH UI Data.ctl을 선택합니다. 그리고 저장하고 닫습니다.

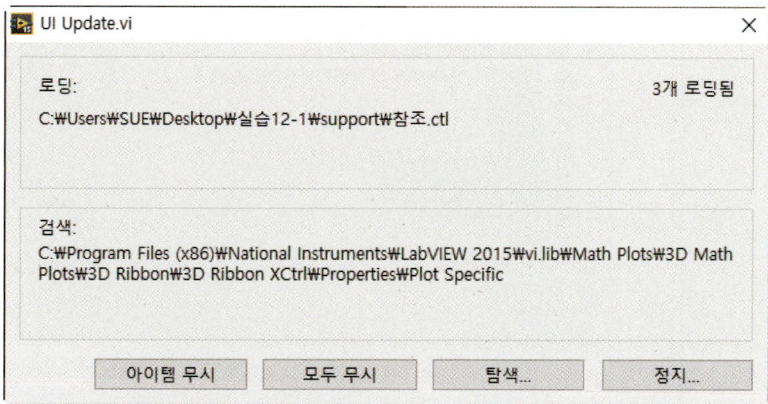

26. 기능 케이스 구조의 UI Update 케이스를 다음과 같이 구현합니다. 이 케이스에서 프런트패널에 있는 불리언 버튼들을 활성화/비활성화를 변경하게 됩니다.

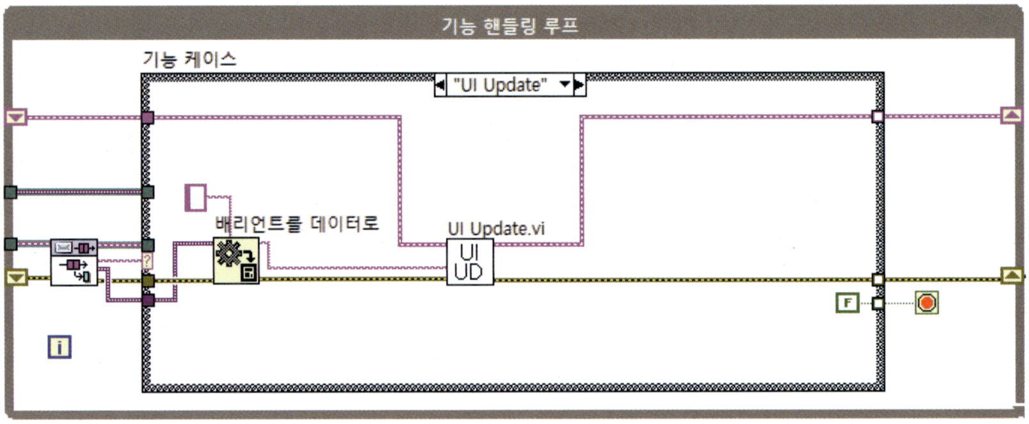

27. 다운받은 '실습' 폴더에 있는 측정.vi, 분석.vi, 저장.vi, sub_Random Bool.vi, sub_Random Freq.vi를 '실습 12-1\support' 폴더에 복사하고 프로젝트 탐색기를 열어 'Support VIs' 가상 폴더에 다음처럼 파일을 추가합니다.

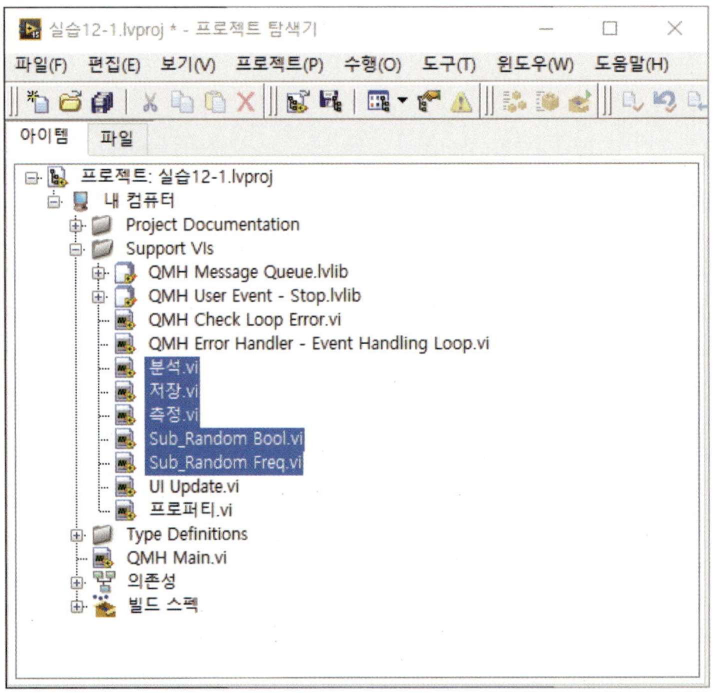

28. 기능 케이스 구조의 측정 케이스에 27번에서 추가한 측정.vi, 메시지를 큐에 추가.vi, 두 개의 문자열 상수, 거짓 상수를 가져와 다음과 같이 구현합니다. 측정.vi를 실행하고 FHL 큐에 'UI Update' 인큐하여 UI Update 케이스를 실행합니다. 이때 메시지 데이터 파라미터에는 '측정'을 전달하여 측정 버튼을 비활성화하고 분석 버튼을 활성화합니다.

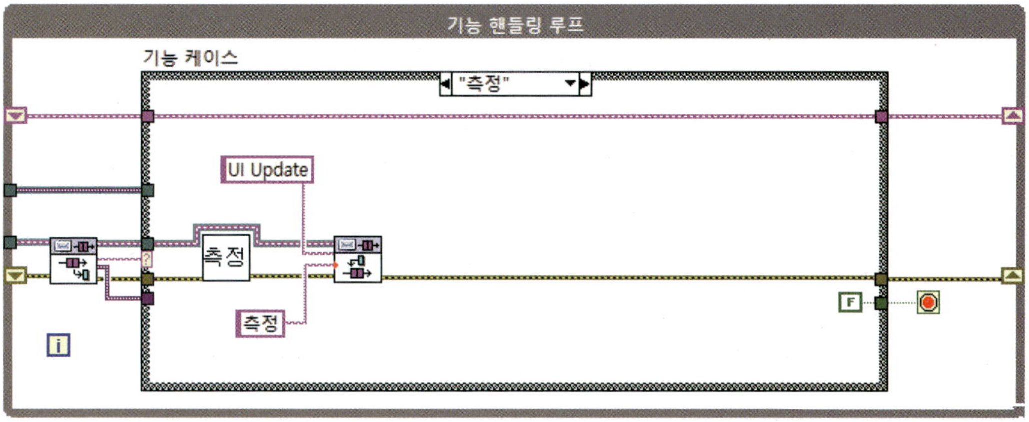

29. 기능 케이스 구조의 분석 케이스에 27번에서 추가한 분석.vi, 메시지를 큐에 추가.vi, 두 개의 문자열 상수, 거짓 상수를 가져와 다음과 같이 구현합니다. 분석.vi를 실행하고 FHL 큐에 'UI Update'를 인큐하여 UI Update 케이스를 실행합니다. 이때 메시지 데이터 파라미터에는 '분석'을 전달하여 분석 버튼을 비활성화하고 저장 버튼을 활성화합니다.

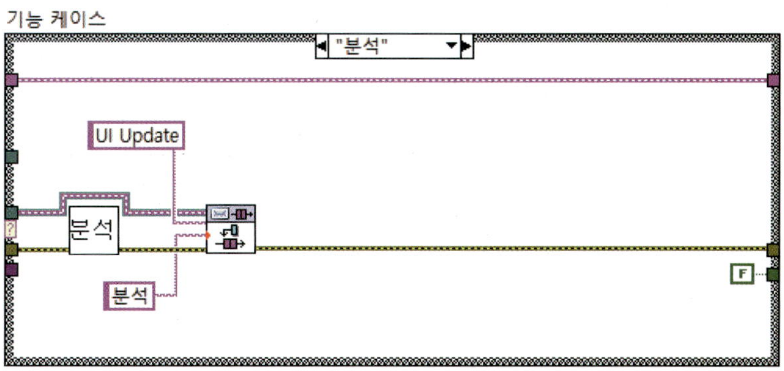

30. 기능 케이스 구조의 저장 케이스에 27번에서 추가한 저장.vi, 메시지를 큐에 추가.vi, 두 개의 문자열 상수, 거짓 상수를 가져와 다음과 같이 구현합니다. 저장.vi를 실행하고 FHL 큐에 'UI Update'를 인큐하여 UI Update 케이스를 실행합니다. 이때 메시지 데이터 파라미터에는 '저장'을 전달하여 저장 버튼을 비활성화하고 측정 버튼을 활성화합니다.

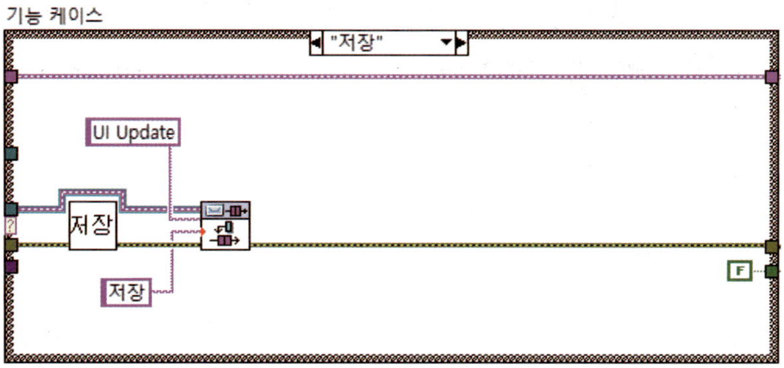

31. 기능 케이스 중 기본 케이스에 에러링을 다음처럼 편집하여 와이어링 합니다.

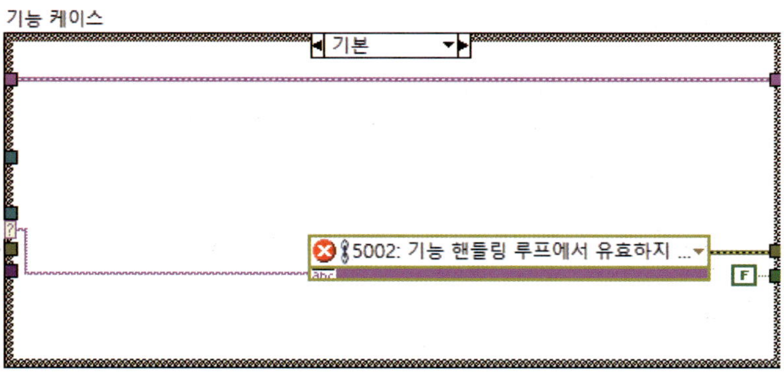

32. 기능 케이스 구조 중 마지막으로 에러 케이스에 메시지를 큐에 추가.vi를 가지고와서 메시지 큐 파라미터에는 MHL 큐 참조를 연결하고, 메시지 파라미터에 '에러', 메시지 데이터 파라미터에 에러가 발생했다는 에러 클러스터를 연결합니다. 즉, 기능 핸들링 루프에서 에러가 발생하면 큐를 통해 메시지 핸들링 루프의 에러 케이스가 실행되고 모든 While 루프를 종료할 수 있도록 명령을 내리게 됩니다.

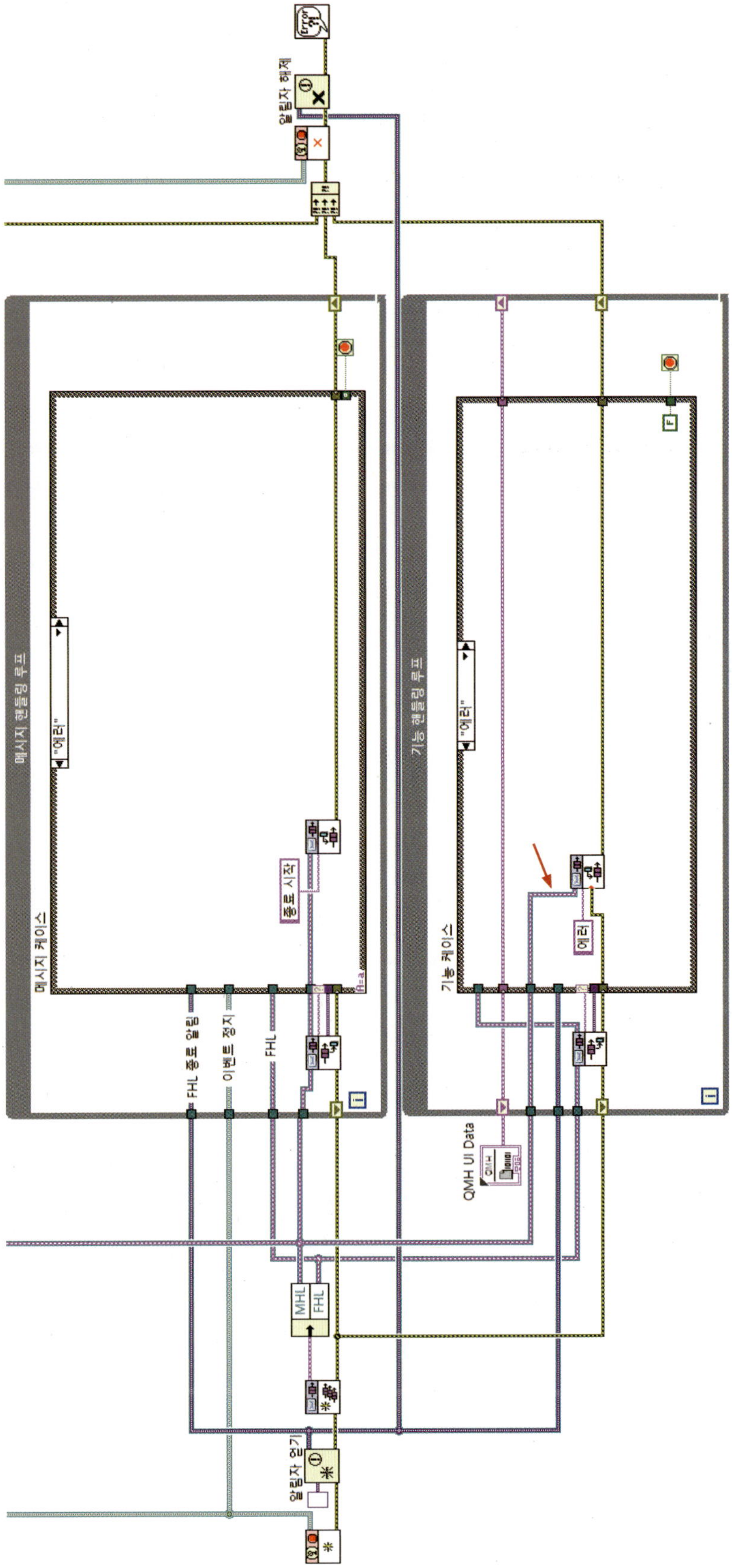
알림자 해제
메시지 핸들링 루프
메시지 케이스
"에러"
종료 시작
FHL 종료 알림
이벤트 정지
FHL
MHL
알림자 얻기
기능 핸들링 루프
기능 케이스
에러
QMH UI Data

33. 기능 핸들링 루프의 종료 케이스에 빨간 화살표처럼 와이어링합니다.

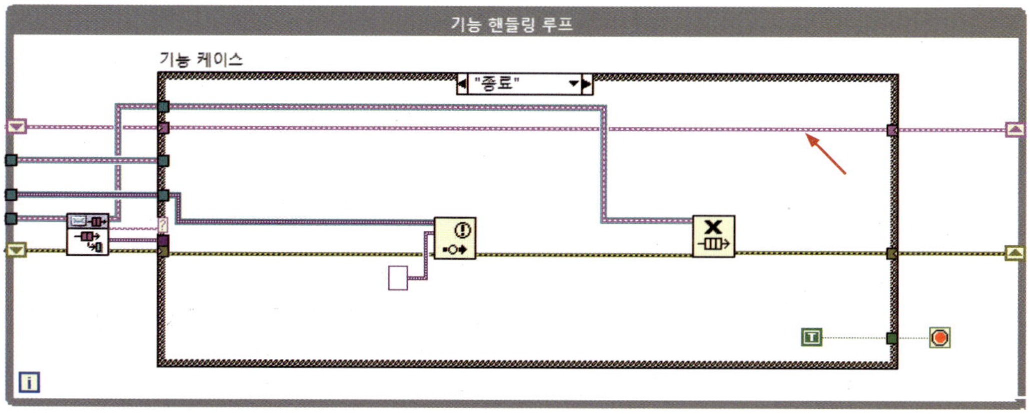

34. 프로그램을 실행시켜 측정, 분석, 저장 버튼이 차례대로 활성화되는지 확인합니다. 종료 버튼 항상 활성화되어 있습니다.

35. 첫 번째 While 루프에 에러가 발생한 것처럼 에러 상수로 시뮬레이션하여 실행했을 때 모든 루프가 종료되어 프로그램이 정지하는지 확인합니다. 두 번째 While 루프와 세 번째 While 루프도 에러가 발생한 것처럼 시뮬레이션하여 실행했을 때 모든 루프가 종료되는지 확인합니다.

36. 프로그램을 종료하고 저장하고 닫습니다.

QMH 디자인 패턴을 구현해봤습니다. 이번에는 실습 12-1번에 새로운 기능을 추가하는 방법을 살펴보겠습니다.

실습 12-2 실습 12-1에 통신 버튼의 기능을 추가해 봅니다. 통신 버튼은 사용자가 저장 버튼을 클릭한 이후에 활성화시키고 통신 버튼을 클릭하면 다시 측정 버튼을 활성화하도록 수정합니다.

01. 실습 12-1에서 완성한 프로그램의 프런트패널을 열어 통신 버튼을 추가합니다.

라벨과 불리언 텍스트를 모두 '통신'이라 수정하고 라벨은 보이지 않도록 설정합니다.

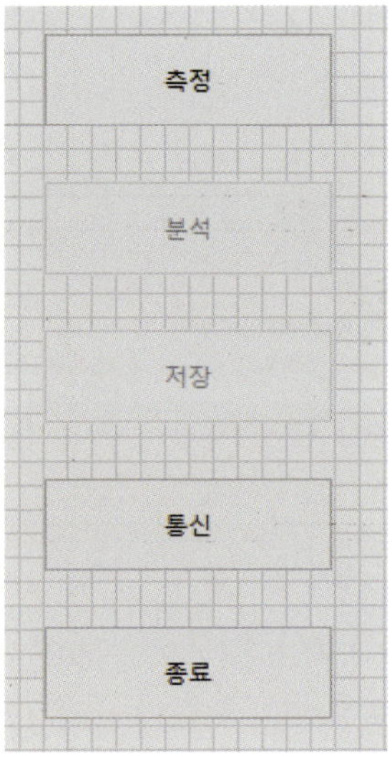

02. 이벤트 핸들링 루프에 있는 저장 이벤트를 보이게 하고 **바로가기메뉴 > 이벤트 케이스 복제...**를 선택해서 다음과 같이 설정하여 추가합니다.

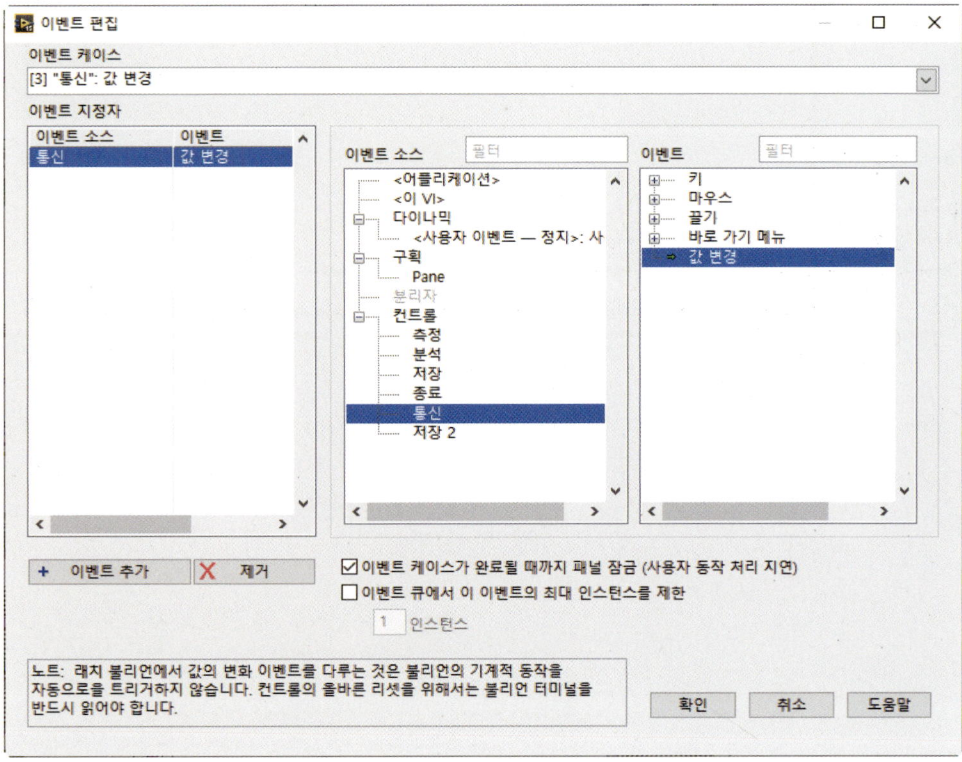

03. 새로 생성된 통신 이벤트에서 저장 2 터미널을 삭제하고 통신 터미널을 가져와 다음과 같이 수정합니다. MHL 큐를 통해 메시지 핸들링 루프에 '통신'을 전달합니다.

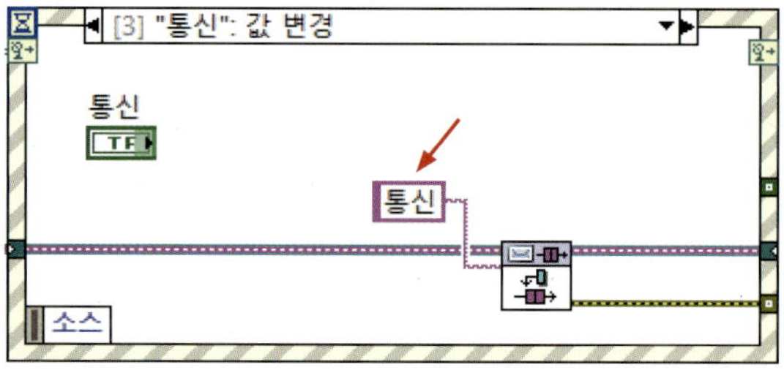

04. 메시지 핸들링 루프에 있는 메시지 케이스 구조에서 저장 케이스를 선택한 다음 **바로가기메뉴 > 케이스 복제**를 선택하여 케이스 선택자 라벨을 '통신'이라 타이핑하고 다음과 같이 수정합니다. FHL 큐를 통해 기능 핸들링 루프에 '통신'을 전달합니다.

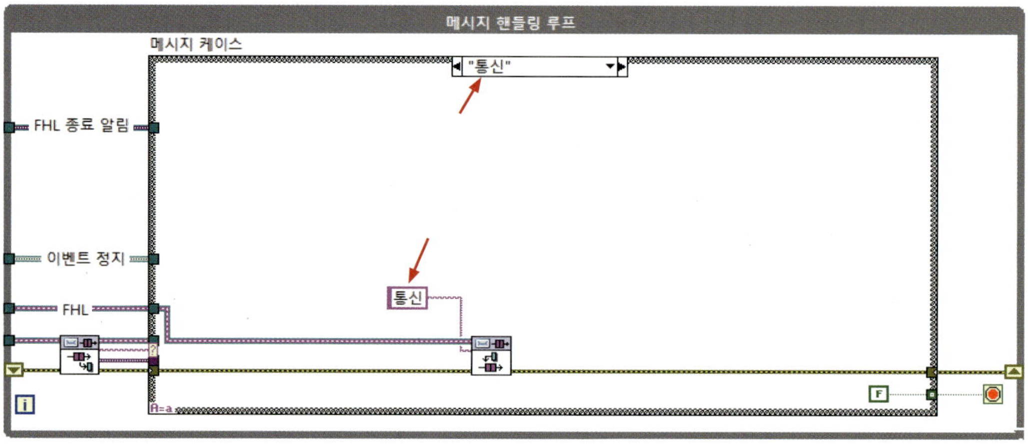

05. 다운받은 '실습' 폴더에 있는 통신.vi를 '실습 12-1\support' 폴더에 복사하고 프로젝트 탐색기를 열어 'Support VIs' 가상 폴더에 다음처럼 파일을 추가합니다.

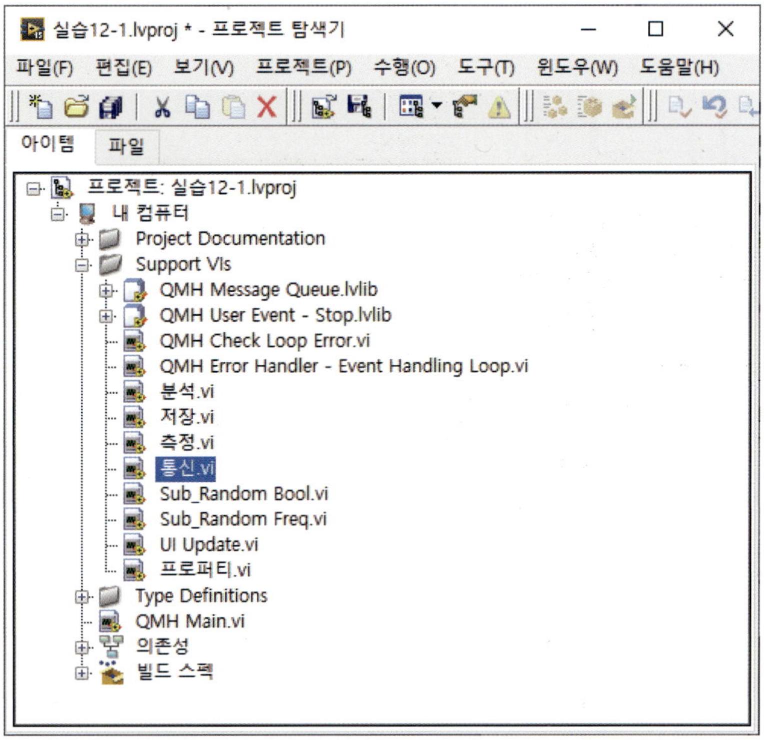

06. 기능 핸들링 루프에 있는 기능 케이스 구조에서 저장 케이스를 선택한 다음 **바로가기메뉴 > 케이스 복제**를 선택하여 케이스 선택자 라벨을 '통신'이라 타이핑하고 다음처럼 수정합니다. 즉 통신 기능을 수행한 후 기능 핸들링 루프에 FHL 큐를 이용해 측정 버튼을 활성화하고 통신 버튼을 비활성화하기 위한 UI Update를 전달합니다.

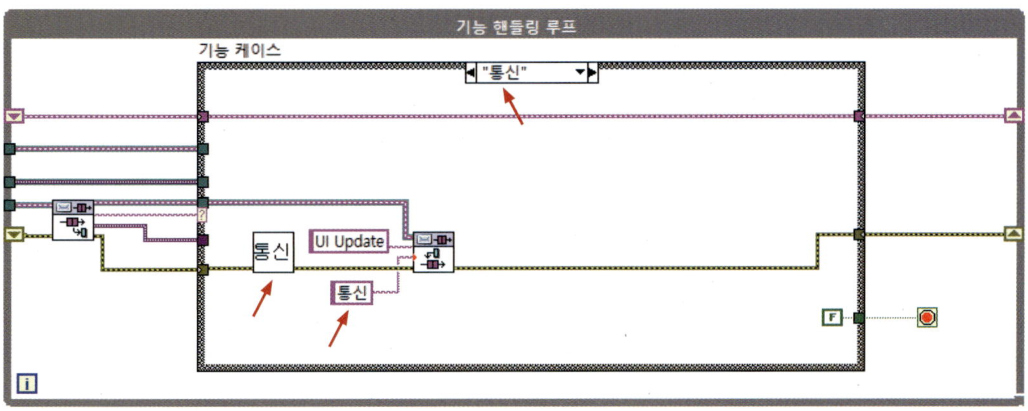

07. QMH UI Data 상수에서 **바로가기메뉴 > 타입 정의 열기**를 선택합니다.

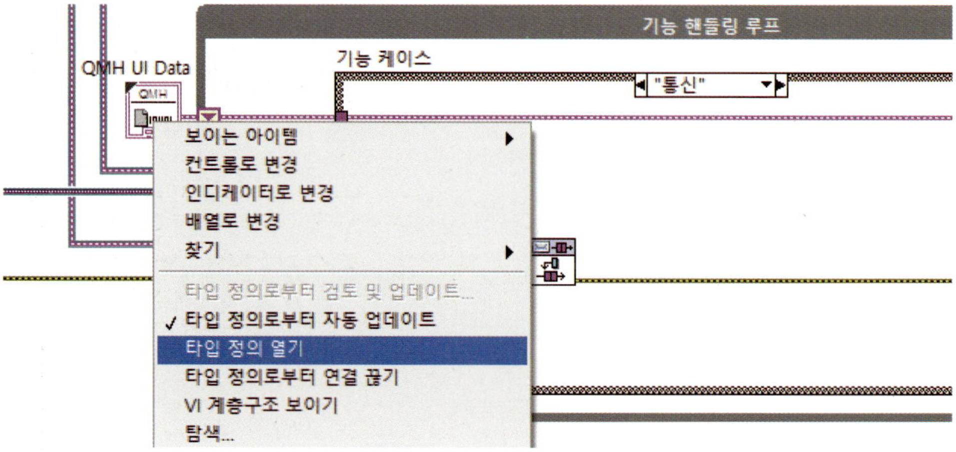

08. 다음처럼 '통신 참조'를 하나 더 추가하고 저장한 후 파일을 닫습니다.

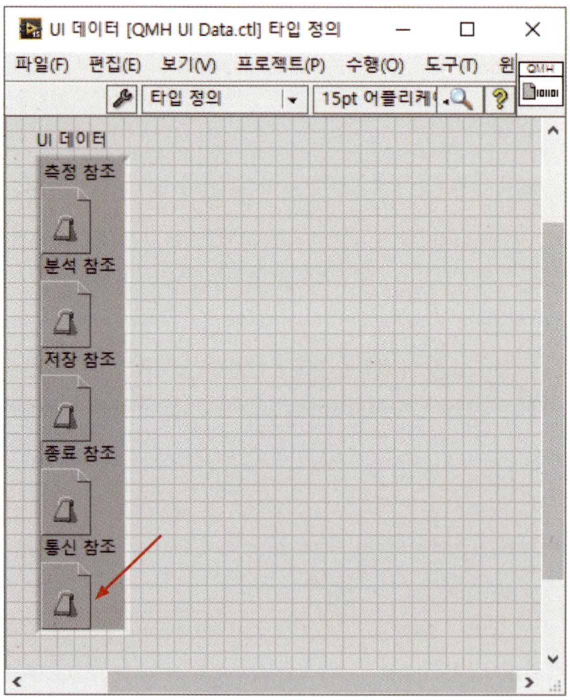

09. 기능 케이스 구조의 초기화 케이스에서 이름으로 묶기.vi의 입력을 추가해 통신 터미널에서 생성한 참조를 다음처럼 연결합니다.

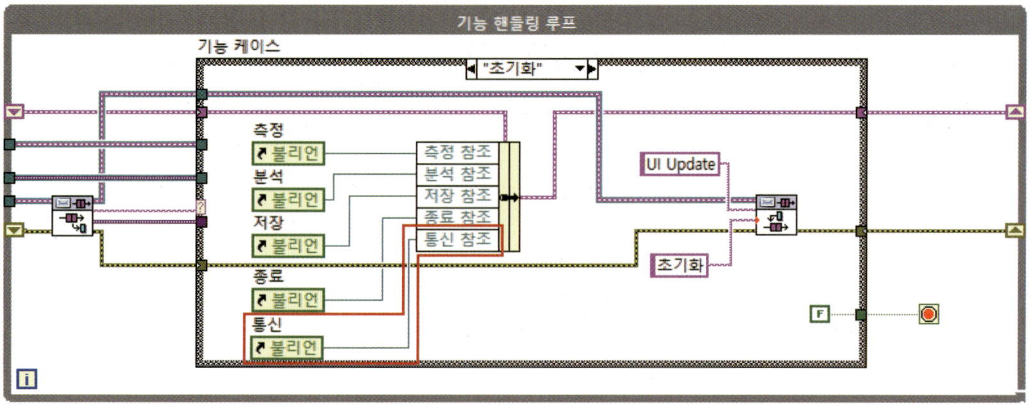

10. 기능 케이스 구조의 UI Update 케이스에 있는 UI Update.vi를 열어 프런트패널에 통신 참조가 추가되어 있는 것을 확인할 수 있습니다. QMH UI Date.ctl가 타입 정의되어 있기 때문에 이를 가져다 사용한 것들은 모두 자동 업데이트가 되어 있습니다. 블록다이어그램에서 초기화 케이스를 다음과 같이 수정합니다. 이는 프로그램을 처음 시작하면 통신 버튼도 비활성화하도록 하는 것입니다.

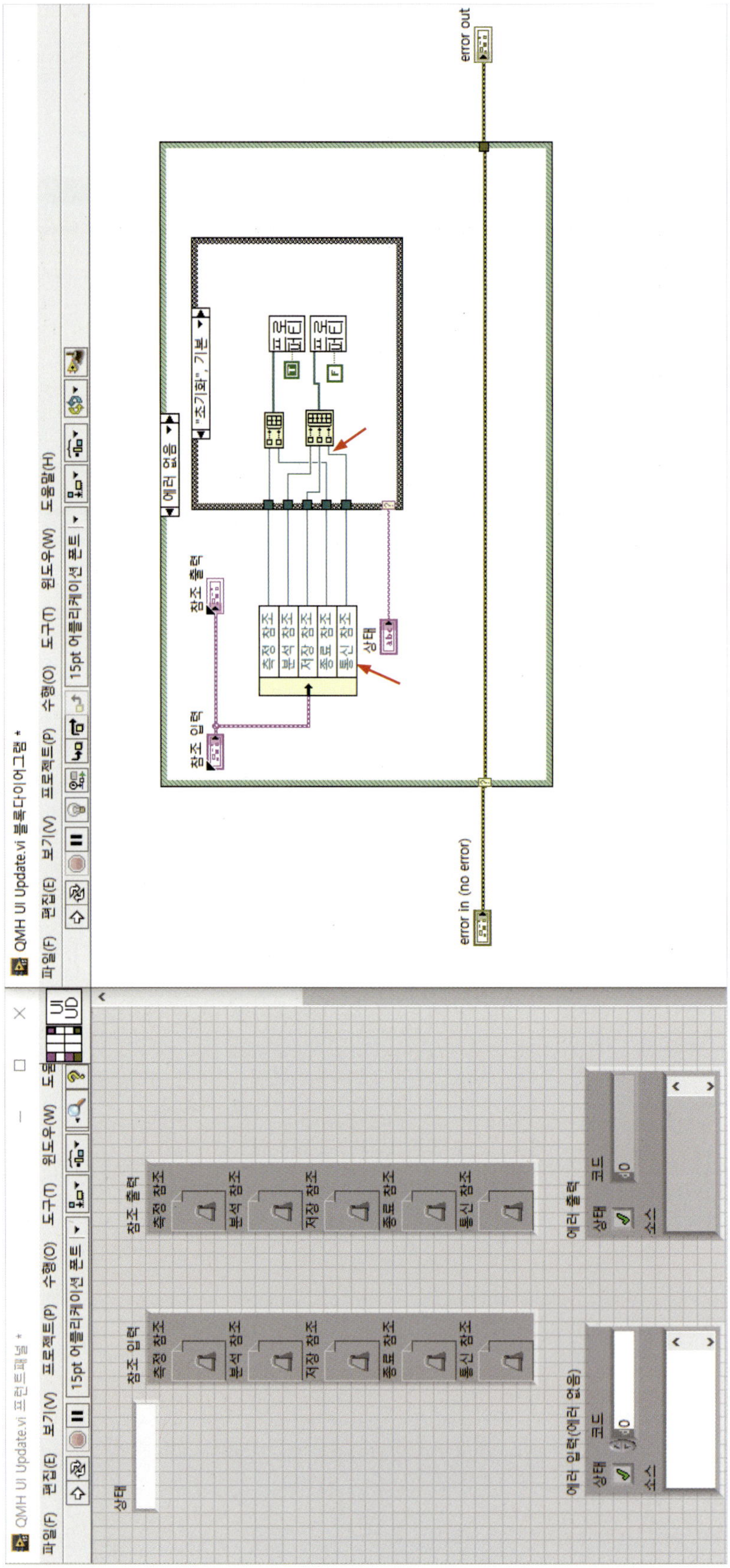
QMH UI Update.vi 프런트패널 *
QMH UI Update.vi 블록다이어그램 *
참조 입력
참조 출력
측정 참조
분석 참조
저장 참조
종료 참조
통신 참조
상태
에러 없음
"초기화", 기본
error in (no error)
error out
에러 입력(에러 없음)
에러 출력
코드
소스

11. UI Update.vi의 저장 케이스는 다음과 같이 수정합니다. 이는 사용자가 저장 버튼을 클릭하면 통신 버튼은 활성화하고 저장 버튼은 비활성화하도록 하는 것입니다.

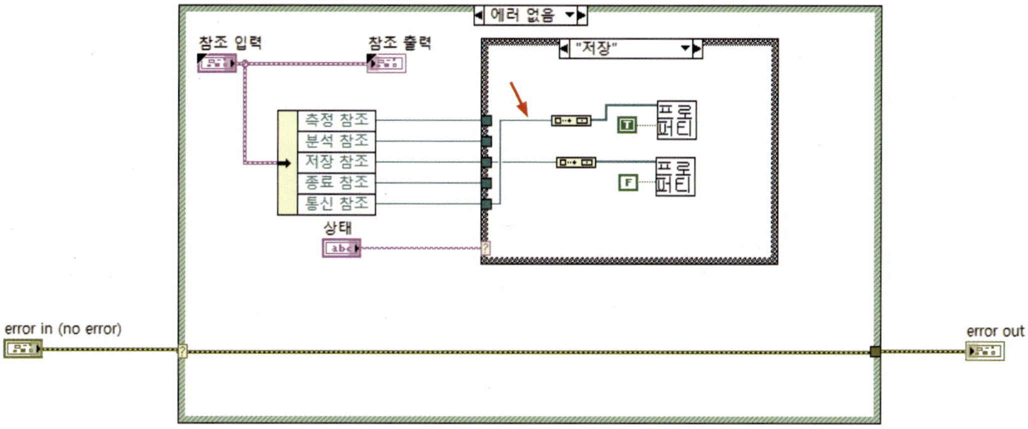

12. UI Update.vi의 저장 케이스의 **바로가기메뉴 > 케이스 복제**를 선택하여 케이스 선택자 라벨을 '통신'이라 타이핑하고 다음과 같이 수정합니다. 이는 사용자가 통신 버튼을 클릭하면 통신 버튼은 비활성화가 되고, 측정 버튼을 활성화되는 것입니다. UI Update.vi 수정이 끝났으므로 저장하고 닫습니다.

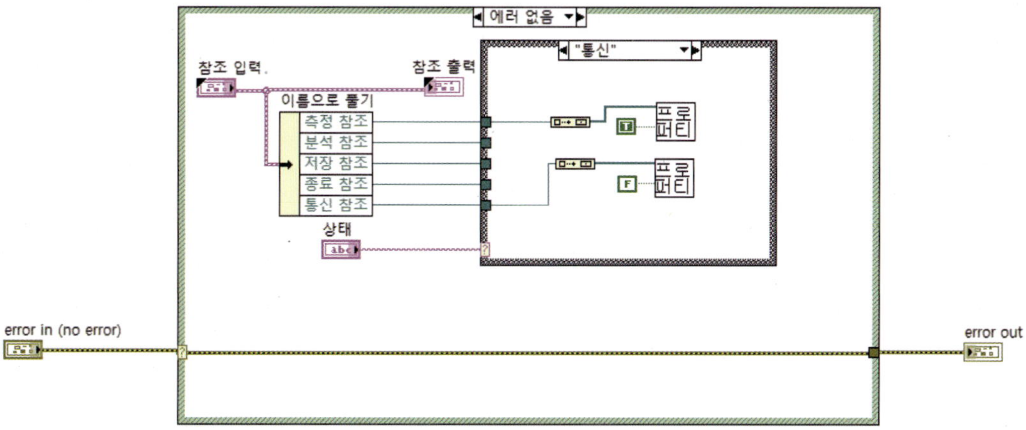

13. 프로그램을 실행시켜 측정, 분석, 저장, 통신 버튼이 차례로 활성화되는지 확인합니다. 종료 버튼은 항상 활성화되어 있습니다.

14. 다른 이름으로 저장하고 닫습니다.

13 QMH 응용

마지막으로 LabVIEW에서 제공되는 QMH 디자인 패턴을 사용한 응용 예제를 분석해 보겠습니다.

13.1 QMH 예제 개요

만드는 방법은 LabVIEW 런칭 화면에서 프로젝트 생성 버튼을 클릭하고 다음과 같이 '연속 측정 및 로깅'을 선택하면 다음으로 넘어갑니다.

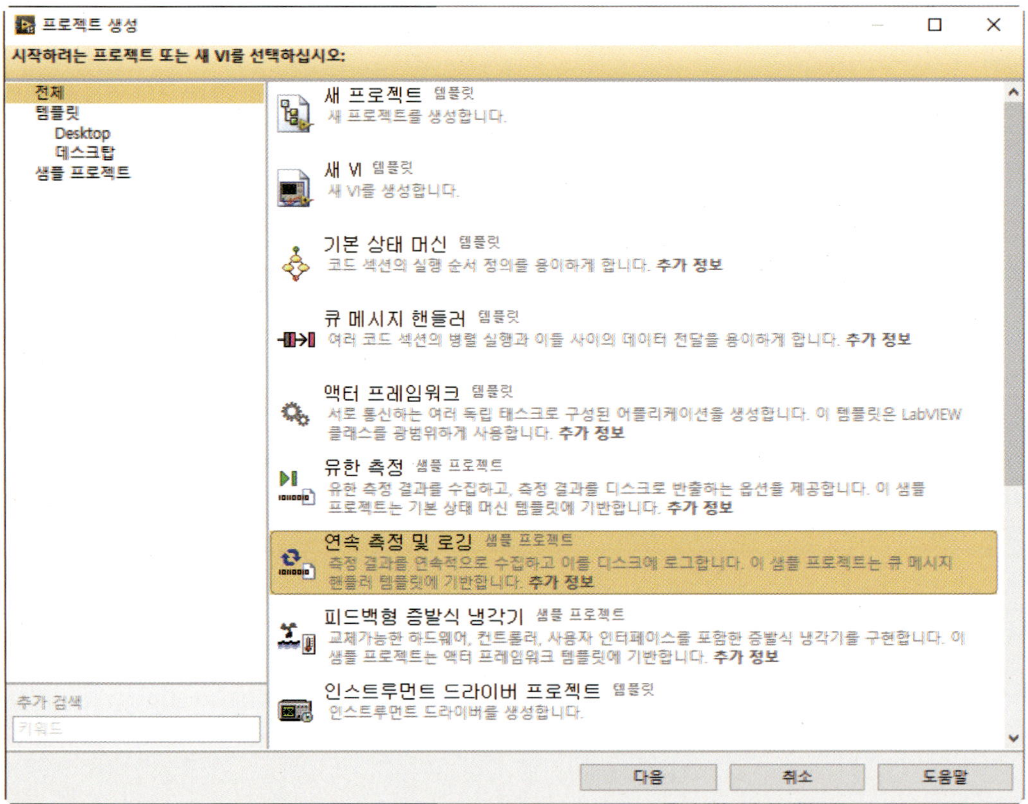

그림 13-1-1

다음과 같이 프로젝트 이름, 프로젝트 저장 경로, 파일 이름 접두어를 원하는 대로 설정하고 마침 버튼을 클릭합니다.

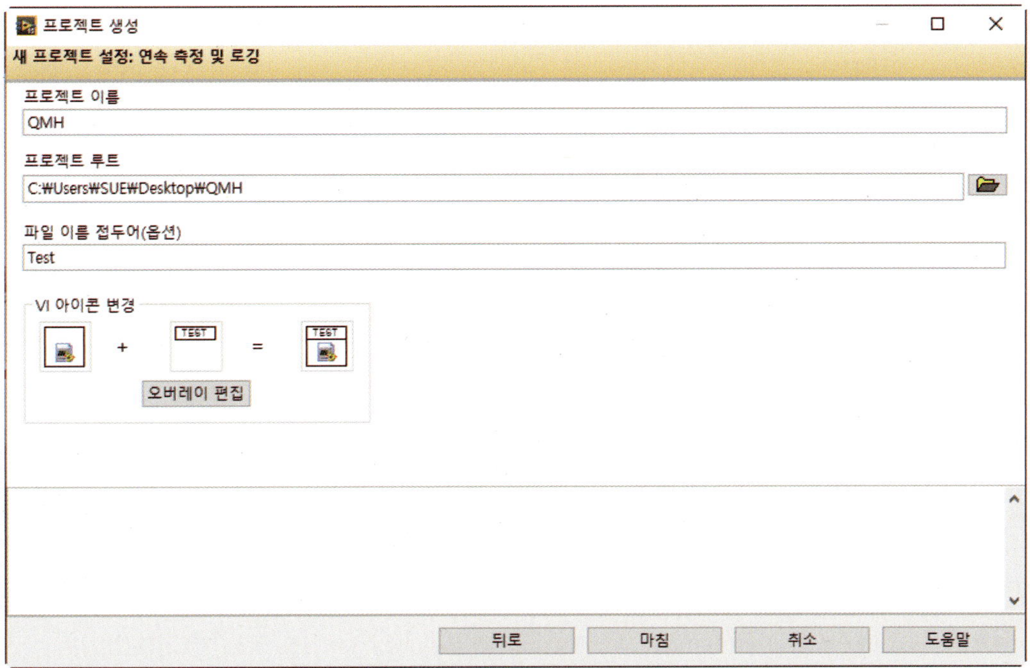

그림 13-1-2

다음과 같이 완성된 프로젝트가 생성됩니다.

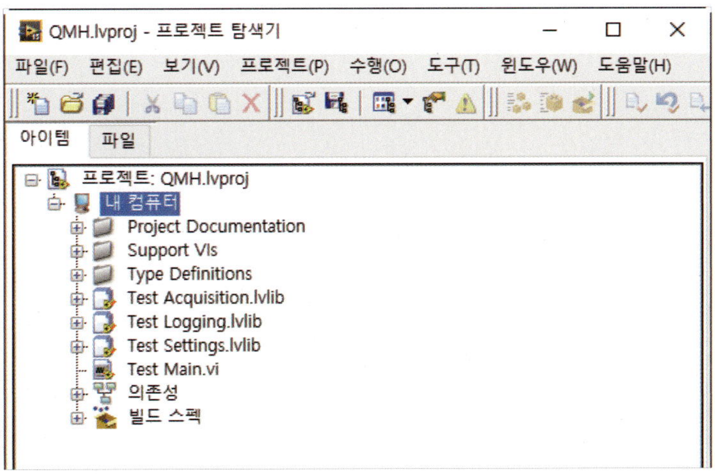

그림 13-1-3

구성 요소를 살펴보도록 하겠습니다.

- Project Documentation: 도움말 등을 저장하기 위한 폴더
- Support VIs: QMH 관련 큐 라이브러리와 사용자 이벤트 관련 라이브러리, 에러 처리 관련 코드들
- Type Definitions: 사용자 정의 컨트롤들
- Test Acquisiton.lvlib: 데이터 수집 관련 코드들
- Test Logging.lvlib: 저장 관련 코드들
- Test Settings.lvlib: 설정 관련 코드들

이제 전체 디자인 패턴을 살펴보도록 하겠습니다. Test Main.vi에 직접적으로 보이는 While 루프는 3개이고, 두 개의 subVI인 Acquisition Message Loop.vi와 Logging Message Loop.vi에 들어가보면 각각 While 루프가 있습니다. 따라서 모두 5개의 While 루프로 이뤄져 있습니다.

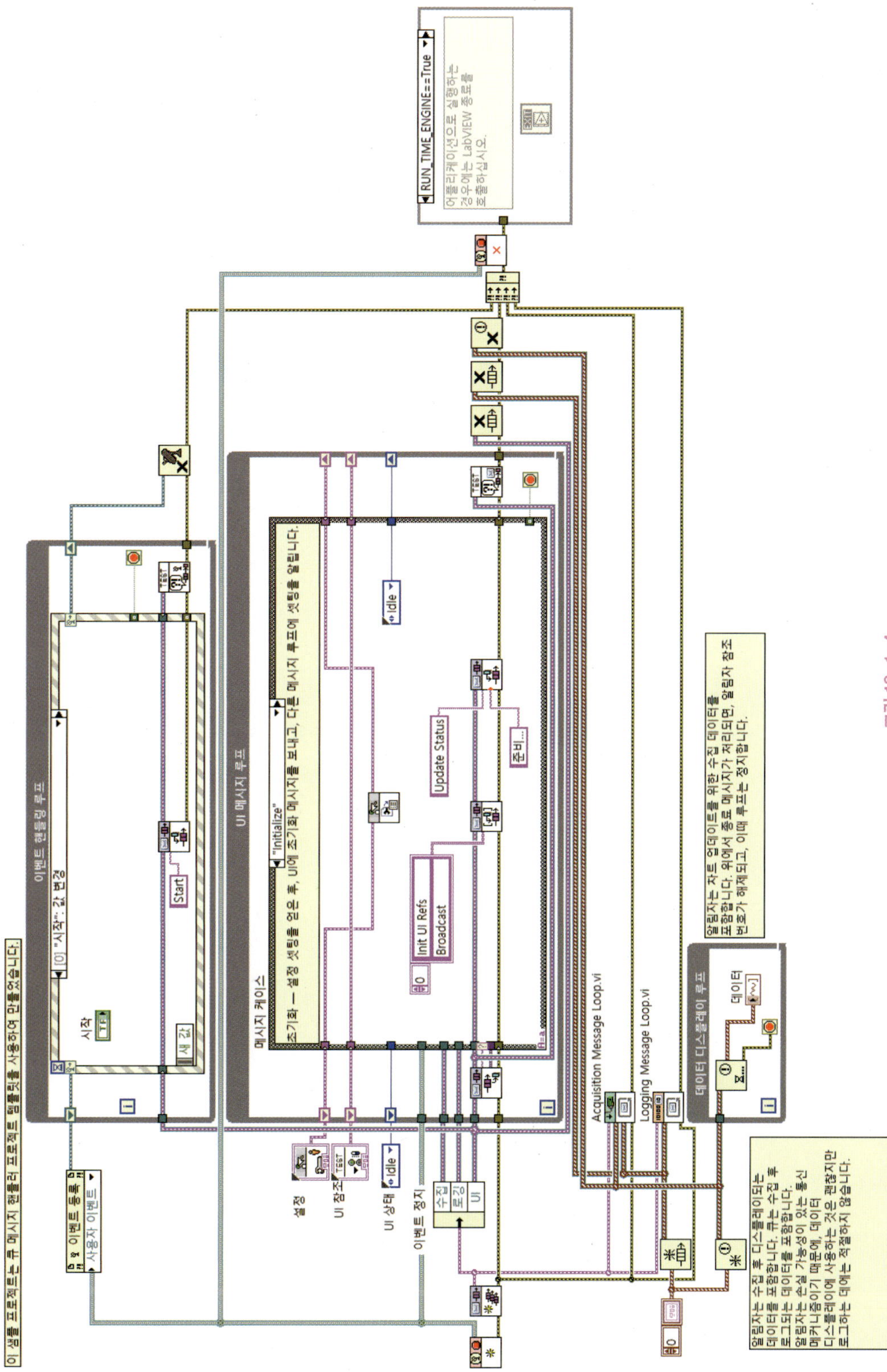
이 샘플 프로젝트는 큐 메시지 핸들러 프로젝트 템플릿을 사용하여 만들었습니다.
이벤트 핸들링 루프
[0] "시작": 값 변경
시작
새 값
Start
이벤트 등록
사용자 이벤트
UI 메시지 루프
메시지 케이스
"Initialize"
초기화 — 설정 셋팅을 얻은 후, UI에 초기화 메시지를 보내고, 다른 메시지 루프에 셋팅을 알립니다.
Idle
Init UI Refs
Broadcast
Update Status
준비...
설정
UI 참조
UI 상태
이벤트 정지
수집
로깅
UI
Acquisition Message Loop.vi
Logging Message Loop.vi
데이터 디스플레이 루프
데이터
알림자는 차트 업데이트를 위한 수집 데이터를 포함합니다. 위에서 종료 메시지가 처리되면, 알림자 참조 번호가 해제되고, 이때 루프는 정지합니다.
알림자는 수집 후 디스플레이되는 데이터를 포함합니다. 큐는 수집 후 로그되는 데이터를 포함합니다. 알림자는 손실 가능성이 있는 통신 메커니즘이기 때문에, 데이터 디스플레이에 사용하는 것은 괜찮지만 로그하는 데에는 적절하지 않습니다.
RUN_TIME_ENGINE==True
어플리케이션으로 실행하는 경우에는 LabVIEW 종료를 호출하십시오.

그림 13-1-4

각각의 루프의 닉네임과 담당 기능은 다음과 같습니다.

	닉네임	담당 기능
첫 번째 While 루프	이벤트 핸들링 루프(EHL)	* 이벤트를 감지해서 UI 메시지 루프에 전달
두 번째 While 루프	UI 메시지 루프(UIML)	* 이벤트 핸들링 루프에서 받은 메시지를 수집 루프 또는 로깅 루프에 전달 * 메인 UI 버튼들의 활성화/비활성화 결정
세 번째 While 루프	수집 루프(AL)	* 데이터를 수집하고, 수집한 데이터를 로깅 루프와 데이터 디스플레이 루프에 전달
네 번째 While 루프	로깅 루프(LL)	* 데이터를 저장
다섯 번째 While 루프	데이터 디스플레이 루프(DDL)	* 데이터를 차트에 디스플레이

그리고 While 루프들 간에 데이터 전송을 위해 네 개의 큐와 하나의 알림자 그리고 하나의 사용자 이벤트를 생성하였습니다. 각각의 기능들을 살펴보겠습니다.

UI 큐	UI 메시지 루프에 메시지를 전달하기 위한 큐
수집 큐	수집 루프에 메시지를 전달하기 위한 큐
로깅 큐	로깅 루프에 메시지를 전달하기 위한 큐
데이터 큐	수집 루프에서 수집한 데이터를 로깅 루프로 전달하기 위한 큐
데이터 알림자	수집 루프에서 수집한 데이터를 데이터 디스플레이 루프에 전달하여 위한 알림자
사용자 이벤트	이벤트 핸들링 루프를 종료하기 위한 사용자 이벤트

13.2 초기화

지금부터 중요한 일부 코드를 살펴보도록 하겠습니다. 먼저 초기화 기능입니다. 그림에 표기해 놓은 번호에 대한 설명을 그림 아래 부연 설명을 하였습니다.

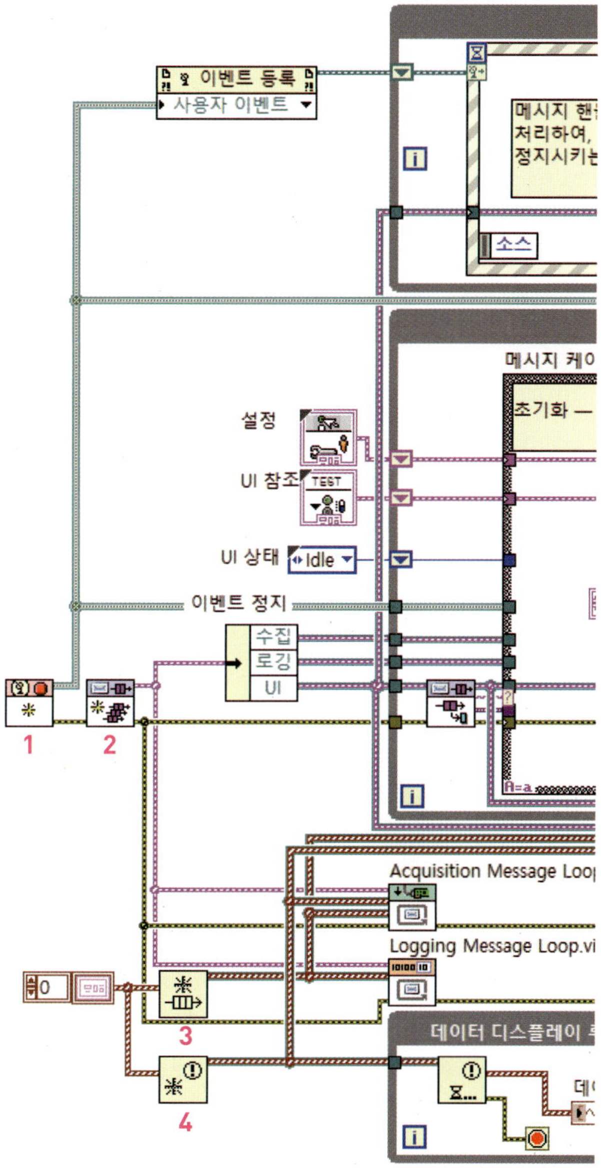

그림 13-2-1

1. 이벤트 핸들링 루프를 정지하기 위한 사용자 이벤트를 생성합니다.
2. UI 큐, 수집 큐, 로깅 큐를 각각 생성하고 'Initialize'를 인큐합니다.
3. 수집 루프에서 측정한 데이터를 로깅 루프로 전달하기 위한 데이터 큐를 생성합니다. 데이터 손실 없이 전달하기 위해 큐를 이용합니다.

4. 수집 루프에서 측정한 데이터를 데이터 디스플레이 루프에 전달하기 위한 데이터 알림자를 생성합니다. 측정한 데이터를 프런프 패널에 있는 웨이브폼 차트를 업데이트하기 위해 큐가 아닌 알림자를 사용하는 이유는 디스플레이는 데이터가 분실되어도 크게 상관 없기 때문입니다.

다음 그림은 초기화 기능을 단순화하여 While 루프들 간의 데이터 전달을 도식화 해놓은 것입니다.

그림 13-2-1의 2에서 큐를 세 개 생성하면서 UI 메시지 루프, 수집 루프, 로깅 루프에 'Initialize'를 전달합니다. UI 메시지 루프의 Initialize 케이스에서 'Init UI Refs', 'Broadcast Settings', 'Update Status'를 UI 큐를 이용해 메시지를 전달하면 UI 메시지 루프는 먼저 Init UI Refs 케이스를 실행하고 다음으로 Broadcast Settings 케이스를 실행합니다. Broadcast Settings 케이스에서 수집 큐와 로깅 큐를 이용하여 각각 'Update Settings'를 전달하고 마지막으로 Update Status 케이스를 실행합니다.

그리고 수집 루프는 Initialize 케이스를 실행하고 수집 큐로부터 받은 Update Settings 케이스를 실행합니다. 로깅 루프도 Initialize 케이스를 실행하고 로깅 큐로부터 받은 Update Settings 케이스를 실행합니다.

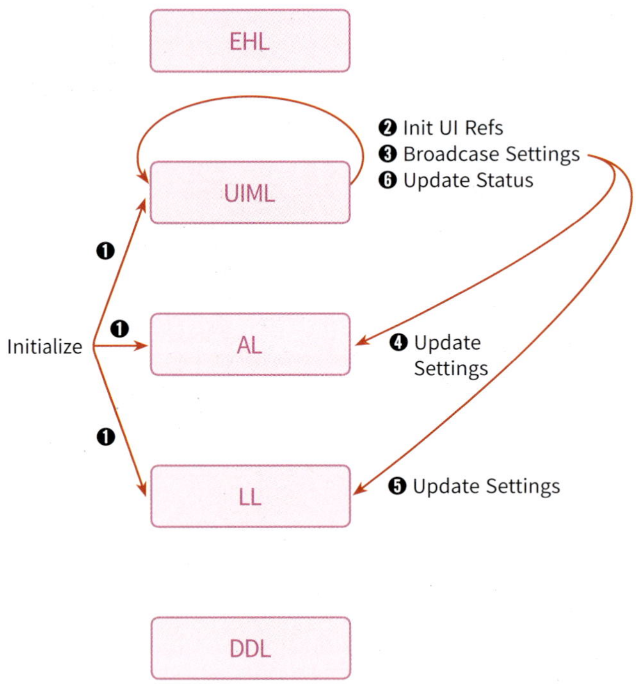

그림 13-2-2

초기화 기능의 데이터 전달에 초점을 맞춰 코드를 살펴보도록 하겠습니다.

다음 그림은 두 번째 루프인 UI 메시지 루프의 Initialize 케이스입니다.

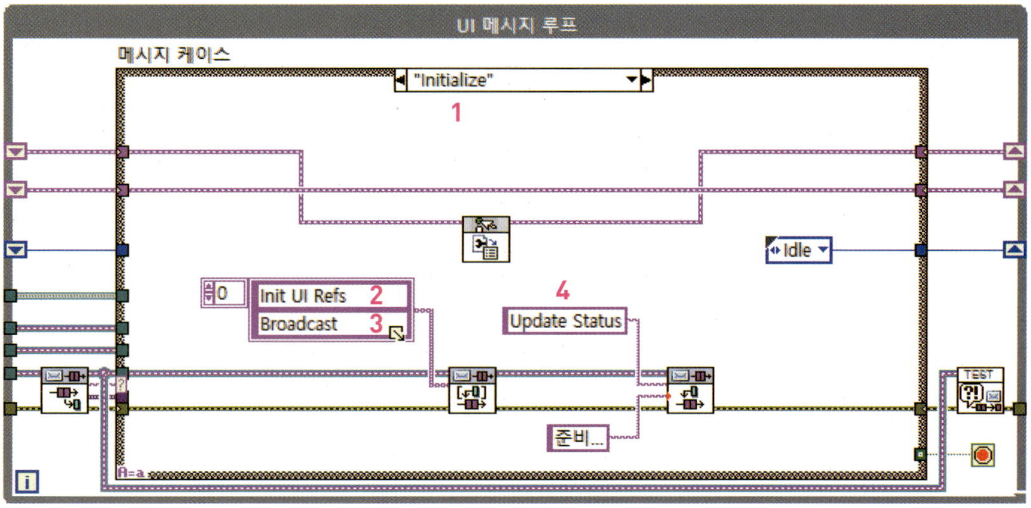

그림 13-2-3

1. 그림 13-2-1의 2에서 큐를 세 개 생성하면서 UI 메시지 루프, 수집 루프, 로깅 루프에 'Initialize'를 전달합니다. UI 메시지 루프는 'Initialize'를 실행합니다.
2. UI 큐를 이용하여 'Init UI Refs' 인큐합니다.
3. 다음으로 'Broadcast Settings'를 인큐합니다.
4. UI 큐를 이용하여 'Update Status'와 '준비...'를 인큐합니다.

다음 그림은 두 번째 루프인 UI 메시지 루프의 Init UI Refs 케이스입니다. 프런트패널에 있는 각 버튼들과 웨이브폼 차트의 참조를 클러스터에 업데이트하고 각 상황에 맞도록 버튼들을 활성화/비활성화하게 됩니다. 다음 그림에서는 시작, 종료, 세팅 버튼을 활성화하고 정지 버튼을 비활성화하도록 설정한 것입니다.

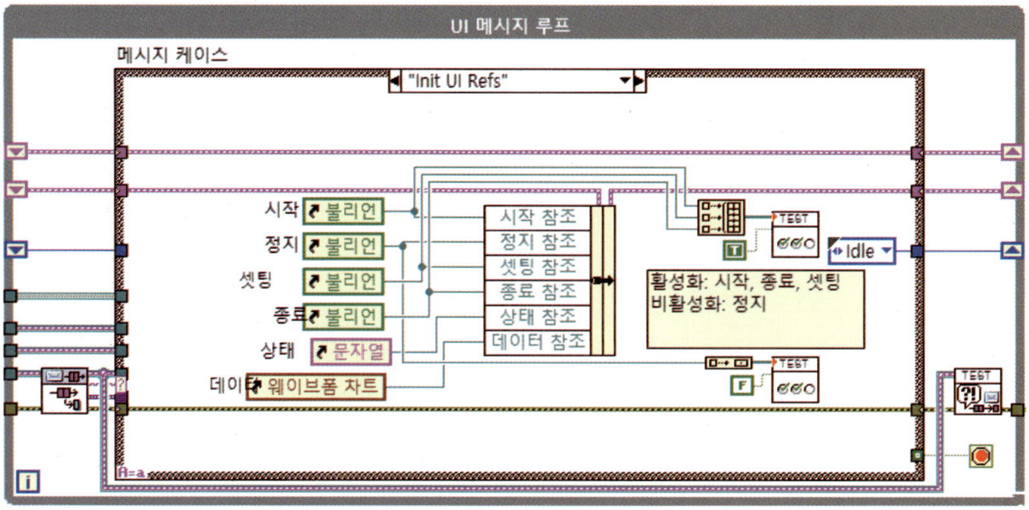

그림 13-2-4

다음 그림은 두 번째 루프인 UI 메시지 루프의 Broadcast Settings 케이스입니다.

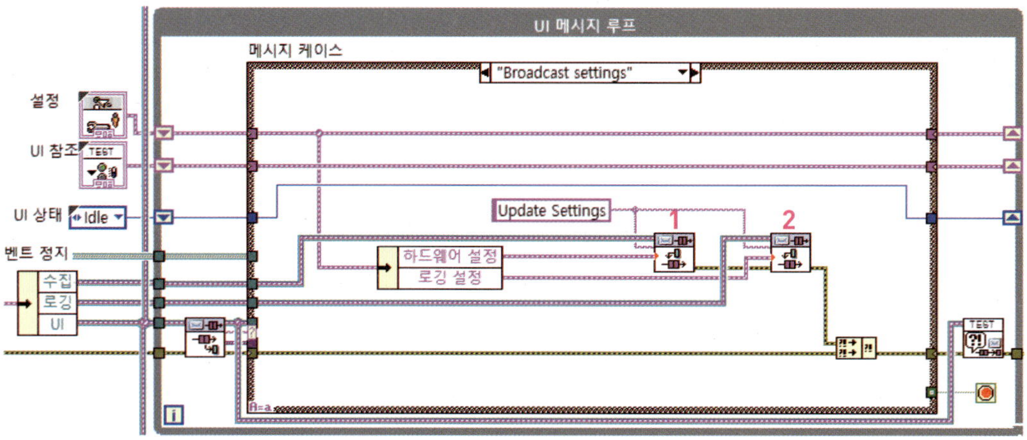

그림 13-2-5

1. 수집 큐를 이용하여 'Update Settings'를 수집 루프에 전달합니다.
2. 로깅 큐를 이용하여 'Update Settings'를 로깅 루프에 전달합니다.

다음 그림은 두 번째 루프인 UI 메시지 루프의 Update Status 케이스입니다. 그림 13-2-3의 4번에서 전달받은 '준비...'를 상태에 업데이트해 줍니다.

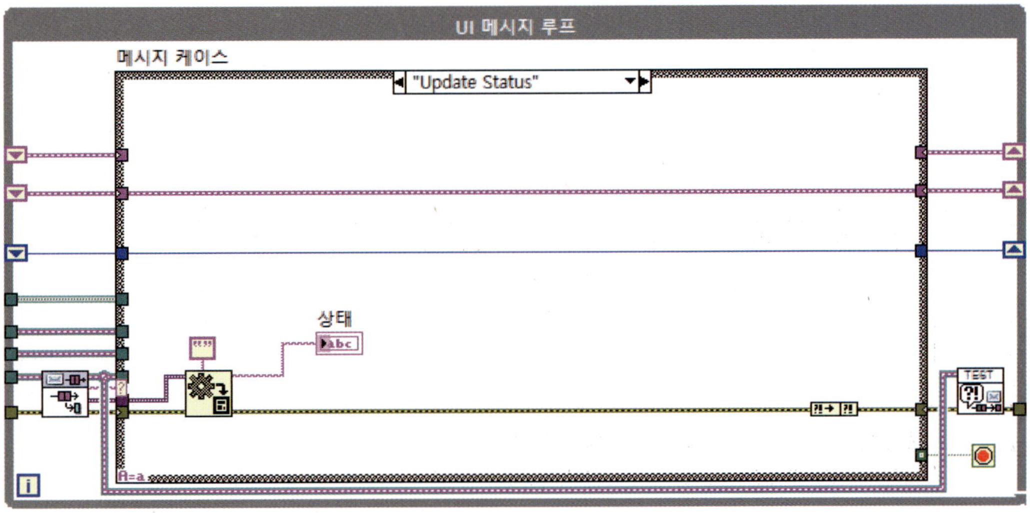

그림 13-2-6

13.3 세팅

세팅 버튼의 기능을 순서도를 기준으로 데이터 흐름을 따라 코드를 살펴보도록 하겠습니다.

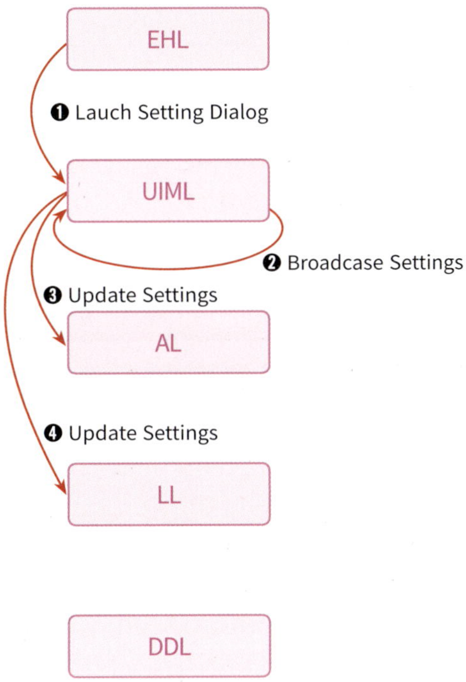

그림 13-3-1

다음 그림은 첫 번째 루프인 이벤트 핸들링 루프의 셋팅 : 값 변경 이벤트입니다. 사용자가 세팅 버튼을 클릭하면 EHL은 셋팅 : 값 변경 이벤트를 발생하여 UI 큐를 통해 UI 메시지 루프에 'Launch Settings Dialog'를 전달합니다.

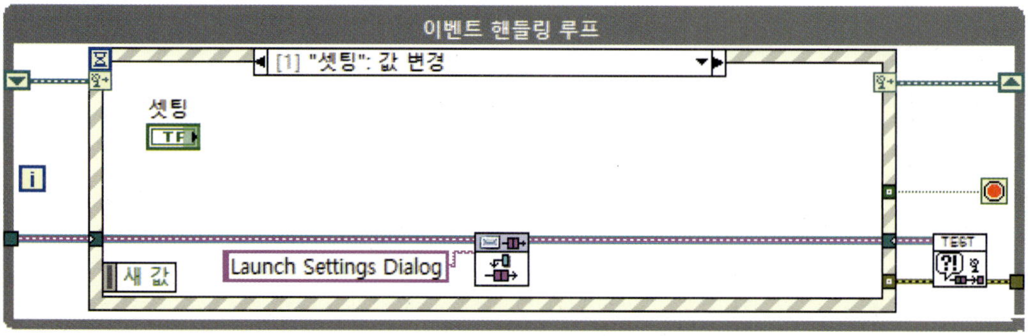

그림 13-3-2

다음 그림은 두 번째 루프인 UI 메시지 루프의 Launch Settings Dialog 케이스입니다.

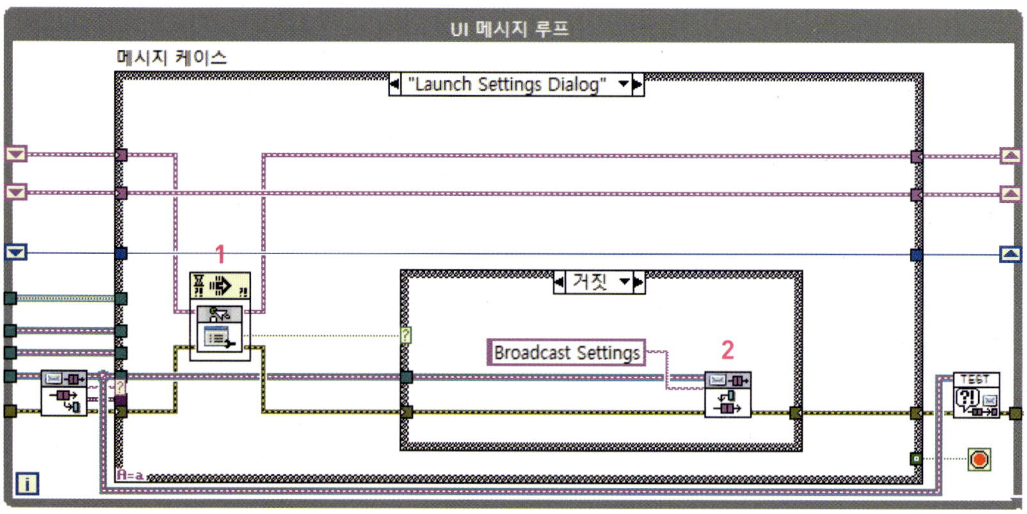

그림 13-3-3

1. 다이나믹하게 subVI를 호출하는 코드로써 다음처럼 설정 창을 띄웁니다. 시뮬레이션할 파형과 데이터 저장 파일의 위치를 설정합니다.

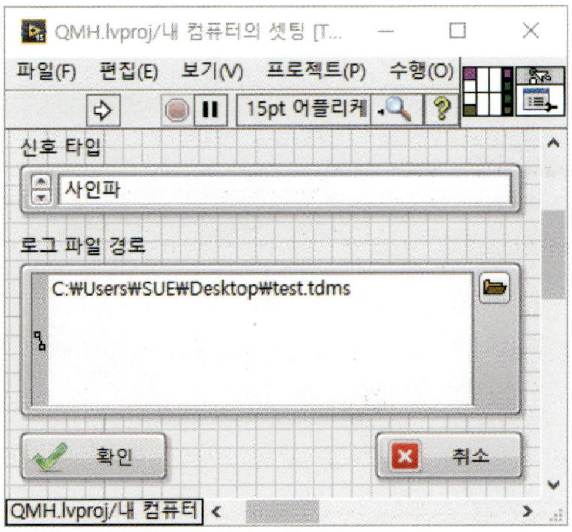

그림 13-3-4

2. 그림 13-3-4에서 사용자가 확인 버튼을 클릭하면 그림 13-3-3에 보이는 거짓 케이스를 실행하는데 UI 큐를 이용하여 'Broadcast Settings'를 UI 메시지 루프에 전달합니다. 그리고 만약 사용자가 취소 버튼을 클릭하면 참 케이스를 실행합니다. 참 케이스는 비어 있어 아무런 동작을 하지 않습니다.

다음 그림은 두 번째 루프인 UI 메시지 루프의 Broadcast Settings 케이스입니다.

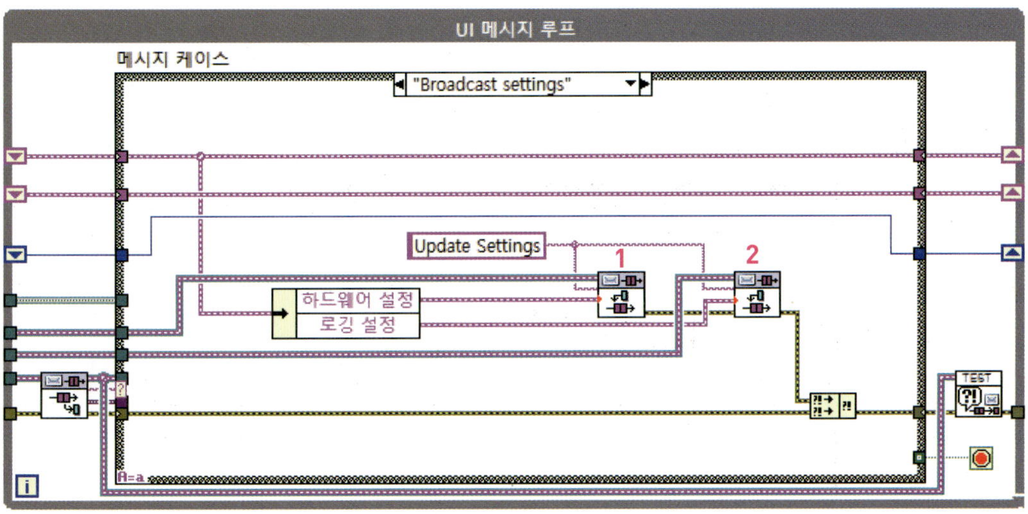

그림 13-3-5

1. 수집 큐를 이용하여 'Update Settings'를 세 번째 루프인 수집 루프에 인큐합니다.
2. 로깅 큐를 이용하여 'Update Settings'를 네 번째 루프인 로깅 루프에 인큐합니다.

다음 그림은 세 번째 루프인 수집 루프의 Update Settings 케이스입니다. 그림 13-3-5의 1번에서 받은 설정값을 업데이트하는 코드입니다. 그림 13-3-4에서 사용자가 입력한 '신호 타입'을 업데이트 하게 됩니다.

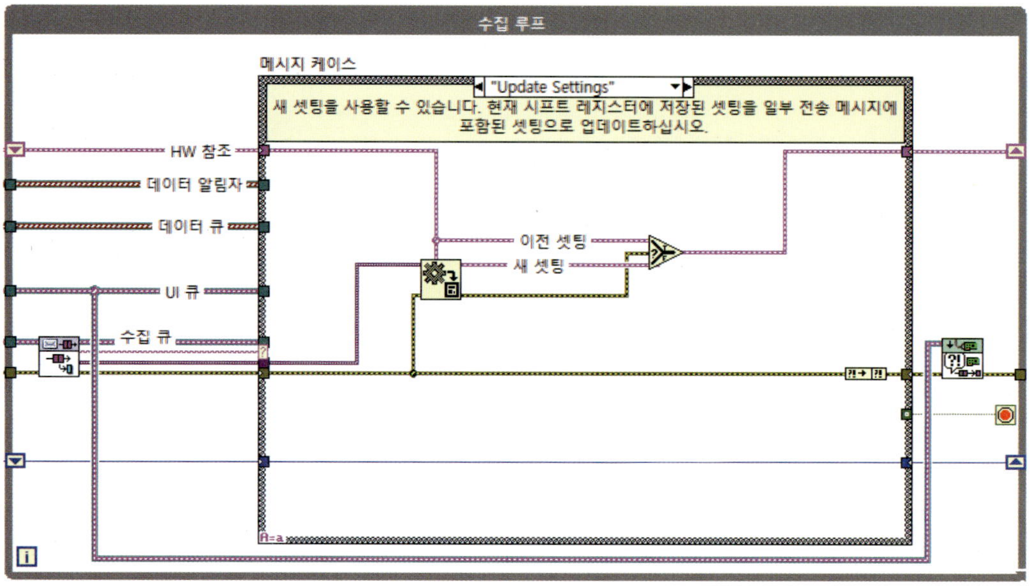

그림 13-3-6

다음 그림은 네 번째 루프인 로깅 루프의 Update Settings 케이스입니다. 그림 13-3-5의 2번에서 받은 설정값을 업데이트하는 코드입니다. 그림 13-3-4에서 사용자가 입력한 '로그 파일 경로'를 업데이트 하게 됩니다.

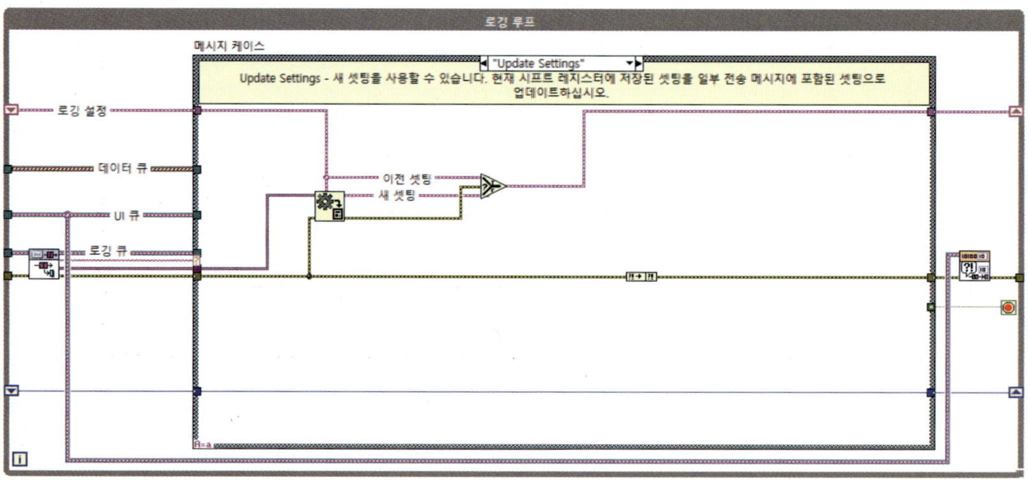

그림 13-3-7

13.4 시작

시작 버튼의 기능을 순서도를 기준으로 데이터 흐름을 따라 코드를 살펴보도록 하겠습니다.

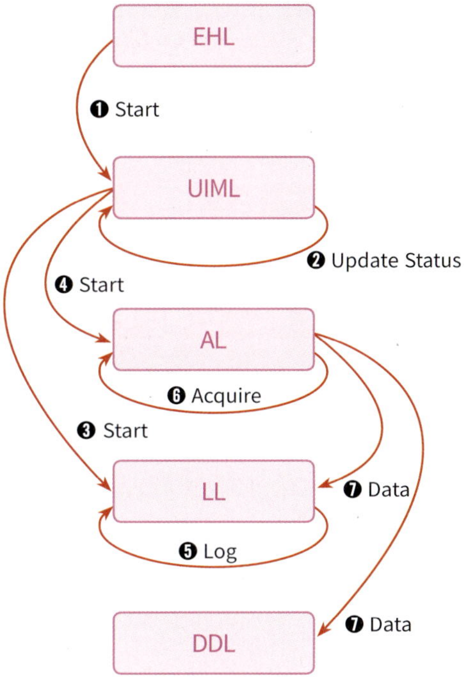

그림 13-4-1

다음 그림은 첫 번째 루프인 이벤트 핸들링 루프의 시작 : 값 변경 이벤트입니다. 사용자가 시작 버튼을 클릭하면 EHL은 시작 : 값 변경 이벤트를 발생하여 UI 큐를 통해 UI 메시지 루프에 'Start'를 전달합니다.

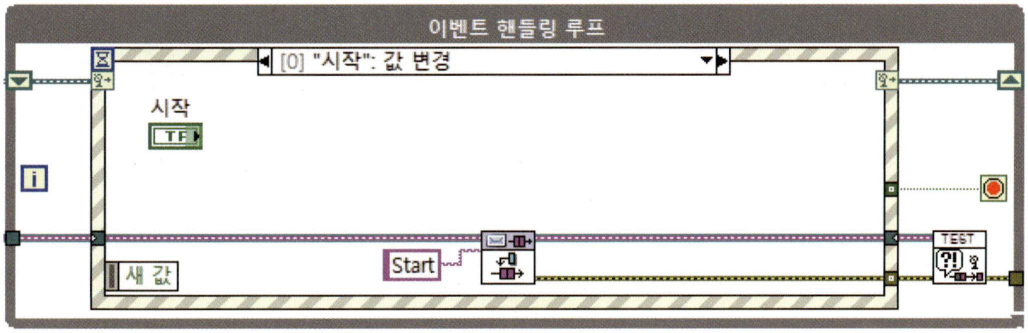

그림 13-4-2

다음 그림은 두 번째 루프인 UI 메시지 루프의 Start 케이스입니다

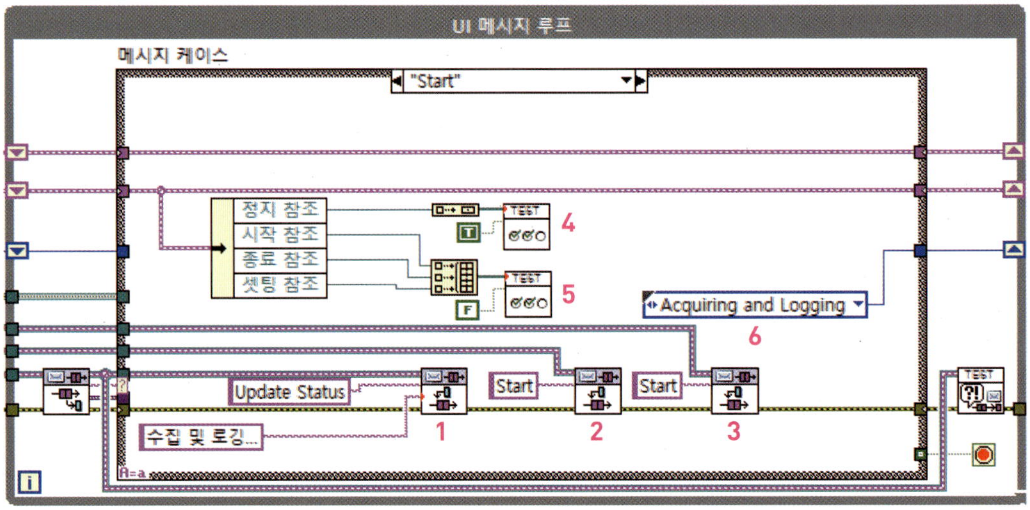

그림 13-4-3

1. UI 큐를 통해 'Update Status'와 '수집 및 로깅...'을 전달합니다. UI 메시지 루프는 Update Status 케이스를 실행하여 다음 그림과 같이 UI의 상태를 점선 원과 같이 '수집 및 로깅...'으로 업데이트합니다.

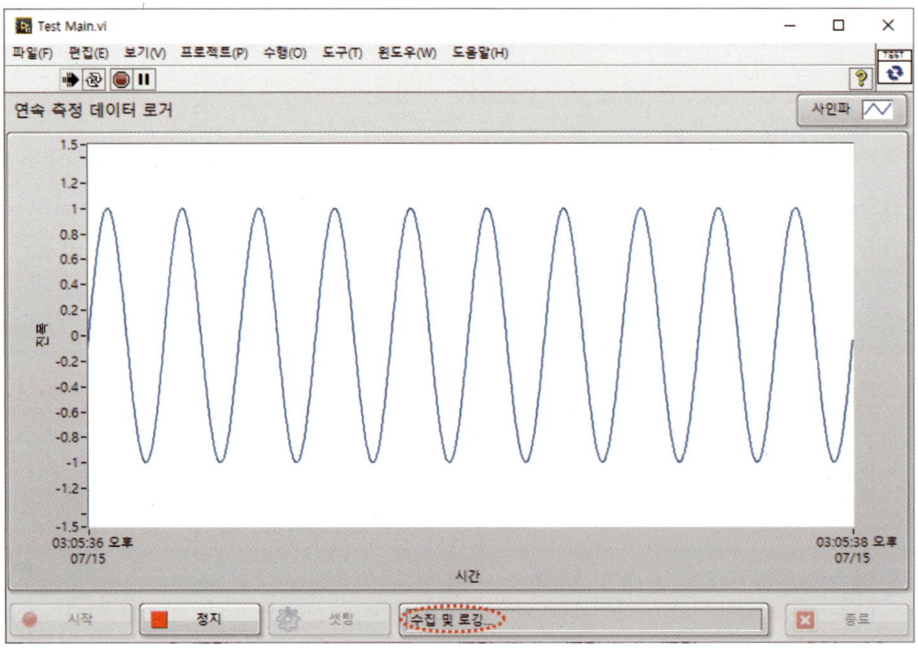

그림 13-4-4

2. 로깅 큐를 통해 'Start'를 네 번째 루프인 로깅 루프에 인큐합니다.

3. 수집 큐를 통해 'Start'를 세 번째 루프인 수집 루프에 인큐합니다.

4. 정지 버튼을 활성화합니다.

5. 시작, 종료, 세팅 버튼을 비활성화합니다.

6. UI 상태를 'Acquiring and Logging'로 설정하여 시프트 레지스터에 전달합니다.

다음 그림은 네 번째 루프인 로깅 루프의 Start 케이스입니다.

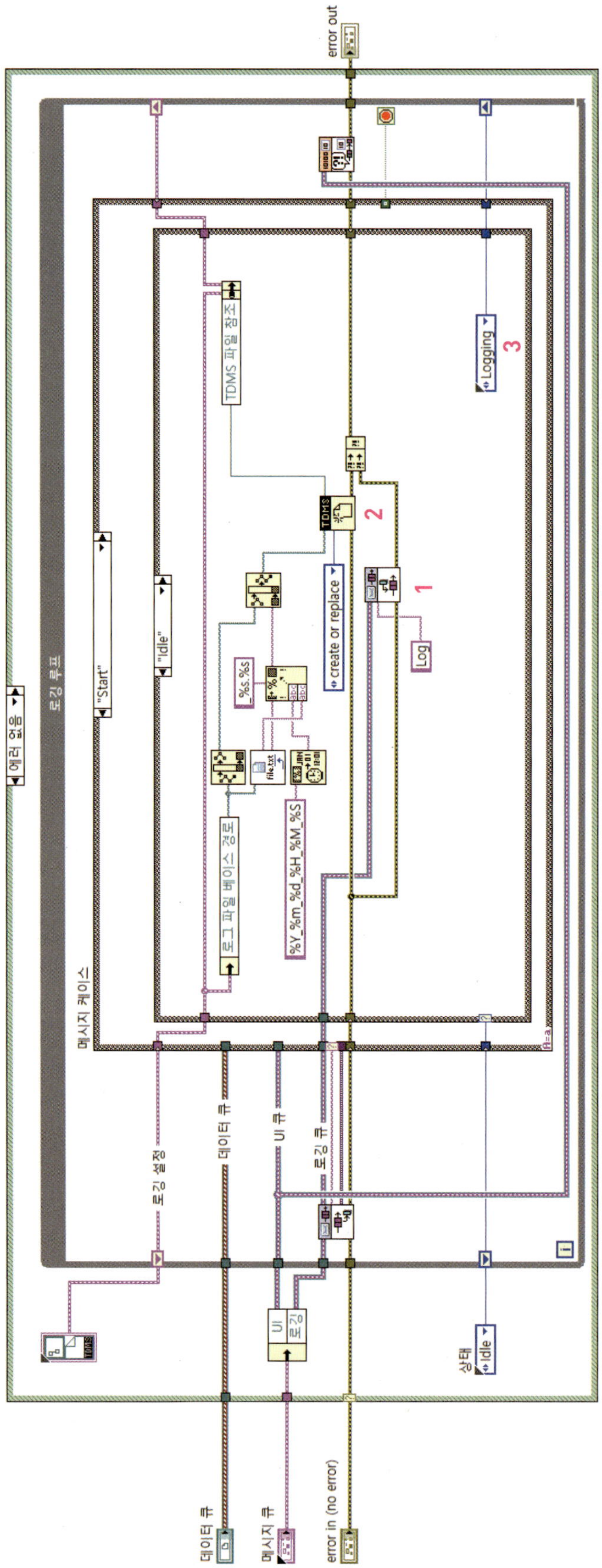
error out
에러 없음
로깅 루프
"Start"
"Idle"
메시지 케이스
TDMS 파일 참조
로그 파일 베이스 경로
%s.%s
%Y_%m_%d_%H_%M_%S
create or replace
Log
Logging
1
2
3
로깅 설정
데이터 큐
UI 큐
로깅 큐
상태
Idle
데이터 큐
메시지 큐
error in (no error)

그림 13-4-5

그림 13-4-3의 2번에서 로깅 큐를 통해 'Start'를 전달받은 로깅 루프는 Start 케이스를 실행합니다.

1. 로깅 큐를 이용하여 로깅 루프에 'Log'를 인큐합니다.
2. 데이터를 저장하기 위해 날짜 시작 정보를 이용하여 파일명을 만들어 TDMS 파일을 생성또는 대체합니다.
3. 다음 상태를 'Logging'으로 설정합니다.

다음 그림은 네 번째 루프인 로깅 루프의 Log 케이스입니다. 그림 13-4-5의 1번에서 인큐한 'Log'를 디큐하여 Log 케이스를 실행합니다.

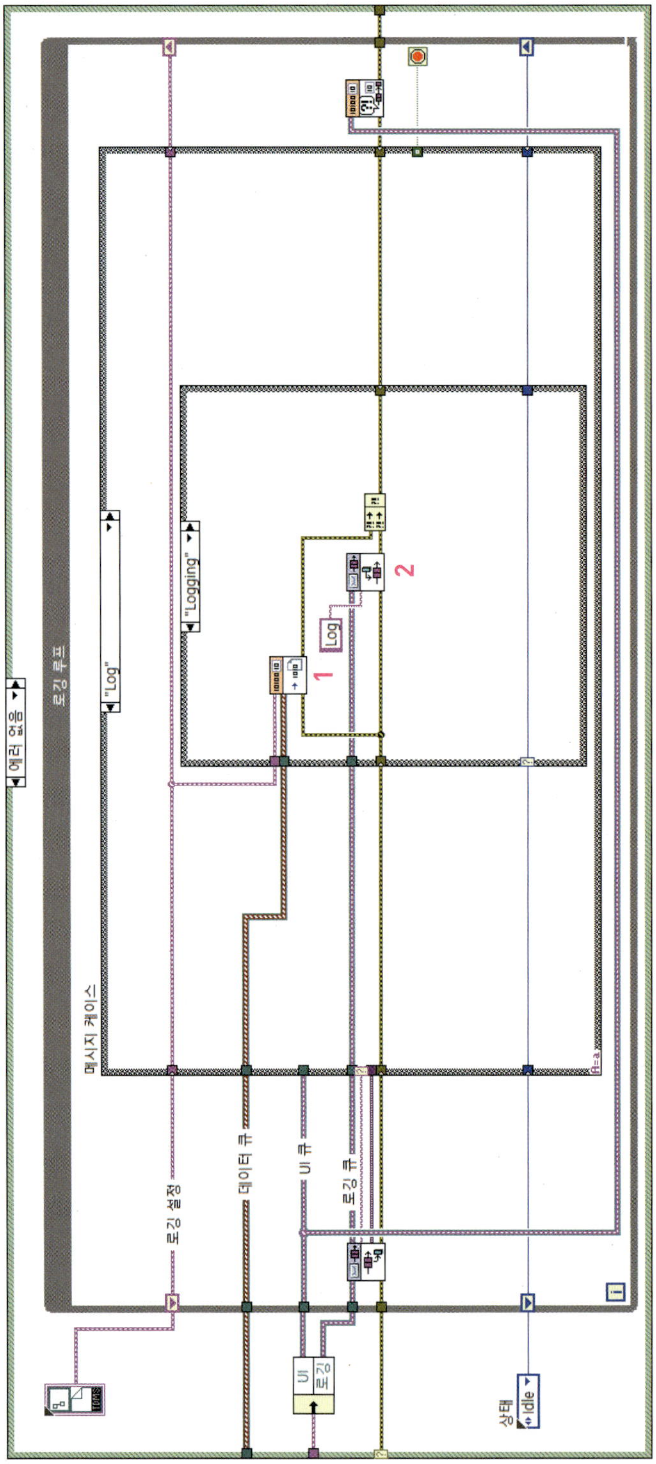
에러 없음
로깅 루프
"Log"
"Logging"
Log
1
2
메시지 케이스
로깅 설정
데이터 큐
UI 큐
로깅 큐
UI
로깅
상태
Idle

그림 13-4-6

1. 수집 루프에서 시뮬레이션한 데이터를 데이터 큐를 통해 로깅 루프에 전달하면 TDMS로 데이터를 저장합니다. 다음 그림은 그림 13-4-6의 1번 subVI 내부입니다. 다음 그림에서 1번이 수집 루프에서 시뮬레이션한 데이터를 데이터 큐를 통해 전달한 것을 디큐하는 것입니다. 다음 그림 2번이 TDMS로 파일로 저장하는 것입니다.

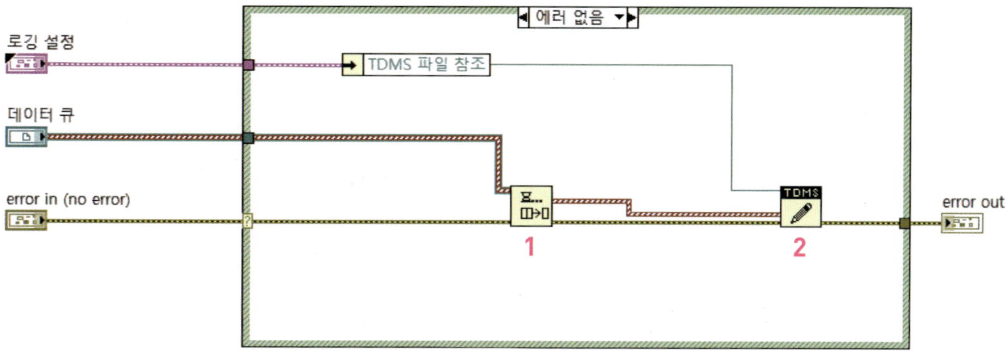

그림 13-4-7

2. 로깅 큐를 통해 로깅 루프에 'Log'를 인큐합니다. 이를 사용자가 UI에서 정지 버튼을 클릭할 때까지 반복합니다.

다음 그림은 세 번째 루프인 수집 루프의 Start 케이스입니다. 그림 13-4-3의 3번에서 로깅 큐를 통해 'Start'를 전달받은 수집 루프는 Start 케이스를 실행합니다.

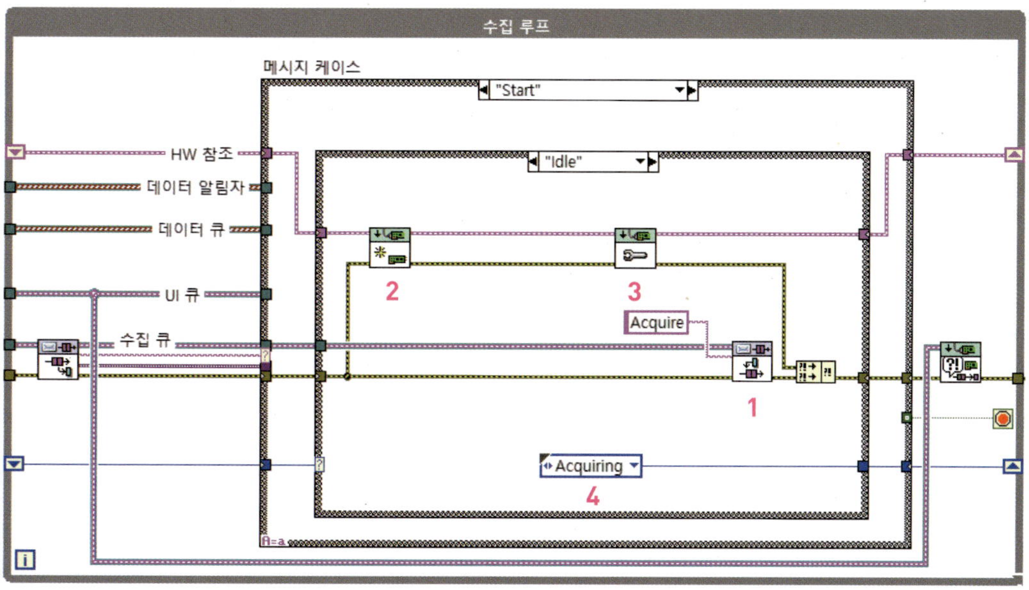

그림 13-4-8

1. 수집 큐를 이용하여 'Acquire'를 인큐합니다.

2. 하드웨어 초기화합니다.

3. 하드웨어 설정합니다.

4. 상태를 'Acquiring'을 설정합니다.

다음 그림은 수집 루프의 Acquire 케이스입니다.

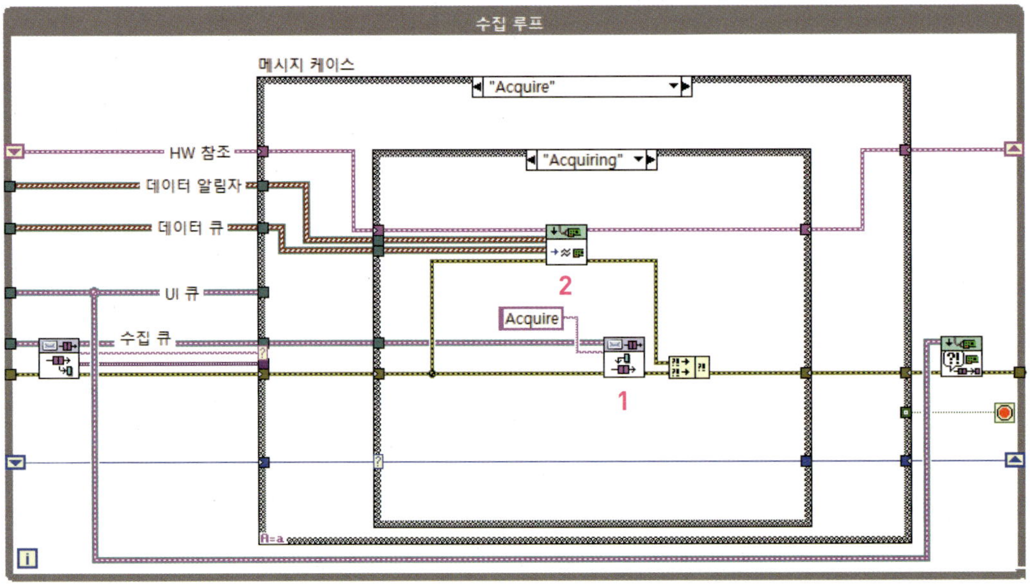

그림 13-4-9

1. 수집 큐를 통해 수집 루프에 'Acquire'를 인큐합니다. 이를 사용자가 UI에서 정지 버튼을 클릭할 때까지 반복합니다.

2. 데이터를 시뮬레이션해서 로깅 루프와 데이터 디스플레이 루프에 전달합니다. 다음 그림은 그림 13-4-9의 2번 subVI 내부입니다.

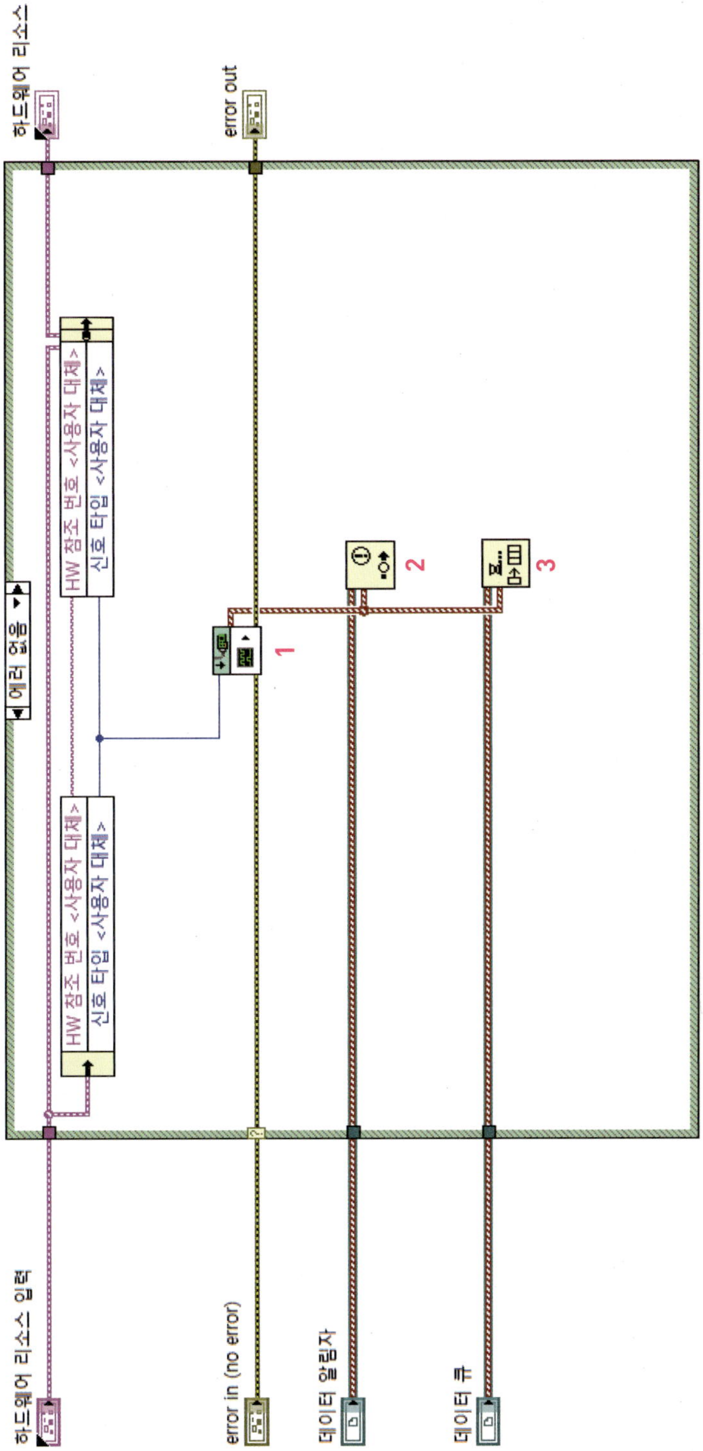
하드웨어 리소스 입력
error in (no error)
데이터 알림자
데이터 큐
에러 없음
HW 참조 번호 <사용자 대체>
신호 타입 <사용자 대체>
HW 참조 번호 <사용자 대체>
신호 타입 <사용자 대체>
1
2
3
하드웨어 리소스
error out

그림 13-4-10

1. 데이터를 시뮬레이션하는 subVI입니다.
2. 시뮬레이션한 데이터를 데이터 알림자를 통해 다섯 번째 루프인 데이터 디스플레이 루프에 전달합니다.
3. 시뮬레이션한 데이터를 데이터 큐를 통해 네 번째 루프인 로깅 루프에 전달합니다.

13.5 정지

정지 버튼의 기능을 순서도를 기준으로 데이터 흐름을 따라 코드를 살펴보도록 하겠습니다.

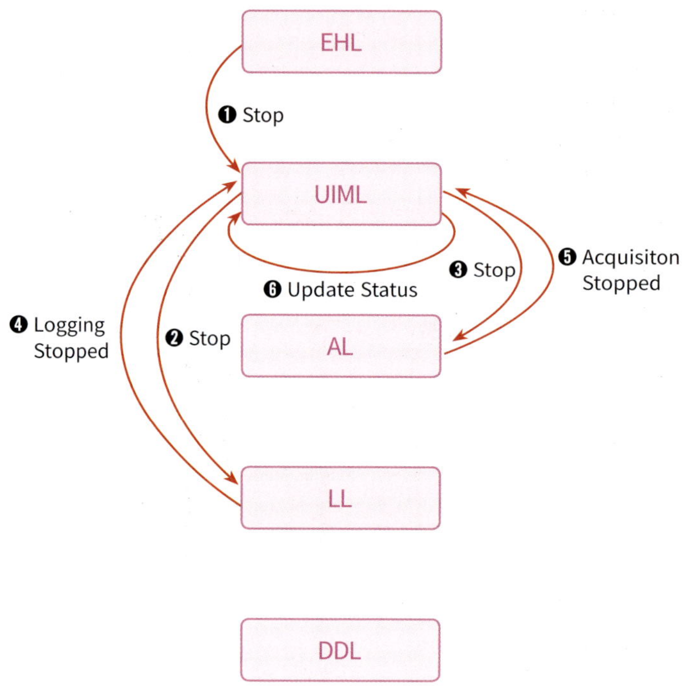

그림 13-5-1

다음 그림은 첫 번째 루프인 이벤트 핸들링 루프의 정지 : 값 변경 이벤트입니다. 사용자가 정지 버튼을 클릭하면 EHL은 정지 : 값 변경 이벤트를 발생하여 UI 큐를 통해 UI 메시지 루프에 'Stop'을 전달합니다.

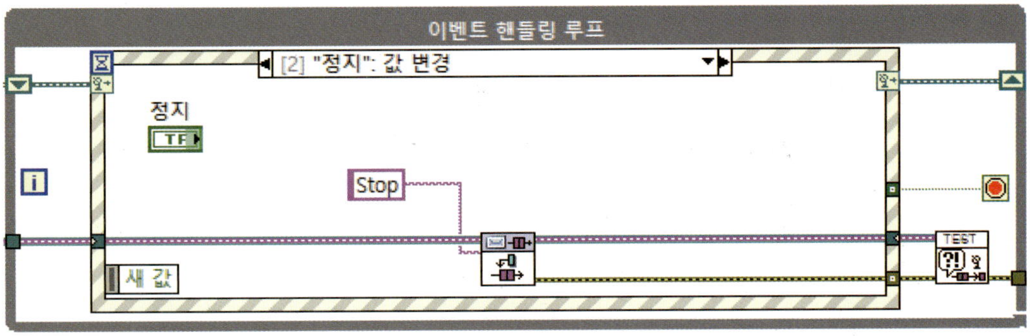

그림 13-5-2

다음 그림은 두 번째 루프인 UI 메시지 루프의 Stop 케이스입니다

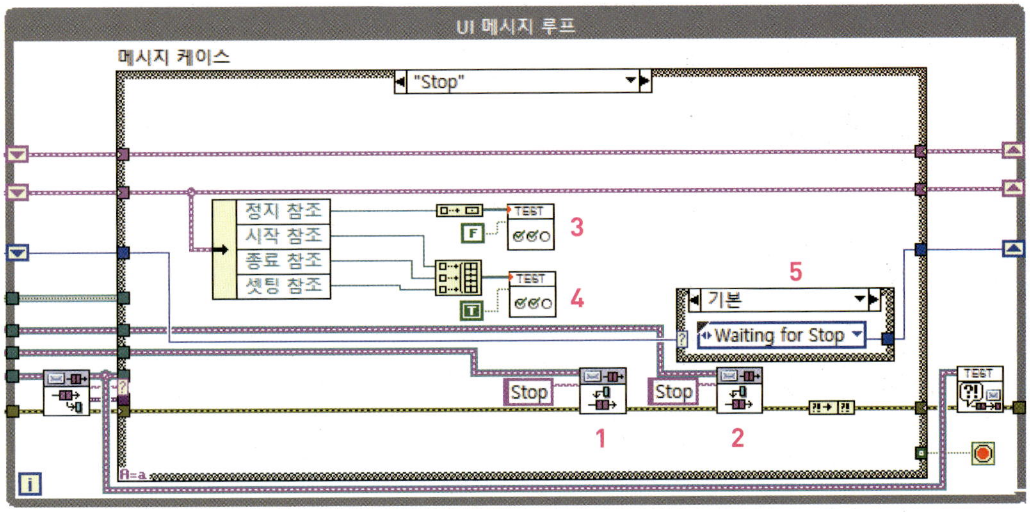

그림 13-5-3

1. 로깅 큐를 통해 'Stop'를 네 번째 루프인 로깅 루프에 인큐합니다.
2. 수집 큐를 통해 'Stop'를 세 번째 루프인 수집 루프에 인큐합니다.
3. 정지 버튼을 비활성화합니다.
4. 시작, 종료, 세팅 버튼을 활성화합니다.
5. UI 상태는 'Acquiring and Logging'가 들어와 기본 케이스가 실행되고 시프트 레지스터에 'Waiting for Stop'을 전달합니다.

다음 그림은 네 번째 루프인 로깅 루프의 Stop 케이스입니다. 그림 13-5-3의 1번에서 로깅 큐를 통해 'Stop'을 전달받은 로깅 루프는 Stop 케이스를 실행합니다.

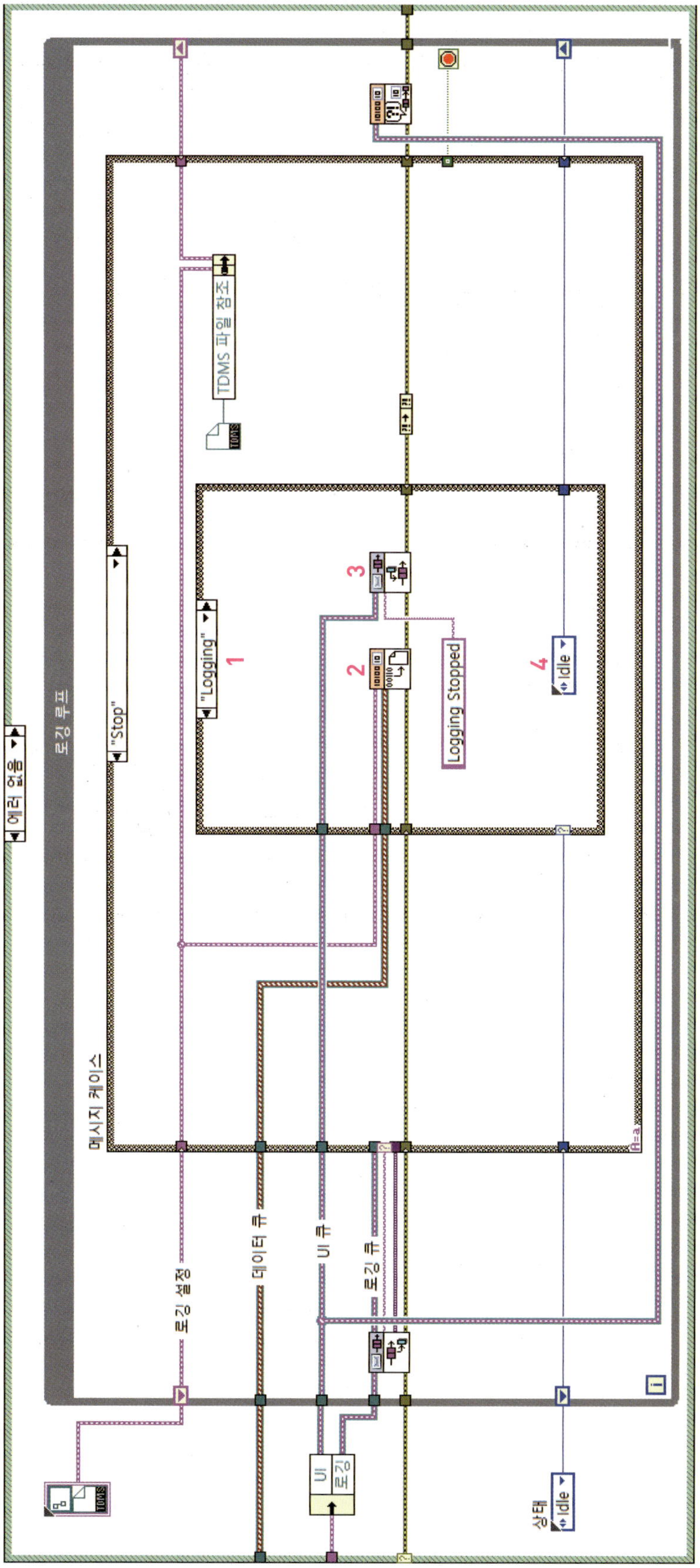
에러 없음
로깅 루프
"Stop"
메시지 케이스
TDMS 파일 참조
"Logging"
1
2
3
4
Logging Stopped
Idle
로깅 설정
데이터 큐
UI 큐
로깅 큐
UI
로깅
상태
Idle

그림 13-5-4

1. 그림 13-4-5의 3번에 'Logging'을 받아 Logging 케이스를 실행합니다.

2. 저장하던 TDMS 파일을 닫습니다.

3. UI 큐를 이용하여 UI 메시지 루프에 'Logging Stopped'를 인큐합니다. 다음 그림은 UI 메시지 루프의 Logging Stopped 케이스입니다. Logging Stopped 케이스 안에 있는 케이스는 그림 13-5-3의 5번에서 'Waiting for Stop'을 받아 해당 케이스를 실행하고 다음 UI 상태는 'Waiting for Stop(Log Stopped)'를 전달합니다.

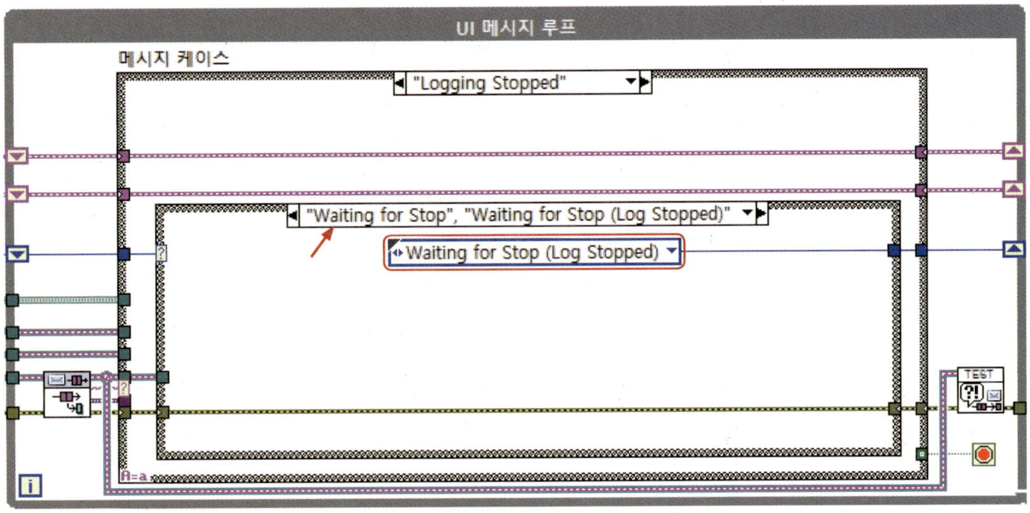

그림 13-5-5

4. 그림 13-5-4에서 다음 상태를 'Idle'로 설정합니다.

다음 그림은 세 번째 루프인 수집 루프의 Stop 케이스입니다. 그림 13-5-3의 2번에서 수집 큐를 통해 'Stop'을 전달받은 수집 루프는 Stop 케이스를 실행합니다.

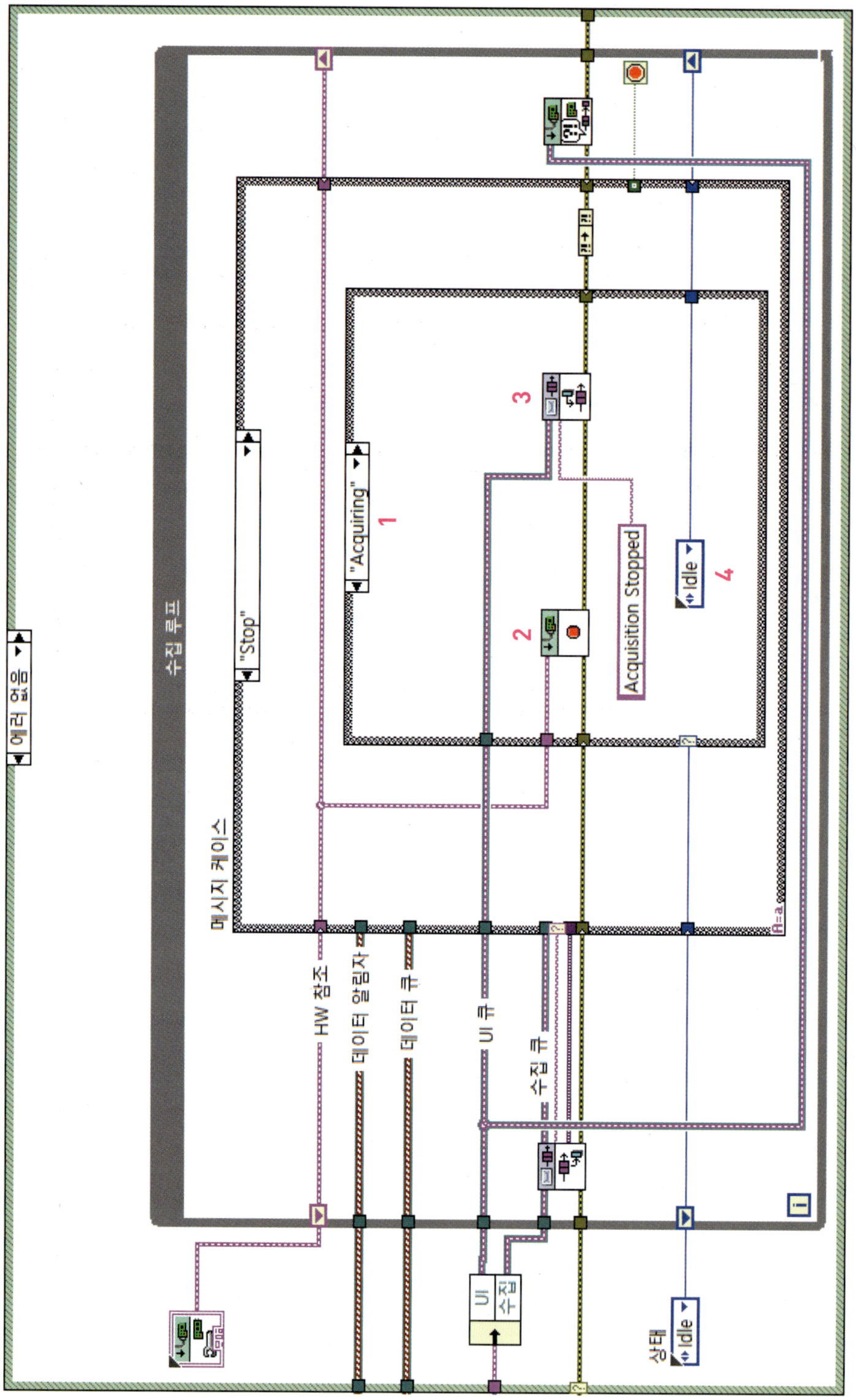
에러 없음
수집 루프
메시지 케이스
"Stop"
"Acquiring"
1
2
3
4
Acquisition Stopped
Idle
HW 참조
데이터 알림자
데이터 큐
UI 큐
수집 큐
UI
수집
상태
Idle

그림 13-5-6

1. 그림 13-4-8의 4번에 'Acquiring'을 받아 Acquiring 케이스를 실행합니다.

2. 시뮬레이션을 정지합니다.

3. UI 큐를 이용하여 UI 메시지 루프에 'Acquisition Stopped'를 인큐합니다. 다음 그림은 UI 메시지 루프의 Acquisition Stopped 케이스입니다. Acquisition Stopped 케이스 안에 있는 케이스는 그림 13-5-5의 점선 원의 'Waiting for Stop(Log Stopped)'을 받아 해당 케이스를 실행(다음 그림 1번)하고 UI 큐를 통해 'Update Status'와 '준비...'를 인큐하고(다음 그림 2번), 다음 UI 상태는 'Idle'를 전달(다음 그림 3번)합니다.

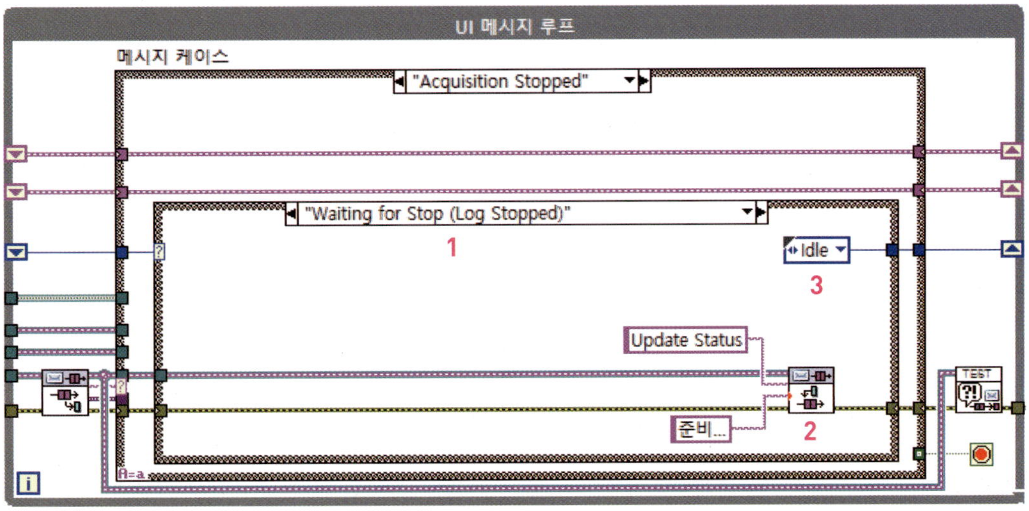

그림 13-5-7

4. 그림 13-5-6에서 다음 상태를 'Idle'로 설정합니다.

13.6 종료

종료 버튼의 기능을 순서도를 기준으로 데이터 흐름을 따라 코드를 살펴보도록 하겠습니다.

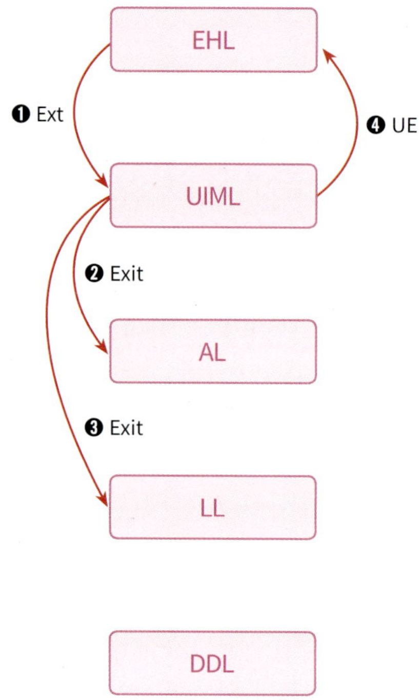

그림 13-6-1

다음 그림은 첫 번째 루프인 이벤트 핸들링 루프의 종료 : 값 변경 이벤트입니다. 사용자가 종료 버튼을 클릭하면 EHL은 종료 : 값 변경 이벤트를 발생하여 UI 큐를 통해 UI 메시지 루프에 'Exit'을 전달합니다.

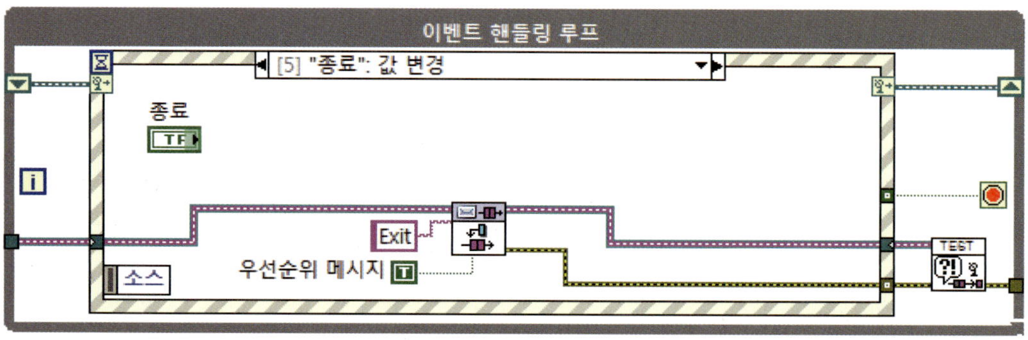

그림 13-6-2

다음 그림은 두 번째 루프인 UI 메시지 루프의 Exit 케이스입니다.

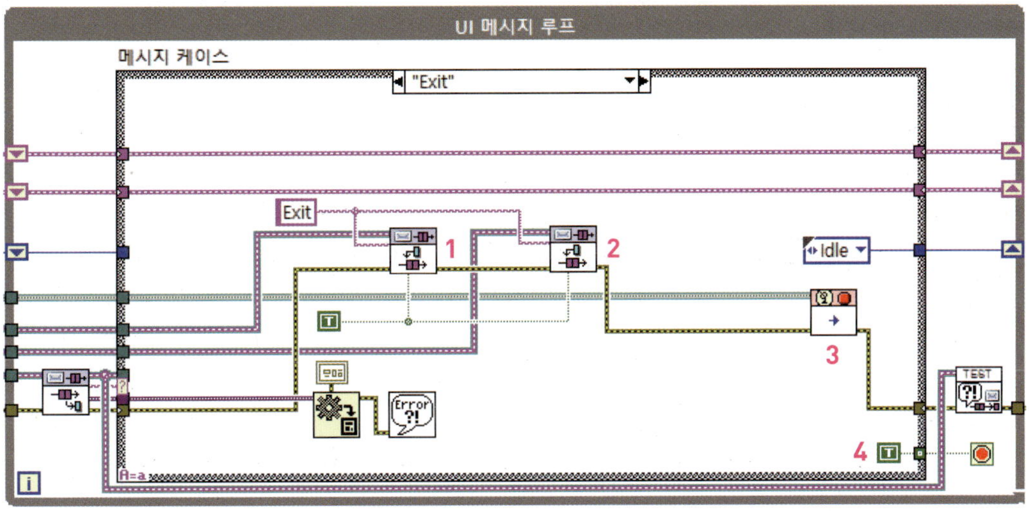

그림 13-6-3

1. 수집 큐를 통해 수집 루프에 'Exit'을 인큐합니다.
2. 저장 큐를 통해 저장 루프에 'Exit'을 인큐합니다.
3. 사용자 이벤트를 발생합니다. 다음 그림은 이벤트 핸들링 루프에서 사용자 이벤트가 실행되고 이벤트 핸들링 루프가 멈춥니다.

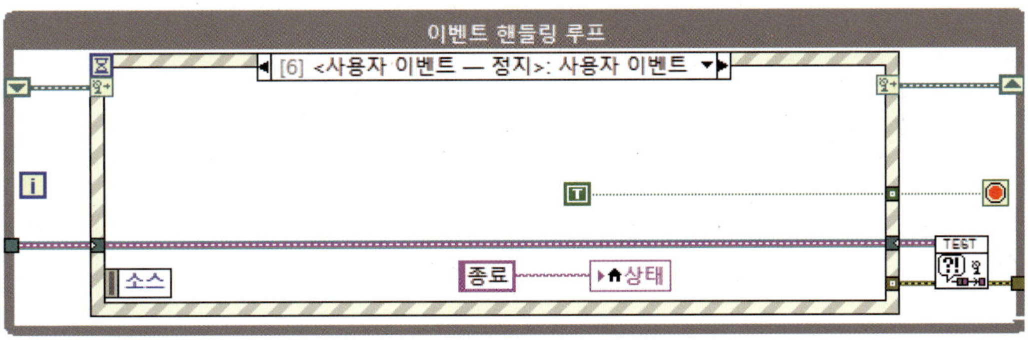

그림 13-6-4

4. 그림 13-6-3에서 UI 메시지 루프가 멈춥니다.

다음 그림은 수집 루프의 Exit 케이스입니다.

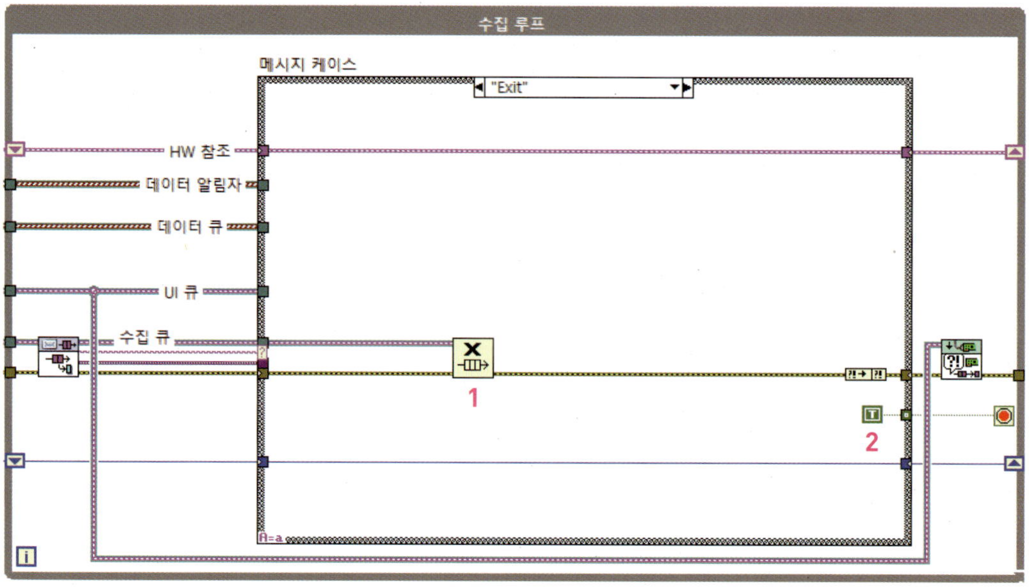

그림 13-6-5

1. 수집 큐를 삭제합니다.
2. 수집 루프가 멈춥니다.

다음 그림은 로깅 루프의 Exit 케이스입니다.

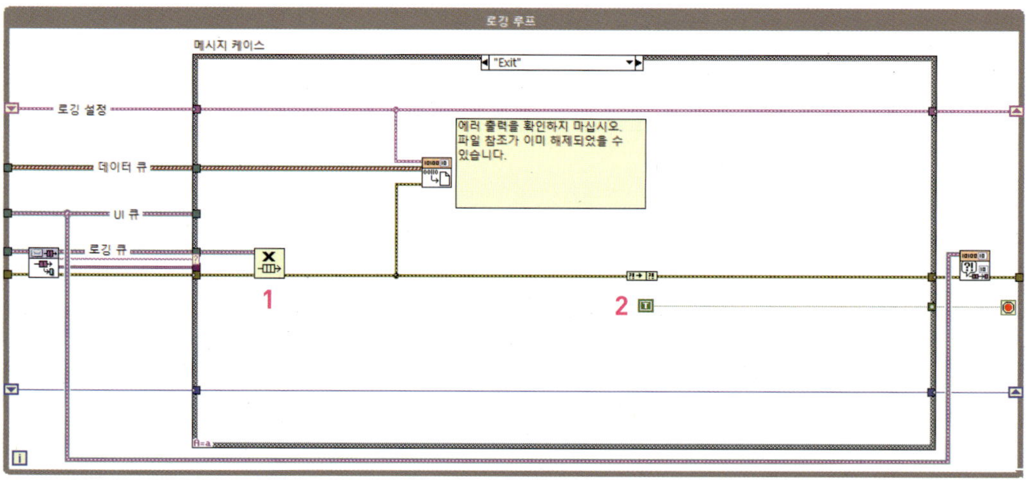

그림 13-6-6

1. 로깅 큐를 삭제합니다.
2. 로깅 루프가 멈춥니다.

다음 그림은 다섯 번째 루프인 데이터 디스플레이 루프 종료 과정을 보여줍니다.

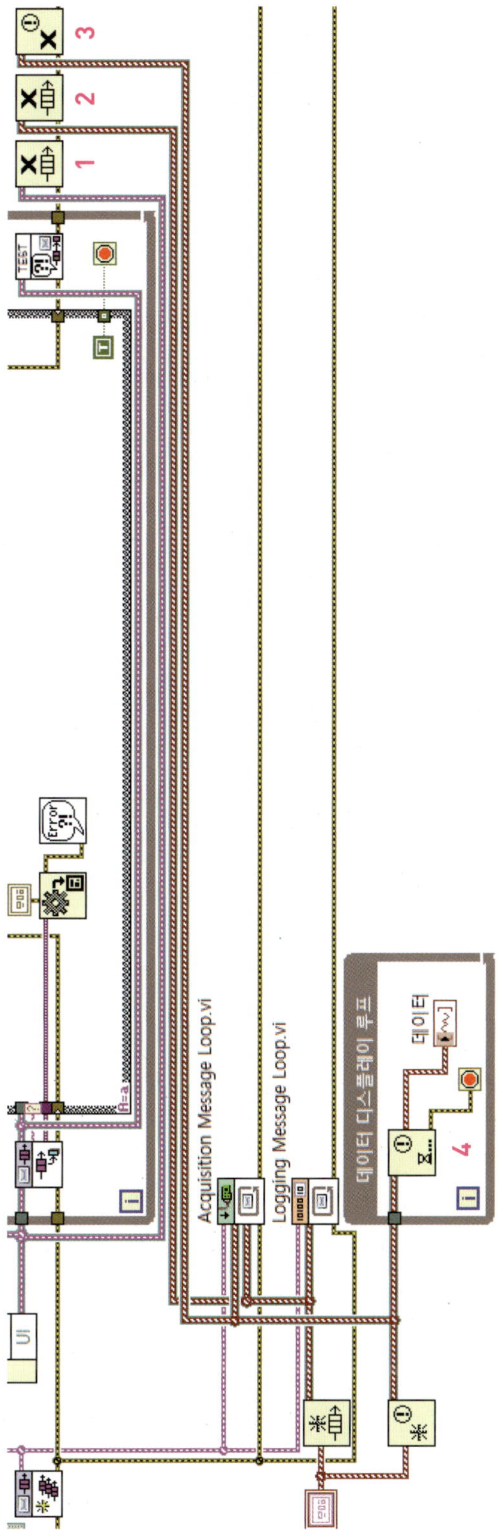

그림 13-6-7

1. UI 큐를 삭제합니다.
2. 데이터 큐를 삭제합니다.
3. 데이터 알림자를 삭제합니다.
4. 다섯 번째 루프인 데이터 디스플레이 루프가 알림자가 이미 삭제되어 에러가 발생하여 멈춥니다.

각 주요 기능들의 데이터 흐름을 따라 코드를 살펴보았습니다. 디자인 패턴이 어떻게 데이터를 전달하는지를 잘 파악하고 이해하면 여러분의 프로젝트에 얼마든지 적용 가능할 것입니다.

UNI SOLUTIONS

(주)유엔아이솔루션즈(UNI Solutions Co., Ltd)는 전기/전자, 기계, 국방, 철도, 자동차 등의 산업 분야에 PC 및 PXI 기반의 제어 및 계측 솔루션을 제공하는 전문 기업입니다.

주요 사업 분야

● 시스템 통합
- ATE(Automation Test Equipment)
- Industrial Measurement & Automation
- Distributed Monitoring
- Embedded System

● 계측기 개발
- PMIC Tester
- Arc Measurement
- Smart Trigger Oscilloscope
- RF Record & Playback

● 연구 개발
- Arc Measurement
- Adaptive Optics

주요 인력 소개

주요 인력 모두가 한국내쇼날인스트루먼트의 기술지원부 및 기술영업부에서 다년간 근무한 경력을 바탕으로 LabVIEW를 이용한 최적의 측정 및 자동화 솔루션을 제공합니다.

임현영 (hylim@unisolutions.co.kr) - 전기/전자, 기계 담당
- 한양대 정밀기계공학과 석사, 동역학 및 제어 전공, 한국NI 7년 근무, CLD 보유

김창회 (chkim@unisolutions.co.kr) - 전기/전자, 신 재생 에너지 담당
- 성균관대 기계공학과 석사, 구조 및 시스템 설계 전공, 한국NI 7년 근무, CLD 보유

주식회사 유엔아이솔루션즈를 최고의 회사로 함께 만들어 갈 유능한 인재를 1년 365일 수시 모집합니다. 채용관련 문의는 uni@unisolutions.co.kr로 하십시오.

주식회사 유엔아이솔루션즈, 경기도 안양시 동안구 관양동 813번지 2301호
Tel: 031-703-7456, Fax: 031-703-7459, E-mail: uni@unisolutions.co.kr, www.unisolutions.co.kr

UNI SOLUTIONS　NATIONAL INSTRUMENTS Certified Alliance Partner　NATIONAL INSTRUMENTS LabVIEW CERTIFIED DEVELOPER